.

Romanistische
Arbeitshefte   45

Herausgegeben von
Gustav Ineichen und Bernd Kielhöfer

Andreas Blank

Einführung
in die lexikalische Semantik

für Romanisten

Max Niemeyer Verlag
Tübingen 2001

Am 20.1.2001 ist Andreas Blank mit 39 Jahren gestorben. Er hat diesen Beitrag in den letzten Wochen vor seinem Tod mit übergroßer Anstrengung zu Ende gebracht.
Die Romanistik und Sprachwissenschaft verliert mit ihm einen klugen Kopf und einen liebenswerten Menschen und Kollegen. Möge dieses sein letztes Buch die Erinnerung an ihn wachhalten!

Bernd Kielhöfer

Bibliografische Information der Deutschen Nationalbibliothek

Die Deutsche Nationalbibliothek verzeichnet diese Publikation in der Deutschen Nationalbibliografie; detaillierte bibliografische Daten sind im Internet über *http://dnb.ddb.de* abrufbar.

ISBN 978-3-484-54045-3   ISSN 0344-676X

© Max Niemeyer Verlag, Tübingen 2001
Ein Imprint der Walter de Gruyter GmbH & Co. KG
http://www.niemeyer.de
Gedruckt auf alterungsbeständigem Papier.
Druck und Bindung: AZ Druck und Datentechnik GmbH, Kempten

Inhalt

Typografische Konventionen und Abkürzungen

Allgemeines

kursiv	Wortformen
'...'	Bedeutungen, Wörterbuchdefinitionen
KAPITÄLCHEN	Konzepte, kognitive Kategorien
„KAPITÄLCHEN"	Wortfelder, Sachfelder, Frames, ICM's
KAPITÄLCHEN	Konzeptmetaphern und -metonymien

Wichtige Termini und Konzepte der Semantik
an der Stelle ihrer Ersterwähnung oder Definition

>	„wird zu"	K	Konzept
<	„entwickelt sich aus"	REF	Referent
?	fragwürdig, ungewöhnlich	META	Metapher, metaphorische
*	falsch; etymologisch		Relation
	nicht belegt	METON	Metonymie, metonymische
Z	Zeichen, Signe		Relation
ZA	Zeichenausdruck, Signifiant	TAX	taxonomische Relation
ZI	Zeicheninhalt, Signifié, Semem		

Abkürzungen für die Sprachbeispiele

aengl.	altenglisch	frühnfr.	frühneufranzösisch
afr.	altfranzösisch	kanad. fr.	kanadisches Französisch
ahd.	althochdeutsch	gask.	gaskognisch
ait.	altitalienisch	idg.	indogermanisch
am. engl.	amerikanisches Englisch	ir.	irisch
am. sp.	amerikanisches Spanisch	it.	italienisch
arab.	arabisch	klt.	klassisches Latein
asp.	altspanisch	kat.	katalanisch
chin.	chinesisch	kr. gua.	Guadeloupe-Kreol
dän.	dänisch	kr. guy.	Guayana-Kreol
dt.	deutsch	kroat.	kroatisch
engd.	engadinisch	lt.	lateinisch
engl.	englisch	mengl.	mittelenglisch
eu. sp.	europäisches Spanisch	mfr.	mittelfranzösisch
fr.	französisch	mhd.	mittelhochdeutsch

mnd.	mittelniederdeutsch	pt.	*portugiesisch*
nengl.	neuenglisch	rum.	*rumänisch*
nfr.	neufranzösisch	sard.	*sardisch*
nhd.	neuhochdeutsch	sp.	*spanisch*
nit.	neuitalienisch	spätlt.	*spätlateinisch*
okz.	okzitanisch	ung.	ungarisch
prov.	*provenzalisch*	vlt.	Vulgärlateinisch

Einleitung

Das vorliegende *Romanistische Arbeitsheft* ist nicht das erste zur Semantik: Bereits aus dem Jahre 1973 stammt Horst Geckelers *Strukturelle Semantik des Französischen* (RA 6); das 1989 erschienene Heft von Peter Wunderli zur *Französischen Lexikologie* (RA 32) enthält zwei längere Semantikkapitel (S. 113-167), die ebenfalls den Geist der europäischen Strukturellen Semantik atmen. Darüber hinaus herrschte in den letzten Jahren wahrlich kein Mangel an Einführungen in (post)strukturalistische, kognitivistische und generativistische Semantikmodelle.[1]

Ein weiteres Einführungsbuch zu diesem Thema bedarf also einer guten Begründung. Neben dem eher allgemeinen Faktum, dass gute Autoren ihre individuelle Sicht auf die zu erklärenden Phänomene und auf die zu ihrer Erklärung angebotenen Theorien wiedergeben, sodass also keine Darstellung des Themas wie die andere sein wird, waren für mich folgende Punkte ausschlaggebend:

1. Die meisten der neueren Lehrwerke ignorieren ältere Modelle und sogar aktuell konkurrierende Ansätze und tun nicht selten so, als wäre das Rad soeben neu erfunden worden. Meines Erachtens kann man aber aus älteren Theorien, auch wenn sie inzwischen in weiten Teilen als widerlegt gelten, immer noch etwas lernen und sollte versuchen, heute noch sinnvoll erscheinende Aspekte zu bewahren. Ähnliches gilt für den Vergleich verschiedener Ansätze. Daher werden in diesem Buch – angefangen bei der in Geckeler (1973) noch fast ausschließlich behandelten europäischen Strukturellen Semantik – Theorien unterschiedlicher Provenienz und aus verschiedenen Epochen vorgestellt. Das Ziel dieses Vorgehens ist weniger ein historischer Abriss, als vielmehr der Versuch, die Vielfalt des semantischen Denkens der letzten 50 Jahre wenigstens anzudeuten und aus dieser Vielfalt abschließend eine neue Theorie der Wortbedeutung zu entwickeln, welche die Eindimensionalität gängiger Ansätze zu vermeiden sucht und sowohl der Erklärung aktueller Bedeutungsstrukturen wie dem Bedeutungswandel eine adäquate Grundlage liefert.[2]

2. Fast alle Lehrwerke ignorieren die *diachronische* Seite der Semantik, den Bedeutungswandel.[3] Für die Strukturelle Semantik waren Phänomene des Wandels aus Theorie-immanenten Gründen in der Tat kaum zugänglich, jedoch lassen sich, wie zu zeigen sein wird, gerade Modelle aus der Kognitiven Semantik ganz hervorragend in der Historischen Semantik zur Bestimmung und Erklärung des semantischen Wandels an-

---

[1] Z. B. Cruse 1986; Tamba-Mecz 1988; Taylor 1989/95; Jackendorff 1990; Kleiber 1990; Schwarz/Chur 1993; Pustejovsky 1995; Ungerer/Schmid 1996; Chierchia 1997; Saeed 1997; Heim/Kratzer 1998.

[2] Dies soll selbstverständlich nicht heißen, dass das vorliegende Buch sich über alle anderen setzen oder diese geradezu überflüssig machen wollte. Es geht vielmehr, wie schon gesagt, um eine neue eigene Sicht auf die Phänomene.

[3] Ganz der Historischen Syntax gewidmet sind Blank 1997; Geerarts 1997; Fritz 1998.

wenden. Das vorliegende Buch ist also eine Einführung in die synchronische wie die diachronische Semantik.

3. Es fehlte bislang eine Einführung in die lexikalische Semantik, deren einzelne Elemente und Modelle explizit an Beispielen aus den romanischen Sprachen erläutert wurden (die beiden Romanistischen Arbeitshefte bezogen sich ja nur aufs Französische). Gerade im Sprachvergleich aber lassen sich manche Phänomene besser verstehen. Um hier ein zu starkes Ausufern zu vermeiden, beschränken wir uns auf jene drei romanischen Sprachen, die im universitären und schulischen Unterricht vorherrschend sind. Ergänzend werden häufiger deutsche Beispiele und seltener solche aus dem Englischen und aus anderen romanischen Sprachen herangezogen. Die Beispielwahl ist in der Regel so gestaltet, dass auch Studierende nur einer der drei romanischen Sprachen korrekt „bedient" werden oder dass dort, wo Beispiele aus allen drei Sprachen zu aufwändig gewesen wären, ein Transfer in die jeweils anderen Sprachen leicht möglich ist.

Hieraus ergibt sich folgender Aufbau: Im ersten Kapitel werden einige Grundbegriffe erläutert, ein ebenfalls grundlegendes semiotisches Modell vorgestellt sowie eine Reihe von Problemen der lexikalischen Semantik angerissen und als „Aufgaben einer lexikalischen Semantik" für die folgenden Kapitel formuliert.

Das zweite Kapitel stellt Semantiktheorien aus dem Bereich der Strukturellen und der Generativen Semantik vor, sowie die wichtigen lexikalischen Relationen.

Kapitel drei schließt sich an mit einer ausführlichen Präsentation von Modellen aus dem Umfeld der Kognitiven Linguistik, ihren psychologischen Grundlagen und einer Bewertung dieser Modelle hinsichtlich einer kognitiven Semantiktheorie.

Das vierte Kapitel befasst sich ganz mit dem Bedeutungswandel. Hier werden wir erfahren, wie insbesondere Ansätze aus der Kognitiven Semantik auf einem Gebiet fruchtbar gemacht werden können, das in der Kognitiven Semantik selbst eine untergeordnete Rolle spielt.

Das fünfte Kapitel ist dem Phänomen der Polysemie gewidmet, das gerade in letzter Zeit in der Semantik viel Beachtung gefunden hat. Wir haben dieses Kapitel dem Kapitel zur Historischen Semantik nachgeordnet, weil unser Verständnis der Polysemie explizit an den Bedeutungswandel anknüpft.

Kapitel sechs wendet den Blick von der bis zu diesem Punkt vorherrschenden semasiologischen Perspektive hin zur Onomasiologie und zeigt, welcher Platz der Semantik in der onomasiologischen Forschung zukommt und wie gerade eine richtig verstandene Kognitive Semantik der onomasiologischen Forschung eine neue, systematische Richtung geben kann, deren Relevanz weit über die Semantik hinaus reicht.

Im letzten Kapitel schließlich wird, gewissermaßen als Bilanz der in den vorangehenden Kapiteln diskutierten Modelle, eine neue mehrdimensionale Bedeutungstheorie entworfen: die „Drei-Ebenen-Semantik". Das Buch endet mit einem Glossar, in dem die wesentlichen Grundbegriffe noch einmal erläutert werden.

In neueren Semantiktheorien wird vielfach nicht mehr zwischen der Bedeutung von Wörtern bzw. „lexikalischer Einheiten" und der Bedeutung von Äußerungen bzw. Sätzen getrennt, die Satzsemantik steht bisweilen auch klar im Vordergrund (vgl. z.B. v. Stechow 1991; Heim/Kratzer 1998). Nach ersten Überlegungen, diesem Buch auch ein Kapitel zur Satzsemantik zu widmen, wurden diese verworfen, da ein solches Kapitel zwangsläufig den Charakter eines „Anhängsels" angenommen und die Homogenität des Buchs durchbrochen hätte. Wortbedeutungen erschließen sich in der Tat nur im Satz-, und eigentlich sogar erst im Textzusammenhang vollständig; die Bedeutungskonstitution von Sätzen und Texten ist jedoch eine eigene Unterdisziplin der Semantik (ebenso wie die *Semantik der Grammatik*), die ihre eigenen Fragestellungen und Probleme hat. Aus diesen Gründen widmen wir uns im folgenden ausschließlich der lexikalischen Semantik, fächern diese jedoch in all ihre Dimensionen auf.

Der Verfasser dankt Dr. Ulrich Detges, Prof. Dr. Bernd Kielhöfer und Birgit Mohns für die kritische Durchsicht des Manuskripts. Birgit Mohns sowie Geneviève Gueug sind im wesentlichen veranwortlich für die Redaktion des abschließenden Glossars. Die endgültige Erstellung der Druckvorlage besorgte Jürgen Handke. Ihm ist der Verfasser zu besonderem Dank verpflichtet.

Marburg, im Dezember 2000   Andreas Blank

1.   Grundlagen und Aufgaben der lexikalischen Semantik

1.1.   Wort und Lexie

Im Zentrum jeder Semantiktheorie steht das Problem der Bedeutung sprachlicher Einheiten. Aufgabe der lexikalischen Semantik ist also die Theorie und Praxis der Bedeutung von Wörtern. Doch was ist ein „Wort"? In den romanischen Sprachen oder im Deutschen finden wir z.B. folgende Arten von Wörtern:

(1) fr. de, parce que, ici, demain, celui-ci, mot, facteur, pomme de terre, avoir peur
(2) it: di, perché, qui, domani, questo, parola, postino, patata, aver paura
(3) sp: de, porque, aquí, mañana, eso, palabra, cartero, patata, tener miedo
(4) dt: zu, weil, er, hier, morgen, dieser, Wort, Briefträger, Kartoffel, Angst haben

Schon ein erster Blick genügt, um zu erkennen, dass wir es offenbar mit verschiedenen Typen von Wörtern zu tun haben: Intuitiv würde man jeweils die ersten beiden (also z.B. fr. *de, parce que*) von den nächsten drei (fr. *ici, demain, celui-ci*) und diese wiederum vom Rest unterscheiden.

Die jeweils ersten beiden Wörter unterscheiden sich von den folgenden dadurch, dass sie „grammatische Wörter" sind, die auf andere (lexikalische) Wörter bezogen sind und deren Verknüpfung im Syntagma organisieren (*le livre de Jean*). Da ihre Funktion darin besteht, lexikalische Wörter zu größeren Bedeutungseinheiten zu verbinden, nennt man sie **Synsemantika**. So wichtig ihre Funktion im Satz ist, so marginal ist ihr Status im Lexikon. Wenn man ein typisches Wort nennen soll, käme man in der Tat kaum auf fr. *de* oder dt. *weil*. In der lexikalischen Semantik wird ihre Beschreibung daher meist ausgeklammert und der Grammatik zugewiesen.

Bei der zweiten Gruppe handelt es sich um Wörter, die mit Bühler (1934, 149ff.) zum „Zeigfeld" gerechnet werden. Die Funktion dieser sogenannten **Deiktika** liegt darin, kataphorische („vorausweisende") oder anaphorische („rückbezügliche") Beziehungen zwischen Teilen der Rede herzustellen („Es war einmal *ein Mann, der* hatte einen Schwamm") oder eine Äußerung raumzeitlich in Bezug zum Sprecher, zum Kontext oder zu anderen Teilen der Äußerung zu setzen („*Gestern* sagte er, dass er *morgen* nach Berlin fahren werde"). Deiktika haben eine lexikalische Bedeutung, sie können auf etwas außerhalb der Äußerung Liegendes verweisen, ihre genaue Referenz hängt aber allein vom Kontext ab: Im Satz „Gestern sagte er, dass er *morgen* nach Berlin fahren werde", meint *morgen* daher 'heute'!

Den letzten vier Einheiten in (1)–(4) ist gemein, dass sie alle auf einen außerhalb der Rede liegenden Gegenstand oder Sachverhalt verweisen; es handelt sich um **Autosemantika** („selbstbedeutende Wörter") im engeren Sinne. Sie bilden den Kernbereich des Wortschatzes und sind das privilegierte Objekt der lexikalischen Semantik.

Die Schwierigkeit dieser Gruppe von Beispielen liegt auf einer anderen Ebene: Während *mot, parola, palabra* und *Wort* morphologisch einfache Wörter sind, insofern sie höchstens noch in einen Stamm und eine Flexionsendung (it. *parol-a* vs. *parol-e*) zerlegt werden können, lassen sich *fact-eur, post-ino, cart-ero* und *Brief-träg-er* in einen bzw. zwei Stämme sowie in ein Derivationssuffix zerlegen. Das italienische, das spanische sowie das deutsche Beispiel sind semantisch **durchsichtig**, sie können aus der Bedeutung ihrer Bestandteile heraus interpretiert werden: Ein *post-ino* ist wörtlich jemand, dessen Arbeit mit der Post zu tun hat (es könnte aber theoretisch auch ein Schalterbeamter oder ein Sortierer sein); der *cart-ero* hat mit Briefen zu tun; dt. *Brief-träg-er* ist zwar am konkretesten (entsprechend auch it. *portalettere*), aber auch hier wird wörtlich nur gesagt, dass jemand Briefe befördert, nicht jedoch, dass er/sie diese Briefe tatsächlich zustellt, und ferner auch Postkarten, Zeitungen etc. Das semantische Potential der Wortbildung ist also unspezifischer als die tatsächliche **lexikalisierte Bedeutung** im Wortschatz der betreffenden Sprachen, die in allen Fällen 'jmd., der Postsendungen zustellt' lautet. Die lexikalische Semantik interessiert sich in erster Linie für die Beschreibung dieser lexikalisierten Bedeutung oder „Wortschatzbedeutung" und nur in zweiter Hinsicht für das semantische Potential von Wortbildungen, das mehr ein Problem einer (semantischen) Wortbildungslehre ist.[1] In dieser Hinsicht besteht auch kein Unterschied zwischen it. *postino*, sp. *cartero*, dt. *Briefträger* auf der einen Seite und fr. *facteur* auf der anderen: *fact-eur* ist zwar noch morphologisch analysierbar, bleibt aber semantisch für heutige Sprecher undurchsichtig und unmotiviert.[2]

Die letzten beiden Beispiele aus (1)–(4) zeigen die Problematik des Wortbegriffs in besonderem Maße: Besteht fr. *pomme de terre* aus drei Wörtern, während die anderen Sprachen für dieselbe Sache mit einem auskommen? Inwiefern unterscheidet sich sp. *tener miedo* von *temer* ? In allen Fällen wird nur ein einziger Sachverhalt ausgedrückt, mit dem Unterschied, dass *pomme de terre* gegenüber *patata* eine gewisse metaphorische Durchsichtigkeit bewahrt und eben getrennt geschrieben wird. Die Getrenntschreibung ist im übrigen, wie auch bei *parce que*, mehr ein traditionelles Relikt, denn es ist nicht mehr möglich, zwischen *pomme, de* und *terre* ein anderes Wort einzufügen (statt **pomme jaune de terre* muss es also *pomme de terre jaune* heißen): *pomme de terre* bildet eindeutig eine lexikalische und semantische Einheit.

Sprachwissenschaftlich betrachtet ist das Wort also eine problematische, schwer handhabbare Einheit. Man hat daher in der Lexikologie und in der Semantik den Terminus „Wort" durch **Lexem** bzw. **Lexie** ersetzt. Während unter Lexem meistens eine lexikalische Grundeinheit verstanden wird, also z.B. *posta, carta* oder *peur*, ist Lexie weiter gefasst: Nach Wunderli (1989, 15) verstehen wir unter „Lexie" autosemantische Einheiten, die morphologisch einfach (*palabra*), Wortbildungsprodukte (*postino, Briefträger*) und sogar Mehrwortverbindungen sein können (*pomme de terre, avoir un chat dans la gorge*). Voraussetzung ist, dass die entsprechende Einheit mit einer bestimmten Bedeutung **lexikalisiert** ist, d.h. dem Wortschatz einer mehr oder weniger großen Sprechergruppe fest angehört. Lexien werden üblicherweise in einer festgelegten „Normalform" dargestellt (bei

---

[1] Vgl. hierzu die Arbeiten von Gauger 1971; 1976; Coseriu 1977; Schwarze 1988; Blank 1998a.

[2] Es handelt sich um eine Ellipse von *facteur de lettres*, wörtl. „Brief-Lastenträger" (vgl. Kap. 4.4.3.).

Verben meist der Infinitiv, bei Adjektiven mask. Sing.). Die zentrale Aufgabe der lexikalischen Semantik ist damit die Beschreibung der Bedeutungsseite von Lexien.

Ein nicht ungewichtiger Einwand gegen die lexikalische Semantik ist die Tatsache, dass Wörter nur selten isoliert vorkommen, sondern in aller Regel in Sätze und letztlich in ganze Texte eingebunden sind. In der Tat interagiert die lexikalische Ebene mit der Syntax, der Referenz- und Satzsemantik sowie der Pragmatik. Allerdings sind wir intuitiv in der Lage, Wörter aus ihrem Kontext herauszunehmen und als Einheiten der *langue* zu betrachten – nicht zuletzt tun dies die Verfasser von Wörterbüchern. Fragen wie „Was bedeutet das Wort *X*?", „Wann kann ich *X* verwenden und wann nicht?", „Wie kann ich im Französischen/Italienischen/Spanischen den Sachverhalt *Y* ausdrücken?" sind nicht nur im Fremdsprachenunterricht üblich, sondern bestimmen zu einem nicht ganz unbeträchtlichen Teil unseren sprachlichen Alltag, in dem Positionsbestimmungen und Rechtfertigungen oft auch eine Frage der Auslegung bestimmter Wörter sind. Die Beschäftigung mit der Semantik der Wörter ist also eine weit verbreitete Tätigkeit und damit auch als sprachwissenschaftliche Disziplin sinnvoll.

Diese Tatsache ist auch ein wichtiges Argument gegen sogenannte „operationale Bedeutungstheorien", als deren radikalster Vertreter der Philosoph Ludwig Wittgenstein gilt. In seinen *Philosophischen Untersuchungen* (PU) schreibt er: „Man kann für eine *große* Klasse von Fällen der Benützung des Wortes »Bedeutung« – wenn auch nicht für *alle* Fälle seiner Benützung – dieses Wort so erklären: Die Bedeutung eines Wortes ist sein Gebrauch in der Sprache." (PU 43). Dieser Aphorismus ist seit längerem Gegenstand vieler Diskussionen,[3] v.a. diente er der linguistischen Pragmatik zur Abgrenzung ihres Gegenstandes von der Semantik; er wirft jedoch mehr Fragen auf, als er löst: Da ist zunächst die Vermischung von **Metasprache** (wenn es im ersten Teil um das Wort *Bedeutung* selbst geht) und **Objektsprache** (die Bedeutung von Wörtern); v.a. aber würde eine solche Prämisse die Existenz oder zumindest die Zungänglichkeit der Sprache als System bestreiten; es bliebe nur die immer neue, nie in Regeln, z.B. in ein Wörterbuch oder eine Grammatik, fassbare Rede. Wittgenstein selbst hat diese Konsequenz wohl gespürt und seinen radikalen Aphorismus differenziert, indem er zum einen Bedeutung als Komplex von Funktionen innerhalb eines „Sprachspiels" (also in der Summe der möglichen Kontexte) darstellt (PU 53 u. passim), zum anderen den Objekten ein Netz von „Familienähnlichkeiten" (PU 65ff.) zuweist (vgl. genauer Kap. 3.2.1.).

1.2.   Semantik und Semiotik

Wir werden im Lauf dieses Buchs verschiedene Definitionen von Bedeutung kennenlernen. In einem ersten – vorläufigen – Schritt können wir das Problem der Bedeutung von Lexien semiotisch angehen, also von der sprachlichen Referenz auf die Welt her. Semiotisch gesehen dienen uns Zeichen – und Lexien sind *ein* Typ von Zeichen – zur Benennung von Gegenständen und Sachverhalten: Wir sehen also z.B. einen Hund und benennen diesen dann auch mit dem entsprechenden Wort: dt. *Hund*, fr. *chien*, it. *cane*, sp. *perro* etc. Dass das entsprechende Tier in unserer Sprache so und nicht anders heißt, haben wir im Laufe des Spracherwerbs gelernt, indem wir bei jedem individuellen Hund, den wir sahen (auch auf Bildern oder als Stofftier) das Wort gesagt bekamen, bis es sich in unserem individuellen

---

[3] Vgl. u.a. Ullmann 1964, 64–67; Costa 1990, 26ff.; Eckard 1992; Keller 1995, 58–70.

Lexikon verfestigte. Damit haben wir eine „Dingvorstellung" bzw. ein **Konzept** HUND
entwickelt, das auch ohne konkretes Tier (in unserer Terminologie **Referent**) evoziert werden kann. Anders gesagt: wir haben eine Vorstellung von der Klasse der Referenten, auf die
mit dem entsprechenden Wort Bezug genommen werden kann. Zum Konzept gehört sämt-
liches „enzyklopädisches Wissen", das wir im Laufe der Jahre angehäuft haben und das wir
mit anderen Menschen teilen, das also mehr als nur episodisch-individuell ist. Es handelt
sich um das, was „man" im allgemeinen über Hunde weiß: verschiedene Rassen, Hunde-
laute, typische Charaktereigenschaften und übelriechende Hinterlassenschaften, ja sogar die
dazu passenden „Herrchen"; ferner „Konnotationen", also mögliche evozierbare Attribute
wie 'unterwürfig', 'treu', 'gefährlich' etc.

Zwischen der konkreten Lautform [hunt] und dem konkreten Referenten etabliert sich
also unser Konzept HUND. Diese Vorstellung liegt dem triadischen semiotischen Dreieck
von Ogden/Richards (1923) zugrunde (s. Fig. 1).

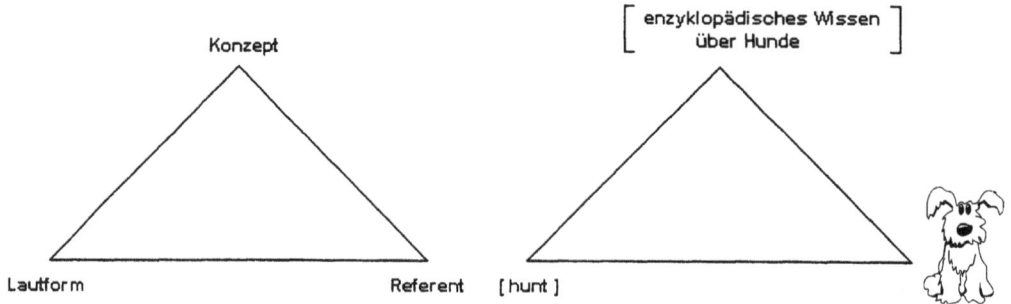

Fig. 1: Das semiotische Dreieck nach Ogden/Richards (1923)

Die Lautform stellt das Konzept sprachlich dar, das Konzept verweist auf den Referenten;
die erste Relation ist charakterisiert durch sprachliche Konvention, die zweite durch referentielle Adäquatheit; die dritte Relation jedoch, jene zwischen Lautform und Referent, ist
nicht sprachlich oder logisch abgesichert, sondern beschreibt eine arbiträre Bezeichnungs-
beziehung, die sich nur indirekt aus der Verbindung des Konzepts mit dem Referenten und
des Konzepts mit der Lautform ergibt. Anders gesagt: dass der Hund im Deutschen Hund
heißt, ist das Ergebnis eines sprachhistorischen Prozesses und hat nichts mit dem Tier als
solchem zu tun. Lautform und Referent sind konkret-individuelle Einheiten des Sprechak-
tes, das Konzept ist abstrakt und sozial, insofern wir es mit anderen teilen.

Das Dreiecksmodell hat drei Schwachpunkte: Zunächst ist die lautliche Form als reine
konkrete Äußerung konzipiert; es ist aber sicher, dass wir auch von der Lautseite der Wörter eine abstrakte, idealisierte Vorstellung haben. Es ist dies, was Saussure *image acou-
stique* oder *signifiant* genannt hat. Zum zweiten haben wir von Wörtern auch morpholo-
gische Informationen, wie z.B. die Form des Plurals bei Substantiven und Adjektiven oder
Konjugationsparadigmen bei Verben, sowie syntaktische Informationen, wie Wortart oder
typische syntagmatische Verbindungen eines Wortes, die sogenannten Kollokationen (z.B.

fr. *ameuter les chiens*, it. *condurre il cane al guinzaglio*, sp. *sacar al perro*). Zudem wissen wir, in welchem Kontext ein Wort gebraucht werden kann oder wann es nicht gebraucht werden darf: z.B. darf man im informellen Gespräch vom *Köter* des Nachbarn sprechen, aber nicht in Gegenwart des betreffenden Nachbarn, es sei denn, man will diesen provozieren. All diese Informationen sind einzelsprachlich, insofern sie dem jeweiligen sprachlichen Zeichen eigen sind. Schließlich stellen wir fest, dass es im Modell von Ogden/Richards keine dem Saussureschen *signifié* entsprechende Entität gibt, die genau jene Merkmale enthält, welche distinktiv gegenüber „verwandten" Zeichen eines Sprachsystems sind, also z.B. jene Merkmale, die fr. *chien* von *chat* oder *cheval* unterscheidet.

Um den Schwächen des semiotischen Dreiecks abzuhelfen, kann man es mit dem sprachlichen Zeichen Saussures kombinieren. Wir erhalten dann das folgende komplexe semiotische Modell, das eine Adaption des von Raible (1983, 5) vorgeschlagenen Modells darstellt:

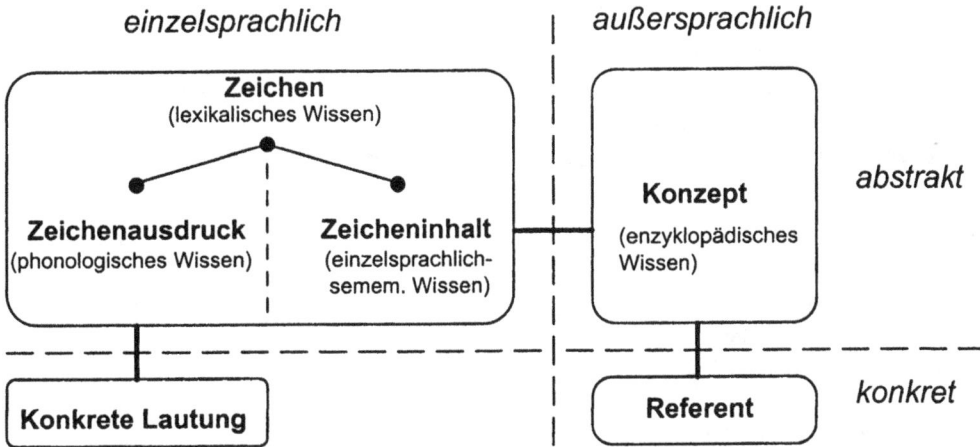

Fig. 2: Komplexes semiotisches Modell

Dieses Modell wirkt zwar zunächst etwas unhandlich, aber es hat den Vorteil, dass all unser Wissen zu einem Wort einer Sprache darin lokalisierbar ist: auf der **Zeichenausdrucks-** oder *signifiant*-Ebene das *phonologische Wissen* über die „normale" Aussprache, auf der **Zeichenebene** das *lexikalische Wissen* über Morphologie, Wortart, typisches Vorkommen und übliche Kontexte etc., auf der **Zeicheninhaltsebene** das *einzelsprachliche-sememische Wissen* sowie auf der **Konzeptebene** das *enzyklopädische Wissen*. Das einzelsprachlich-sememische Wissen ist jener Teil des enzyklopädischen Wissens, also unseres Wissens über die Klasse der Referenten, der für die Abgrenzung im Lexikon einer Sprache relevant ist (vgl. Kap. 2.1.). Diese Unterscheidung mag auf den ersten Blick unnötig kompliziert erscheinen, sie wird aber gerade für das Verständnis der verschiedenen semantischen Theorien sehr wichtig und im folgenden noch öfters thematisiert werden. In Kap. 4 werden wir darauf unsere Interpretation des Bedeutungswandels und in Kap. 7 eine komplexe Theorie der lexikalischen Bedeutung aufbauen.

Mit diesem Modell sind wir nun in der Lage genauer zu beschreiben, was bei einem Sprechakt vor sich geht: Wenn der Sprecher ein bestimmtes konkretes Tier, einen Referenten, sieht, kann er es mit einem in seinem Kopf gespeicherten Konzept abgleichen und dann gegebenenfalls das mit dem entsprechenden Konzept verbundene Sprachzeichen abrufen und vom phonologischen Wissen ausgehend eine konkrete Sprachäußerung machen, also z.B. „Dies ist ein Hund", oder – unter Beteiligung mehrerer Konzepte: „Der Hund will nur spielen". Umgekehrt können wir eine solche Äußerung über die Zeichenebene zum Konzept und von dort zu einem möglichen Referenten weiterverfolgen: Wenn wir also einen Hund und eine Katze vor uns haben, dann evoziert die Äußerung „Hund" das Konzept HUND und genau den entsprechenden Referenten.

1.3.   Inhaltsrelationen zwischen Wörtern

Im konkreten Sprechakt stehen Zeichen meist in engeren und weiteren **syntagmatischen Relationen**; im Wortschatz sind feste syntagmatische Relationen gespeichert, wie z.B. das oben zitierte fr. *ameuter les chiens*. Nun stehen Wörter auch in **paradigmatischen Relationen**. Ein Paradigma ist eine Klasse von sprachlichen Einheiten, die dieselbe Position in einem Syntagma einnehmen können. Beim Austausch von Wörtern aus einer solchen paradigmatischen Klasse im Satz ergeben sich verschiedene semantische Effekte:

(5)   Der *Hund* will spielen.
(6)   Das *Tier* will spielen.
(7)   Der *Köter* will spielen.
(8)   Die *Katze* will spielen.
(9)   Das *Kind* will spielen.

Zwischen (5) und (6) besteht eine **Inklusionsrelation**, insofern man (6) immer anstelle von (5) äußern kann, aber umgekehrt (5) nicht immer anstelle von (6). (5) und (7) können sich auf denselben Referenten beziehen, sie sind insofern **Synonyme**, jedoch enthält (7) eine zusätzliche stilistische Markierung. (5) und (8) hingegen haben grundsätzlich verschiedene Referenten, die Sätze sind **inkompatibel**; *Hund* und *Katze* sind jedoch beide **Hyponyme** eines gemeinsamen **Hyperonyms** *Haustiere* oder *Vierbeiner*. Die semantische Verwandtschaft von (5) und (9) ist hingegen nur sehr indirekt, insofern es sich um Lebewesen handelt. Die Wörter stehen also in bestimmten Inhaltsrelationen, die für die Struktur des Wortschatzes eine wichtige Rolle spielen (vgl. genauer Kap. 2.4.).

1.4.   Mehrdeutigkeit sprachlicher Zeichen

Die allgemeine Gültigkeit unseres Modells scheint geschwächt zu werden durch Fälle, in denen wir zwar ein Sprachzeichen sowie eine konzeptuelle Vorstellung haben, aber keinen konkreten Referenten. Dies ist besonders der Fall bei Abstrakta, wie z.B. Liebe, Freundschaft, Rechnung, Schule (als Institution, nicht als Gebäude), oder bei Konzepten, deren Referenten ausgestorben oder fiktional sind (z.B. SAURIER, EINHÖRNER, KLINGONEN). Mit unserem semiotischen Modell kann man dann jedoch immerhin auf Instantiierungen des entsprechenden Konzeptes referieren („Dies ist wahre Liebe!") oder auf eine Diskurswelt, in der das Konzept eine „reale" Entsprechung hat (Paläontologie, Sagen, Raumschiff Enterprise).

Auf der anderen Seite können wir mit einem neuen Referenten konfrontiert werden, für den wir noch kein Sprachzeichen haben. Wenn z.B. ein neuer technischer Gegenstand erfunden wird, wie z.B. ein kleines Gerät aus weißgrauem Kunststoff und mit einem dünnen, langen Kabel, das zur Positionierung des Cursors auf Computerbildschirmen dient, oder wenn wir bei einer Urwaldexpedition auf ein Tier oder eine Pflanze stoßen, für die wir bislang in unserer Sprachgemeinschaft noch kein Zeichen hatten, dann stehen wir vor einem Versprachlichungsproblem.

Der erste Schritt zur Lösung wird in aller Regel darin bestehen, dass wir ein wie auch immer rudimentäres Konzept von diesem Referenten bilden, das dann durch verschiedene Verfahren versprachlicht werden kann, z.B. durch die Verwendung eines bereits vorhandenen Zeichens. Dies geschah im Falle des kleinen technischen Gerätes, das in Amerika unter dem Namen *mouse* populär wurde. Die Namensgeber haben also das sprachliche Zeichen, das mit dem Konzept eines kleinen Nagetiers verbunden war, in gewisser Weise usurpiert. Ähnliches geschah, als die spanischen Kolonisatoren Amerikas den Jaguar zunächst einfach *tigre* nannten (vgl. genauer Kap. 4.4.1.).

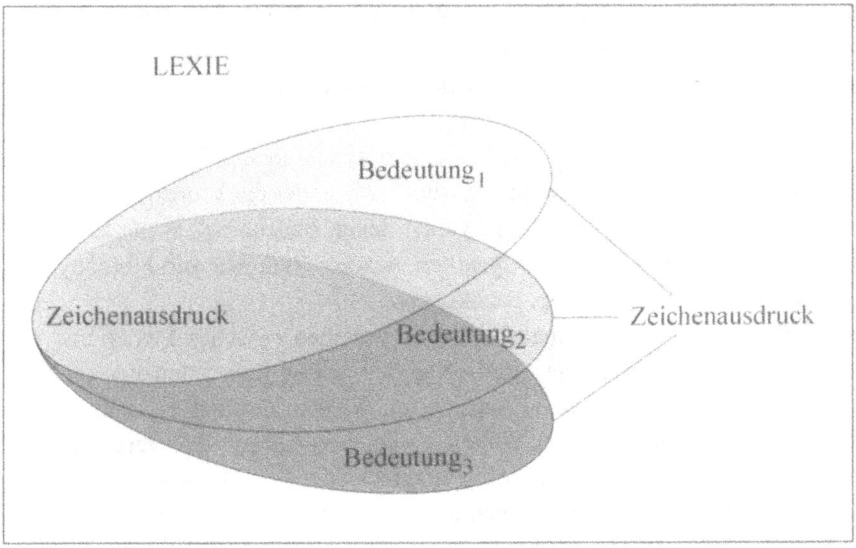

Fig. 3: Lexie, lexikalische Einheit und Bedeutung

Mit diesem Verfahren (es existieren noch weitere) wird ein Versprachlichungsproblem relativ elegant gelöst, weil man die Zahl der Wörter einer Sprache nicht erhöht. Man handelt sich dadurch jedoch ein anderes Problem ein, denn die betreffenden Wörter erhalten eine zusätzliche Bedeutung: engl. *mouse* bedeutet jetzt u.a. 'kleines Nagetier' und 'Computermaus', sp. *tigre* bedeutet 'Tiger' (im europäischen Spanisch) und 'Jaguar' (teilw. im amerikanischen Spanisch), die beiden Wörter weisen – in unterschiedlicher Weise – **Polysemie** (semantische Mehrdeutigkeit) auf (vgl. Kap. 5). Lexien können demzufolge mehrere Bedeutungen umfassen – dies ist sogar der Regelfall. Die Verbindung eines Zeichenausdrucks (einem *signifiant*) mit genau einer Bedeutung einer Lexie wollen wir mit Cruse (1986, 49) **lexikalische Einheit** (engl. *lexical unit*) nennen. Grafisch lässt sich dies wie in Fig. 3 erfassen.

Wenn es nur um die Semantik geht, werden wir im folgenden auch einfach von „Bedeutungen eines Wortes" sprechen. Jedoch ist es nicht möglich, bei polysemen Lexien von *der* Bedeutung dieser Lexie zu sprechen!

1.5.   Aufgaben der lexikalischen Semantik

Neben den aufgezeigten Phänomenen existieren noch einige weitere, mit denen sich Semantiker befassen, jedoch lassen sich aus dem Gesagten bereits die zentralen Aufgaben der lexikalischen Semantik ableiten:

1. Kategorisierung: Nach welchen Kriterien wird ein konkreter Referent einem Konzept und, damit meist verbunden, einem Sprachzeichen zugewiesen? Welche Aspekte sind für die Erkennung der Zugehörigkeit essentiell, welche akzessorisch? Mit dieser Frage befasst sich u.a. die Referenzsemantik, vor allem aber die Prototypentheorie (Kap. 3.3.).
2. Konzeptualisierung und Versprachlichung der Welt: Wie nehmen wir neue Referenten und Sachverhalte war? Nach welchen Prinzipien weisen wir ihnen sprachliche Zeichen zu? Diese Fragen betreffen das Problem des Bedeutungswandels (Kap. 4) sowie die Fragestellung der Onomasiologie (Kap. 6).
3. Mehrdeutigkeit sprachlicher Zeichen: Wie lässt sich synchron die Relation zwischen verschiedenen Bedeutungen einer Lexie beschreiben? Wo endet die kontextbedingte Varianz einer Bedeutung, wo beginnt der Bereich einer neuen Bedeutung? Wann kann man nicht mehr von Bedeutungen *einer* Lexie sprechen, sondern vielmehr von Homonymie? Diese Fragen werden ausführlich in Kap. 5 diskutiert.
4. Struktur des Wortschatzes: Welche Inhaltsrelationen bestehen zwischen Lexien und wie kann man sie beschreiben? Diese Frage wird in Kap. 2.4. und in Kap. 5 behandelt.
5. Schließlich: Was ist Bedeutung? Welche Aspekte und Ebenen umfasst das semantische Wissen, das wir zu jeder lexikalischen Einheit gespeichert haben? Die verschiedenen Richtungen der Semantik haben hierzu völlig unterschiedliche Theorien und Modelle entwickelt, die wir in den Kap. 2 und 3 vorstellen werden, um in Kap. 7 zu einer eigenen Theorie zu gelangen.

Arbeitsaufgaben

1. Lesen Sie Linke / Nussbaumer / Portmann 1991, 55–59, zur Wortproblematik!

2. Informieren Sie sich über verschiedene Zeichenmodelle anhand der Darstellung in Schifko 1975, 90ff. und Blank 1997, 96–102.

3. Vertiefen Sie Ihr Verständnis der Begriffe *Lexem, Lexie, lexikalische Einheit* (*lexical unit*) durch die Lektüre von Wunderli 1989, 9–17, und Cruse 1986, 49–83!

4. Suchen Sie nach alltäglichen und nicht-alltäglichen Situationen, in denen Wortdefinitionen und semantische Abgrenzung eine Rolle spielen!

2.   Strukturelle und Generative Semantik

2.1.   Wortfeldtheorie und Strukturelle Semantik

2.1.1.   Das Wortfeld der „VERSTANDESEIGENSCHAFTEN" im Mittelhochdeutschen

Von ihren Anfängen im 19. bis in die Mitte des 20. Jahrhunderts hinein war die Semantik eine fast völlig historisch ausgerichtete Disziplin, die Motive und Verfahren des semantischen Wandels beschrieb und darüber hinaus, analog zu den „Lautgesetzen" der Junggrammatiker, „Gesetze des semantischen Wandels" zu definieren suchte. Es ist hier nicht der Ort, die verschiedenen Modelle und Theorien dieser Epoche vorzustellen.[1] Von der folgenden Phase unterscheidet sich die ältere Semantik im wesentlichen dadurch, dass sie einem psychologisch-rhetorischen Grundkonzept folgte, welches wir in etwas systematischerer Form in den späteren Kapiteln dieses Buchs aufgreifen werden, und dass ihre Feststellungen meist auf Einzelfallstudien beruhten und insofern anekdotisch blieben.

Der Paradigmenwechsel in der Semantik wurde 1931 mit Jost Triers Buch *Der deutsche Wortschatz im Sinnbezirk des Verstandes* eingeläutet. Trier bleibt in diesem Buch einerseits der historischen Ausrichtung der Semantik verhaftet, andererseits begründet er darin die strukturelle Semantik, die sich an den theoretischen Grundlagen Ferdinand de Saussures orientiert. Trier entwickelt in seinem Buch den auf Ipsen zurückgehenden Gedanken vom „Wortfeld", das aus Wörtern mit ähnlicher bzw. gegensätzlicher Bedeutung gebildet wird. Ein wichtiges Postulat ist, dass eine Wortfeldanalyse sich nur auf den Zustand einer vorher festzulegenden Epoche und nur auf eine genau abgegrenzte Sprache bzw. Sprachvarietät beziehen kann, dass sie also eine **Synchronie** beschreiben muss. Innerhalb dieses synchronen Wortfeldes lässt sich dann die Bedeutung eines Wortes durch genaue semantische Abgrenzung von seinen Feldnachbarn erfassen: Getreu dem Saussureschen Diktum, dass es in der Sprache nur Gegensätze gebe (Saussure 1916/72, 166), besteht der semantische „Wert" (die *valeur*) eines Wortes dann genau in den Aspekten, die es von den anderen Feldmitgliedern unterscheidet. Hierzu ist es notwendig, möglichst viele konkrete Äußerungen der entsprechenden Wörter zu betrachten.

Im Zentrum von Triers Analyse steht das Wortfeld der „VERSTANDESEIGENSCHAFTEN", das er in zwei synchronischen Schnitten (1200 und 1300) betrachtet und dann vergleicht. Damit zeichnet er die „Strukturgeschichte" dieses Feldes nach. Der erste synchronische Schnitt führt zu folgendem Ergebnis: Um 1200 besteht das Feld aus den Substantiven *kunst*, *list* und *wîsheit*; *kunst* bedeutet in etwa 'Wissen, Können des Adligen' und umfasst die schönen Künste, aber auch z.B. Turniertechniken und Falkenjagd; *list* beschreibt das 'Wissen, Können des Bürgers', insbesondere die Handwerkskunst; *wîsheit* schließlich kann an

---

[1]   Vgl. ausführlicher Kronasser 1952; Baldinger 1957; Gordon 1982; Nerlich 1992; Blank 1997.

Stelle der beiden anderen Wörter verwendet werden, es ist ein unspezifischerer Oberbegriff. Grafisch kann man die Bedeutungsstruktur für diese Epoche wie in Fig. 1 darstellen:

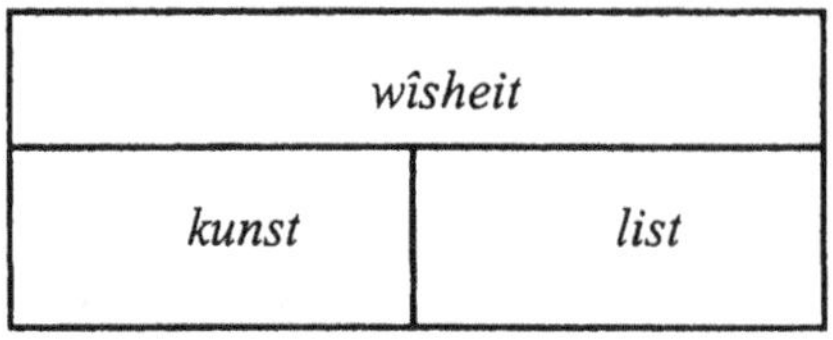

wîsheit	
kunst	*list*

Fig. 1: Das Wortfeld „VERSTANDESEIGENSCHAFTEN" im Deutschen um 1200

Etwa 100 Jahre später hat sich die Situation völlig gewandelt: *wîsheit* bezeichnet nun v.a. 'abstraktes, spirituelles Wissen'; *kunst* bezieht sich nur noch auf 'künstlerisches Wissen' ohne ausgeprägte soziale Komponente; *list* hat sich in Richtung seiner modernen Bedeutung entwickelt und gehört für Trier daher dem Wortfeld nicht mehr an; neu hinzu gekommen ist hingegen *wizzen* mit der Bedeutung 'Wissen über etw.' im Sinne beruflich-technischen Könnens. Grafisch sieht dies wie in Fig. 2 aus:

wîsheit
kunst
wizzen

Fig. 2: Das Wortfeld „VERSTANDESEIGENSCHAFTEN" im Deutschen um 1300

Der wichtigste Unterschied zu Fig. 1 ist das Fehlen eines Oberbegriffs. Alle drei Lexien sind gleichrangige Mitglieder des Feldes, ihre *valeur* ergibt sich aus ihren jeweiligen semantischen Unterschieden und damit aus der Struktur des Wortfeldes selbst.

2.1.2.   Grundkonzepte der europäischen Strukturellen Semantik

Triers Methode wurde nach dem II. Weltkrieg in der europäischen Strukturellen Semantik weiterentwickelt. Die wichtigsten Vertreter dieser Disziplin sind Louis Hjelmslev, Algirdas Greimas, Bernard Pottier, Eugenio Coseriu, Horst Geckeler und John Lyons. Jeder dieser Sprachwissenschaftler hat seinen spezifischen Beitrag geleistet. In diesem Abschnitt sollen nur einige zentrale Aspekte der Semanalyse an Beispielen dargestellt werden. Die Theorie der „Inhaltsrelationen" von Lyons wird in Kap. 2.4. vorgestellt.

In der Phonologie hatte man bereits in den 20er und 30er Jahren des 20. Jahrhunderts eine Merkmalsanalyse entwickelt, bei der durch Minimalpaaranalyse sowohl die funktionalen

Laute (*Phoneme*) einer bestimmten Sprache herausgearbeitet werden als auch die *distinktiven Merkmale*, mit denen die Phoneme dieser Sprache bestimmt werden können: So ist z.B. das Merkmal [+ nasal] im französischen Vokalsystem distinktiv (/põ/ : /po/), im Italienischen, Spanischen oder Standarddeutschen jedoch nicht, wo Nasalvokale lediglich individuelle Varianten darstellen, aber keine Bedeutungsunterschiede bewirken (z.B. dt. [bo:nə] : [bõ:nə]).

Dieser Grundgedanke wurde nun auf die Semantik übertragen. Da der Wortschatz einer Sprache aber weitaus reichhaltiger als das Lautinventar ist, hat es wenig Sinn, den Gesamtwortschatz zu untersuchen, vielmehr müssen einzelne Wortfelder aus dem Gesamtwortschatz herausgeschnitten und dann im Detail analysiert werden. Indem man die Lexien – genauer: jeweils eine lexikalische Einheit einer Lexie – eines solchen Wortfeldes einander gegenüberstellt, ist es dann möglich, die jeweils distinktiven Merkmale (**Seme** oder **semantische Merkmale**) herauszuarbeiten.

Der Prototyp einer „Semanalyse" stammt von Bernard Pottier (1963) und stellt das französische Wortfeld „SIÈGES" (Sitzgelegenheiten) dar. An diesem Beispiel lassen sich exemplarisch Vorgehensweise und Grundbegriffe der Semanalyse beschreiben: Pottier betrachtet die Lexien *chaise*, *fauteuil*, *tabouret*, *canapé* und *pouf*: *chaise* und *fauteuil* unterscheiden sich durch das Sem [avec bras], das bei *fauteuil* definitorisch ist und bei *chaise* fehlt; gegenüber *tabouret* zeichnen sich *chaise* und *fauteuil* aber durch das Sem [avec dossier] aus und alle drei gegenüber *canapé* durch das Sem [pour une personne]; *pouf* hat weder die Merkmale [avec dossier] und [avec bras] und ist insofern identisch mit *tabouret*, jedoch ist *tabouret* (wie auch *chaise*, *fauteuil* und *canapé*) gegenüber *pouf* durch das Sem [avec matériau rigide] charakterisiert. Allen Mitgliedern des Wortfeldes gemeinsam sind die Merkmale [sur pied] und [pour s'asseoir], die insofern nicht distinktiv innerhalb des Feldes sind, sondern es nach außen gegenüber anderen Feldern abgrenzen und gewissermaßen den semantischen Kern des Wortfeldes selbst darstellen. In eine Matrix gebracht, sieht die Semanalyse wie in Fig. 3 dargestellt aus.

	S_1 [avec dossier]	S_2 [sur pied]	S_3 [pour une personne]	S_4 [pour s'asseoir]	S_5 [avec bras]	S_6 [avec matériau rigide]
chaise	+	+	+	+	–	+
fauteuil	+	+	+	+	+	+
tabouret	–	+	+	+	–	+
canapé	+	+	–	+	+	+
pouf	–	+	+	+	–	–

Fig 3: Analyse des Wortfeldes „ SIÈGES" (nach Pottier 1963)

Semantische Merkmale werden also durch kontrastive Bedeutungsanalyse der lexikalischen Einheiten eines Wortfeldes ermittelt. Sie sind daher rein einzelsprachlich und synchron zu verstehen, denn in einer anderen Sprache und selbst in derselben Sprache zu einem anderen Zeitpunkt oder in einer anderen Varietät dieser Sprache können die Feldstrukturen so beschaffen sein, dass ein Sem nicht mehr distinktiv ist oder, im Gegenteil, ein neues Sem eine zusätzliche semantische Opposition markiert. Seme werden in der Regel positiv formuliert, ihr Vorhandensein wird durch das Pluszeichen, die Abwesenheit durch das Minuszeichen gekennzeichnet. In Fällen, in denen nicht entscheidbar ist, ob eine lexikalische Einheit ein Merkmal typischerweise besitzt oder nicht, findet man meist +/– oder 0.

Die Summe der Seme einer lexikalischen Einheit wird **Semem** genannt; im Falle von fr. *chaise* ist dies also {[avec dossier], [sur pied], [pour une personne], [pour s'asseoir], [avec matériau rigide]}. Die allen Lexien eines Wortfeldes gemeinsamen Seme bilden das **Archisemem** (in unserem Falle also {[sur pied], [pour s'asseoir]}), das in Gestalt des **Archilexems** realisiert sein kann (hier *siège*), aber nicht realisiert sein muss.[2] Das Archilexem ist also das Hyperonym der im Wortfeld versammelten Einheiten.

Das Semem ist zunächst nur die Summe der distinktiven semantischen Merkmale einer lexikalischen Einheit in einem bestimmten Wortfeld. In den meisten Fällen umfasst es dabei genau jene Aspekte, die man für seine Bedeutung als zentral ansieht, wie die Pottier-sche Analyse der Sitzgelegenheiten zeigt. Der Vorteil dieser Art von Bedeutungsdefinition ist, dass sie nicht anekdotisch oder intuitiv gewonnen wird, sondern auf der systematischen minutiösen Analyse der Verwendungen eines Wortes beruht. Eine Beschreibung aller Wortfelder einer Sprache könnte somit Bedeutungsanalysen für alle Lexien schaffen und die in dieser Sprache distinktiven Merkmale sowie die Hierarchien dieser Merkmale herausarbeiten.

2.1.3.   Kritik an der Strukturellen Semantik

Wenngleich gerade für das Französische eine ganze Reihe von Wortfeldanalysen vorliegen (vgl. bereits Geckeler 1973), so existiert doch für keine Sprache ein umfassende Analyse. Dies hängt zunächst mit dem unerhört hohen methodischen Aufwand von Wortfeldanalysen zusammen: Allein ein einfaches Gebrauchswörterbuch wie der *Micro Robert* umfasst ja bereits ca. 35.000 Lemmata, von denen die meisten mehrere Bedeutungen haben und daher in mehreren Wortfeldern stehen müssten. Der methodische Aufwand ist jedoch nur einer von mehreren Nachteilen und Schwierigkeiten der Semanalyse. Weitere sind:

1. Die Auswahl der Lexien und die Abgrenzung der Wortfelder: Schon dem Wortfeld Pottiers könnte man weitere lexikalische Einheiten hinzufügen, wie z.B. *divan* (– [avec dossier]) oder *banc* (neues Sem S_7 [rembourré] zur Abgrenzung von *canapé* und *pouf* notwendig, das im Fall von *banc* negiert wäre).

2. Die Relevanz der Seme: Es ist klar, dass S_4 [pour s'asseoir] das Wortfeld insgesamt nach außen abgrenzt, wozu aber dient S_2 [sur pied], dessen distinktive Funktion nicht hinreichend klar wird?

---

[2] Zu weiteren Details europäischen der Strukturellen Semantik vgl. insbes. Geckeler 1971 u. 1973 sowie die in Geckeler 1978 versammelten Beiträge von u.a. Coseriu, Pottier, Greimas, Lyons.

3. Der Ausschluss der Polysemie: Der europäische Strukturalismus betrachtet immer nur eine Bedeutung einer Lexie in einem Wortfeld, in den Worten von Klaus Heger (1969), das „monosemierte Semem". In den meisten Fällen wird die Auseinandersetzung mit der Mehrdeutigkeit von Wörtern (z.B. fr. *canapé* 'Sofa' *und* 'belegte Brotscheibe', sp. *lengua* 'Zunge' *und* 'Sprache', it. *macchina* 'Maschine' *und* 'Auto') bereits dadurch vermieden, dass man eben nur die im jeweiligen Wortfeld relevante Bedeutung analysiert. Schwierig wird es jedoch, wenn versucht wird, Metaphern, Metonymien etc. auf eine Grundbedeutung zu reduzieren, denn mit welchen Semen könnte man z.B. die Relation von 'Sofa' und 'belegte Brotscheibe' bei *canapé* beschreiben?

Wir werden diese Frage in den Kap. 4 u. 5 aufgreifen und ausführlicher behandeln; auf einen besonderen Fall sei jedoch bereits an dieser Stelle kurz eingegangen: Einige Wörter haben einen allgemeineren und einen spezielleren Gebrauch, wie z.B. fr. *homme*, it. *uomo* und sp. *hombre* 'Mensch', aber auch 'Mann'. Coseriu (1964/78) hat nun für diese Fälle eine monosemische Beschreibung vorgeschlagen, nach der *homme*, *uomo*, *hombre* alle „unmarkiert" hinsichtlich des Geschlechts wären und nurmehr 'menschliches Wesen' bedeuteten. In Form von fr. *femme*, it. *donna*, sp. *mujer* stünde ihnen nur ein markiertes Lexem in der Bedeutung 'Frau' (= [menschliches Wesen] und [weiblich]) gegenüber; mit anderen Worten: in der Romania wäre *femme*, *donna*, *mujer* der markierte Fall von *homme*, *uomo*, *hombre*. Grafisch lässt sich dies wie in Fig. 4 darstellen:

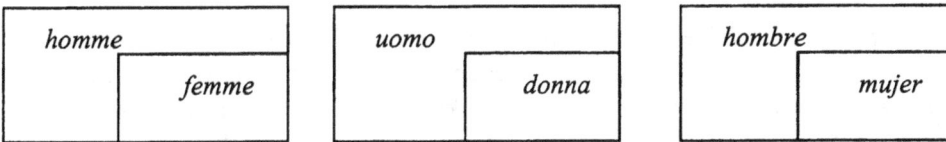

Fig. 4: Die Inhaltsstruktur HOMME – FEMME *etc. nach Coseriu (1964/78)*

Dass diese Konstellation sprachhistorisch der Ausfluss eines patriarchalischen Weltbildes ist, steht außer Frage und muss von uns nicht weiter kommentiert werden. Wir müssen uns jedoch fragen, ob man nicht bei *homme*, *uomo* und *hombre* besser eine unmarkierte ('menschliches Wesen') von einer markierten ('männliches menschliches Wesen') unterscheiden sollte. Wir haben hier also den Fall einer „vertikalen Polysemie" (Gévaudan 1997), bei der ein Wort sowohl einen Oberbegriff als auch einen von dessen Unterbegriffen umfasst. Grafisch dargestellt:

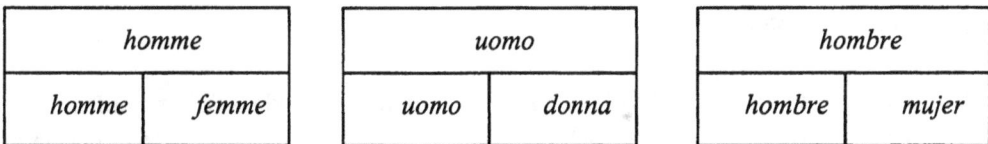

Fig. 5: Die Inhaltsstruktur HOMME – FEMME *etc. als Beispiel einer Polysemie von Ober- und Unterbegriff*

Die Inhaltsstruktur in der komplizierteren Form der Fig. 5 entspricht nicht nur einer modernen politischen Korrektheit, nach der man die Frau nicht als „markierten Fall" des Mannes
betrachten sollte, sie hat neben den Wörterbüchern, die bei *homme, uomo, hombre* mindestens die beiden genannten Einträge unterscheiden, auch die Sprache selbst auf ihrer Seite:
Nach der Interpretation in Fig. 4 müssten Äußerungen wie fr. *une femme est un homme*, it.
una donna è un uomo oder sp. *una mujer es un hombre* völlig korrekt sein, während wir sie
doch als semantisch zumindest fragwürdig, wenn nicht falsch einstufen würden. Dies liegt
in der Tat an der „störenden Polysemie" von übergeordneter Bedeutung 'menschliches
Wesen' und untergeordneter Bedeutung 'Mann'. Nicht zuletzt zur Vermeidung dieser störenden Polysemie verfügen diese Sprachen über die komplexen Lexien fr. *être humain*, it.
essere umano, sp. *ser humano*.

2.1.4.   Einzelsprachliche Bedeutung und Referent

Ein weiteres Problem, das sich der Merkmaltheorie stellt, betrifft den Status der semantischen Merkmale: Sind sie alle notwendig und inwieweit müssen konkrete Referenten alle
Merkmale aufweisen, um als Realisierung des Konzepts bzw. des Semems erkannt zu werden? Anders gefragt: Wann hört der Stuhl auf, ein Stuhl zu sein, und wann beginnt der
Bereich des Sessels? Warum können wir einen Hund als solchen erkennen, auch wenn er
nur drei Beine hat (widerspricht dem Merkmal [Vierbeiner]) oder tot ist (Merkmal [be-
lebt])? Ist eine Tasse, bei der der Henkel abgebrochen wurde (Fig. 6), keine Tasse mehr?

Dass auch der dreibeinige Hund ein Hund bleibt und die Tasse mit abgebrochenem Henkel weiterhin eine Tasse, könnte also Zweifel an der Merkmaltheorie wecken. Zumindest
könnte man sagen, dass nicht alle Merkmale wirklich definitorisch für die Wortbedeutung
sind. Aus der Sicht der Strukturellen Semantik ist dies jedoch ein Scheinproblem: Sie beschreibt lediglich den Normalfall, den typischen Vertreter einer Kategorie bzw. unsere von
allen Einzelfällen abstrahierte geistige Vorstellung. Referenzsemantisch gesprochen geht es
ihr um die Beschreibung der Bedeutung und nicht um Probleme bei der Benennung individueller Referenten. Anders gesagt: es geht um die *langue*, nicht um die *parole*.

Fig. 6: Tasse oder Becher?

Ob also das zweite und das dritte Gefäß in Fig. 6 noch als Tasse klassifiziert werden, ist für
die semantische Beschreibung unerheblich, solange es keine anderen Wörter in der untersuchten Sprache gibt, die typischerweise genau auf eines dieser beiden Gefäße referieren.

Im Deutschen und Englischen wird das dritte gewöhnlich als *Becher* bzw. *mug* bezeichnet, während im Französischen, Italienischen und Spanischen alle drei *tasse, tazza* bzw. *taza* genannt werden. Damit ergeben sich für die semantische Beschreibung zwangsläufig Unterschiede, da im Deutschen und Englischen die Größe des Gefäßes offenbar einzelsprachlichen Merkmalscharakter hat.

Auf der anderen Seite zeigen konkrete Referenten, die ein semantisches Merkmal nicht realisieren, die wir aber dennoch der entsprechenden Kategorie zuordnen und mit dem sprachlichen Zeichen benennen können, doch ein Problem der Merkmalssemantik auf. Der dreibeinige Hund und die kaputte Tasse haben nämlich etwas, was allein mit semantischen Merkmalen nicht erfasst werden kann, etwas „typisch Hundehaftes", „typisch Tassenhaftes", was in unseren Augen den Kern der Sache ausmacht. Es kommt hier eine ganzheitliche Wahrnehmung mit ins Spiel, die sich nicht aus den semantischen Merkmalen und nicht einmal aus der Summe der Merkmale ergibt. Damit wird noch einmal klar, dass die Strukturelle Semantik nicht Sachen oder Konzepte beschreibt, sondern immer nur Wörter einer Einzelsprache und dass sie letztlich nur eine semantische Teilbeschreibung liefern kann: Alles was wir über das einzelsprachlich Relevante hinaus noch wissen, bleibt ausgeklammert.

2.2.   Verbsemantik und Adjektivsemantik

2.2.1.   Verbsemantik

Der französische Syntaktiker Lucien Tesnière hat 1959 den Begriff der **Valenz** oder **Wertigkeit** eingeführt, mit dem er die maximale Zahl der Argumentplätze beschreibt, die ein Verb eröffnet: fr. *dormir* 'schlafen' z.B. hat nur ein solches Argument, nämlich ein Subjekt, das schläft (*Paul$_1$ dort*); sp. *gustar* 'gefallen' hat als Subjekt etwas, das gemocht wird, und als indirektes Objekt den Mögenden (*A Pablo$_2$ le$_2$ gusta la cerveza$_1$*); it. *vendere* schließlich hat drei Argumente: als Subjekt einen Verkäufer, als direktes Objekt den Gegenstand und als indirektes Objekt den Käufer (*Paolo$_1$ vende un gelato$_2$ a Gianna$_3$*). Tesnière nennt diese primären Argumente des Verbs die **Aktanten**. Hinzu können weitere Ergänzungen des Ortes, der Zeit und der Art und Weise kommen: die **Zirkumstanten**. Im Satz *Paul dort tranquillement dans son lit* sind *tranquillement* und *dans son lit* solche Zirkumstanten, welche die Verbalhandlung genauer spezifizieren, ohne jedoch den Status von Aktanten besitzen. Einige Verben haben jedoch auch obligatorische Ergänzungen des Ortes, der Zeit oder der Art und Weise, die Aktantenstatus haben, z.B. fr. *habiter* (*Paul habite à Paris*), it. *durare* (*la guerra durò 30 anni*) oder sp. *pesar* (*la máquina pesa 80 kilos*).[3]

Das primär syntaktische Phänomen der Valenz von Verben hat nun auch Konsequenzen für die semantische Beschreibung von Verben: Nicht jedes beliebige Substantiv kann eine bestimmte Aktantenposition bei einem bestimmten Verb besetzen und nicht jede adver-

---

[3] Zu einer detaillierten Beschreibung der syntaktischen „Ergänzungsklassen" im Französischen vgl. Kotschi 1981.

bielle Ergänzung kann ein Prädikat modifizieren. Welche Gruppe von Wörtern welche Rollen besetzen können, dies ist der jeweiligen Bedeutung eines Verbs mitgegeben und wird somit Bestandteil seiner semantischen Beschreibung. Am Beispiel von it. *vendere* haben wir bereits gesehen, dass die Subjektsrolle semantisch mit einem „Verkäufer", also einem bewusst und aktiv Handelnden gefüllt werden muss. Die semantische Aktantenrolle ist ferner dadurch gekennzeichnet, dass sie das Merkmal [+ menschlich] haben muss. Gleiches gilt wohl für den Käufer, während der Gegenstand des Handels semantisch relativ unbestimmt bleibt: Es kann sich, wie in unserem italienischen Beispiel, um ein Eis handeln, aber ebenso um einen Hund oder einen Menschen.

In einer semantischen Unterdisziplin, die sich „Satzsemantik" oder „Rollensemantik" nennt, hat man versucht diese **semantischen Rollen** des Verbs im Satz (man spricht auch von „Tiefenkasus", „participant-roles", „Aktantenfunktionen" oder „Theta-Rollen") genauer zu definieren (vgl. Fillmore 1968, v.Polenz 1988, 170f.; Koch 1981, 140-148). Beispiele für solche universal konzipierten Rollen sind AGENS (Subjekt von *vendere*), PATIENS (direktes Objekt von *vendere*), BENEFAKTIV (indirektes Objekt von *vendere*), EXPERIENCER (indirektes Objekt von *gustar*) oder CAUSATIV (Subjekt von *gustar*). Diese Rollen sind jedoch zum einen äußerst allgemein gehalten, zum anderen ist es nicht ganz einfach, für alle möglichen Typen von Partizipanten eine solche universale Rolle zu finden: Wie kann man z.B. den „Schläfer" von *dormir* allgemeiner fassen? Koch (1981) plädiert daher dafür, für Gruppen von semantisch ähnlichen Verben Aktantenrollen mittleren Abstraktionsgrades zu bestimmen, also z.B. *vendere* mit allen Verben, die „Verfügung" und „Verfügungswechsel" ausdrücken, zusammenzufassen und diesem Verb dann die drei Rollen VERFÜGUNGSGEBER (der Verkäufer), VERFÜGUNGSGEGENSTAND und VERFÜGUNGSNEHMER zuzuweisen. Dieselben Rollen hat auch das zu *vendere* konverse Verb *comprare* 'kaufen', aber auch *noleggiare* 'mieten', *prendere* 'nehmen' und sogar *rubare* 'stehlen'. Der semantische Unterschied dieser Verben liegt also im Verbkern selbst.

Wie abstrakt oder konkret man die semantischen Rollen auch immer fassen will, es zeigt sich, dass die einzelsprachliche Bedeutungsebene, der *signifié*, bei Verben stärker gegliedert ist als bei Substantiven und dass verschiedene Unterebenen unterschieden werden müssen (Koch 1981, 100ff.; 1991, 280-283):

1. Der Bedeutungskern der „leerstellen-unabhängigen Merkmale", der alles umfasst, was die Bedeutung eines Verbs ausmacht, also z.B. ob das Verb Handeln, Wissen oder Empfinden ausdrückt und ob es diesen Sachverhalt als Zustand, Vorgang, als Tun oder als Interaktion darstellt. Ein Zustandsverb des Empfindens wäre z.B. sp. *gustar*, ein Vorgangsverb des Wissens z.B. fr. *oublier* 'vergessen', ein interaktives Verb des Handelns sp. *obligar* 'zwingen'.

2. Die Ebene der „semantischen Aktantenrollen", welche die semantische Funktion eines jeden syntaktischen Aktanten im Satz festlegen.

3. „Selektionsbeschränkungen für Aktanten", die regeln, welche semantischen Merkmale ein Substantiv besitzen muss bzw. nicht besitzen darf, um die unter 2. definierte Aktantenrolle zu besetzen. Während der Subjektsaktant von sp. *gustar* in dieser Hinsicht unbeschränkt ist, muss das indirekte Objekt, der EXPERIENCER, normalerweise das Merkmal

[+ menschlich] haben. Dieselbe Selektionsbeschränkung haben AGENS und BENEFAKTIV von *vendere*.[4]

Darüber hinaus können Verben auch typische Zirkumstanten mit sich führen, die wiederum spezifische Selektionsbeschränkungen haben können, jedoch sind diese beiden Ebenen in der Regel weniger ausgeprägt.

2.2.2. Adjektivsemantik

Wie bei den Verben kann man auch bei Adjektiven von Valenz sprechen. Während die meisten Adjektive einwertig sind (*das rote Auto₁*), sind eine Reihe von Adjektiven, v.a. in prädikativer Verwendung, zweiwertig und einige wenige sogar dreiwertig (vgl. v.Polenz 1988, 107ff.; Helbig 1992, 108-111). Ein Beispiel für ein zweiwertiges Adjektiv wäre dt. *tödlich* in *Die Kugel₁ war für Alfred₂ tödlich*, das Leerstellen für das tödliche Objekt und die davon betroffene Person eröffnet; dreiwertig ist z.B. dt. *überlegen* in *Maria₁ ist Paul₂ im Schachspielen₃ überlegen*. Aus der Sicht der Semantik interessieren hier v.a. die Selektionsbeschränkungen für diese Aktanten: Der erste Aktant von *tödlich* sollte semantisch als „Instrument" oder „Waffe" definiert sein, der zweite als „belebt" (vorher, versteht sich).[5] Die selegierte Gruppe der durch das Adjektiv beschreibbaren Substantive kann sehr groß sein, wie z.B. bei den meisten Farbadjektiven (alles Dingliche), jedoch kann die Referenzgruppe bei manchen Farbadjektiven auch sehr viel enger gefasst sein, wie z.B. bei fr. *alezan*, it. *baio*, sp. *alazán*, die jeweils 'rot (nur im Bezug auf Pferde)' bedeuten.

2.3. Generative Semantik

2.3.1. Die Komponentielle Semantik von Katz und Fodor

Einen völlig anderen Blick warf man zu Beginn der sechziger Jahre in Amerika auf die Wortbedeutung: Hier ging es nun gerade um das Problem der Polysemie; genauer: um die Desambiguierung von mehrdeutigen, sogenannten ambigen Sätzen, wie z.B. *The bill is large*, das 'die Rechnung ist lang' und 'der Schnabel ist groß' bedeuten kann (Katz/Fodor 1963, 174f.). Aus Noam Chomsky's Buch *Syntactic structures* (1957), das die Generative Syntaxtheorie begründete, ergab sich nämlich das Problem, dass in beiden Fällen dieselbe syntaktische Analyse erfolgt; mit anderen Worten: syntaktisch ist die Mehrdeutigkeit nicht aufzulösen. Katz und Fodor fügen daher der syntaktischen eine semantische Komponente hinzu. Für die semantische Analyse benötigt der Hörer ein mentales Lexikon, die soge-

---

[4] Selbstverständlich kann die Subjektsposition von *vendere* auch durch einen nicht-menschlichen Aktanten besetzt werden, z.B. in *La Fiat vende anche biciclette* 'Fiat verkauft auch Fahrräder'. Es handelt sich hier um eine metonymische Besetzung der Aktantenrolle, bei der *Fiat* in etwa 'gli impiegati della Fiat' (die Angestellten von Fiat) bedeutet. Vgl. hierzu detailliert Blank 1997, 260–264, sowie 188ff. und hier: Kap. 4.2.3. u. 4.3.3.

[5] Auch hier sind wieder Übertragungen möglich, z.B. metaphorischer Gebrauch wie in *Das Argument war tödlich für sein Projekt*. Vgl. Blank 1997, 183ff.

nannte *dictionary component*. Jedem Sprachzeichen wird nun zunächst ein **grammatical marker** zugeordnet, der die Wortart angibt. Sodann werden die einzelnen Bedeutungen eines Wortes in Merkmale zerlegt, wobei die allgemeinen Merkmale **semantic markers** genannt werden (in Fig. 7 in runden Klammern), jenes Merkmal aber, das letztlich eine Bedeutung des Wortes von einer anderen unterscheidet, **distinguisher** (in eckigen Klammern). Der Unterschied ist insofern von großer Relevanz, als die semantic markers einen allgemeineren, wenn nicht tendenziell universellen Status haben und auch bei anderen Zeichen dieser Sprache relevant sind, während distinguishers in der Regel nur bei der einzelnen Bedeutung vorkommen und, nach Katz/Fodor (1963, 187) alles „Idiosynkratische" dieser einen Bedeutung erfassen. Katz und Fodor exemplifizieren ihr Konzept an engl. *bachelor*, dessen semantische Struktur sie in das in Fig. 7 dargestellte Stemma bringen.

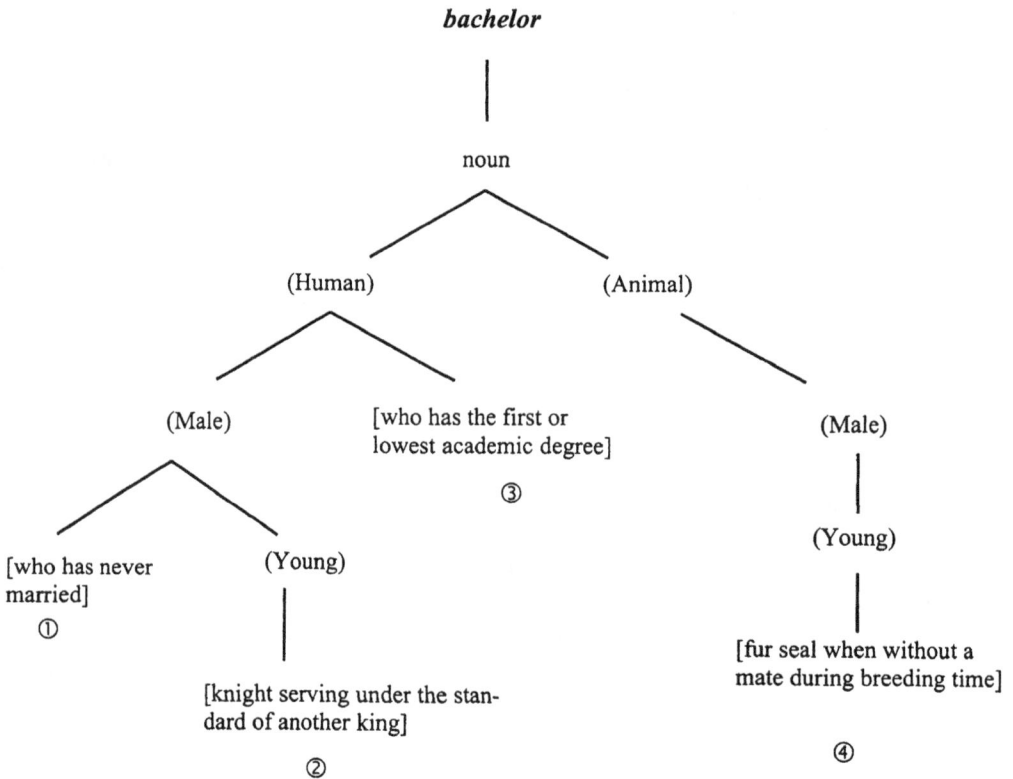

Fig. 7: Semantische Struktur von engl. bachelor (nach Katz/Fodor 1963, 190)

Wie man in Fig. 7 sieht, geht es hier ausschließlich um die semantische Beschreibung einzelner Wörter; Wortfeldanalysen sind nicht intendiert. Auch diese Form der Merkmalssemantik ist nicht ohne Schwierigkeiten: Zunächst einmal wird durch die Darstellung verschleiert, in welcher semantischen Beziehung die einzelnen Bedeutungen zueinander stehen (Bedeutung ④ ist eine Metapher von ①, ③ eine Metapher von ②). Zum anderen aber kann auch diese Semantiktheorie abweichende Einzelfälle nicht erfassen: Ein Satz wie *the Pope is a bachelor* ist zwar im Sinne der Bedeutung ① völlig richtig, aber doch irgendwie seltsam, während *Mary's husband is still a bachelor* Bedeutungskomponenten von Bedeutung ① evoziert, die weder von einem *semantic marker* noch vom zugehörigen *distinguisher* abgedeckt werden (in etwa: er führt immer noch das typische Junggesellenleben). Mit anderen Worten: auch in der komponentiellen Semantik werden nicht alle im Weltwissen vorhandenen Aspekte als relevant betrachtet, und es wird auf typische Vertreter referiert, während randständigere Vertreter der Kategorie, wie der Papst, ausgeklammert bleiben. Ein wesentliches Problem bleibt auch der Status der Merkmale: Während in der europäischen strukturellen Semantik die Merkmale sich aus der Gegenüberstellung mit anderen Einheiten des Wortfeldes ergeben und somit strikt einzelsprachlich sind, wird dies in der Komponentiellen Semantik gar nicht thematisiert.

2.3.2. Neuere generative Ansätze

Die Komponentielle Semantik in ihrer ursprünglichen Form hat sich aus verschiedenen Gründen als eigene Forschungsrichtung innerhalb der Generativen Linguistik nicht etablieren können. Sie wurde in den siebziger Jahren teilweise von prädikatenlogischen Ansätzen abgelöst. Die lexikalische Semantik generativer Tradition wurde damit weitgehend in die Satzsemantik überführt, womit letztlich die Autonomie des Lexikons von der Syntax negiert wurde (vgl. Grewendorf/Hamm/Sternefeld 1987, 315ff.). Einige der Grundgedanken von Katz und Fodor sind aber in die generativen Modelle der Semantik der 80er und 90er Jahre eingegangen.[6]

Ein erster wichtiger Punkt ist das Festhalten an der Autonomie von Syntax als formaler Beschreibungsebene und Semantik als Ebene der semantischen Beschreibung von Äußerungen, Syntagmen und Wörtern. Die Beschreibung von Wörtern und Sätzen folgt also prinzipiell denselben Regeln. Ein zweiter wichtiger Punkt ist die Annahme eines Systems universeller menschlicher Grundkonzepte oder Grundprädikate, aus denen alle komplexeren Bedeutungen bestehen: Im Sinner der „Universalgrammatik" Chomskys geht z.B. Ray Jackendoff von einer einzigen Ebene der mentalen Repräsentation der Welt aus („conceptual structure" genannt), der eine einzelsprachlich-semantische untergeordnet ist, auf der lexikalisches Wissen (z.B. über Synonyme zu einem Wort) oder kultur- und kontextspezifisches Wissen, das für Präsuppositionen oder Inferenzen benötigt wird, abgespeichert wird (1983, 19 u. 95-106). Die Universalität des konzeptuellen Systems begründet Jackendoff mit der weitgehenden Annahme der gegenseitigen Übersetzbarkeit der Sprachen.

Die konzeptuelle Struktur besteht für Jackendoff aus bestimmten ontologischen Grundkonzepten, nämlich GEGENSTAND, ORT, RICHTUNG, HANDLUNG, EREIGNIS, ART UND WEISE und MENGE, die wiederum mit einer, jeweils als autonom konzipierten, syntaktischen und einer phonologischen Struktur in Wechselbeziehung stehen (1983, 50-56). Nur was sich auf die Grundkonzepte reduzieren lasse, sei Teil der konzeptuellen Struktur, wei-

---

[6] Zu weiteren Theorien der Generativen Satzsemantik vgl. v.Stechow 1991 und Heim/Kratzer 1998.

tergehende bedeutungsrelevante Informationen stehen außerhalb. Mit Hilfe der Grundkonzepte sind verschiedene kognitiv-semantische Prozesse möglich, wie z.B. Individuation („This is Max"), Anapher („I bought that yesterday"), die Kategorisierung individueller Referenten zu Typen („Max is a dog") sowie generisches Kategorisieren („A dog is a mammal"). Des weiteren können die referierenden Ausdrücke ganzer Sätze auf die ontologischen Grundkonzepte reduziert werden: Ein Satz wie „Floyd broke a glass violently" kann dann als EREIGNIS betrachtet werden, daß aus „Floyd + HANDLUNG" besteht; die HANDLUNG wiederum setzt sich aus einem GEGENSTAND und einer ART UND WEISE zusammen (Jackendoff 1983, 58f.). Mit diesen kognitiven Grundkonzepten lassen sich Wortbedeutungen natürlich nur sehr allgemein beschreiben, sodass Jackendoff die Liste der möglichen Grundkonzepte dann notwendigerweise erweitern muss. Wichtig ist Jackendoff aber die generelle Rückführbarkeit lexikalischer Bedeutungen auf die ontologischen Grundkonzepte.

Etwa zeitgleich mit Jackendoff entwickelte der deutsche Semantiker Manfred Bierwisch ein Modell, das als „Zwei-Ebenen-Semantik" (oder engl. *Two-Level-Semantics*) bekannt geworden ist (Bierwisch 1983a, 1983b). Bierwisch nimmt an, dass Wörter sich mit einer einfachen, abstrakten semantischen Metasprache beschreiben lassen und dass sie eine relativ abstrakte einzelsprachliche Bedeutung haben. Das Semem von dt. *Schule* kann z.B. folgendermaßen dargestellt werden:

X′ [ZWECK X W]

X′ ist dabei ein „Abstraktor", dessen Kernbedeutung als Zweck angegeben wird; der Zweck von X ist W, wobei es sich um LEHR- und LERNPROZESSE handelt. In der sprachlichen Wirklichkeit stellt man nun aber fest, dass dieses Wort auf ganz verschiedene Sachverhalte referieren kann, z.B.

(1) a. Die *Schule* spendet einen größeren Betrag. [INSTITUTION]
     b. Die *Schule* hat ein Flachdach. [GEBÄUDE]
     c. Die *Schule* macht ihm großen Spaß. [ENSEMBLE VON PROZESSEN]
     d. Die *Schule* ist eine der Grundlagen der Zivilisation. [INSTITUTION ALS PRINZIP]

(Beispiele aus Bierwisch 1983a, 81)

Bierwisch interpretiert diese Unterschiede nun als konzeptuelle Verschiebungen der Kernbedeutung innerhalb spezifischer Kontexte, die weltwissensgesteuert und damit weitgehend universell sind. Zur semantischen Beschreibung von *Schule* genügt also die Kernbedeutung sowie die Angabe der entsprechenden aktivierten Funktion. Für *Schule* in den Sätzen (1a) und (1b) sähe diese aktualisierte Bedeutung folgendermaßen aus (vgl. Bierwisch 1983a, 87):

X′ [Institution X und Zweck X W]
X′ [Gebäude X und Zweck X W]

Die aktualisierte Bedeutung ist also eine Konjunktion der Kernbedeutung mit einer welt-wissensbasierten semantischen Komponente. Insofern kann man tatsächlich von einer „Zwei-Ebenen-Semantik" sprechen. *Schule* selbst steht paradigmatisch für eine ganze Rei-he semantisch ähnlich strukturierter Wörter, wie z.B. *Universität, Theater, Parlament, Bank, Gefängnis, Krankenhaus* etc., mit denselben Kontextualisierungsmöglichkeiten. Bierwischs Ansatz ist, wie die oben genannten strukturalistischen Modelle, monosemisch, insofern er von einer einzigen Wortbedeutung ausgeht, die sich lediglich in verschiedenen Kontexten „entfaltet". Seine Theorie kommt dort in Schwierigkeiten, wo konzeptuelle Ver-schiebungen nicht universell möglich und nicht auf jeden ähnlich gelagerten Fall übertrag-bar sind. So hat engl. *school* u.a. auch die Bedeutung 'Fakultät einer Universität', welche dt. *Schule* nicht hat:

(2) a. John now teaches at Harvard Medical *School.*
     b. *Hans lehrt jetzt an der Medizinischen *Schule* der Harvard-Universität.

Dieser Unterschied könnte zur Not mit einzelsprachlichen Restriktionen aufgrund kultur-spezifischer Unterschiede noch relativ problemlos erklärt werden. Schwieriger ist der fol-gende Fall:

(3) a. Nach der *Schule* rannten die Kinder nach Hause.
     b.*Nach dem *Parlament* rannten die Abgeordneten nach Hause.

Dt. *Parlament* kann zwar den Ort und die Belegschaft bezeichnen, nicht jedoch die dort verbrachte Zeit. Aus diesen und ähnlichen Beispielen muss man schließen, dass hinter vie-len Wörtern ähnlich konstruierte „Weltwissensnetze" stehen, die parallele Bedeutungs-strukturen erzeugen, dass die sprachliche Realisierung dieser Weltwissensnetze von Spra-che zu Sprache und von Wort zu Wort unterschiedlich ausgeprägt ist und letztlich doch einzelsprachlich strukturiert ist (Schwarze/Schepping 1995; Blank 2000, 20f.). Damit ist auch klar, dass die Reduktion auf ein minimales einzelsprachliches Semem und die Verla-gerung der möglichen Bedeutungen auf eine zweite Ebene universeller Prozesse nicht funktioniert.

In beiden bislang in diesem Abschnitt besprochenen Modellen ist letztlich wieder das Problem der Polysemie sprachlicher Zeichen der Knackpunkt. Eine lexikalisch-semantische Theorie, die gerade hier ansetzt, hat James Pustejovsky entwickelt. Wortbedeutungen kön-nen ihm zufolge auf maximal vier Ebenen beschrieben werden (Pustejovsky 1995, 60ff.):

1. *Argument structure*: Anzahl und Art der logischen Argumente oder Rollen und ihrer syntaktischen Struktur (insbes. bei Verben, aber auch bei polysemen Substantiven und Adjektiven).
2. *Event structure*: Art der Sachverhaltsdarstellung bei Verben; Pustejovsky unterscheidet ZUSTAND, VORGANG und ZUSTANDSVERÄNDERUNG (*transition*).

3. *Qualia structure* (Beschaffenheit): semantische Merkmale der Argumente; unterschieden werden KONSTITUTIVE, FORMALE, TELISCHE und AGENTIVISCHE Merkmale.[7]

4. *Lexical inheritance structure*: Stellung eines Wortes im Lexikon und Beziehung zu anderen lexikalischen Einheiten, also z.B. Synonymie, Antonymie etc.

Auf diesen Ebenen (oder auf einigen) können nun Wortbedeutungen beschrieben werden, wobei verschiedene Bedeutungsaspekte und eben auch Polysemie integriert werden. Engl. *newspaper* erhält z.B. folgende Struktur (Pustejovsky 1995, 156):

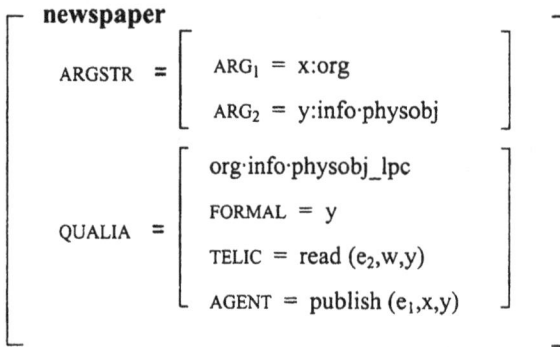

$$
\textbf{newspaper}
\begin{bmatrix}
\text{ARGSTR} = \begin{bmatrix} \text{ARG}_1 = \text{x:org} \\ \text{ARG}_2 = \text{y:info·physobj} \end{bmatrix} \\
\text{QUALIA} = \begin{bmatrix} \text{org·info·physobj\_lpc} \\ \text{FORMAL} = y \\ \text{TELIC} = \text{read } (e_2,w,y) \\ \text{AGENT} = \text{publish } (e_1,x,y) \end{bmatrix}
\end{bmatrix}
$$

Fig. 8: Semantische Struktur von engl. newspaper (nach Pustejovsky 1995, 156)

Dieses Schema ist wie folgt zu lesen: *newspaper* kann intepretiert werden als Institution (im Sinne von *Schule* in (1b)) oder als physischer Träger von Information. Für die erste Lesart gilt, dass es sich um ein Objekt y handelt, das von einer Organisation x herausgegeben wird; bei der zweiten Lesart haben wir einen Leser w, der y liest. Lesen und Herausgeben haben also unterschiedliche Ereignisstrukturen (e_2, e_1), wobei e_2 Argumentstellen für den Leser (w) sowie für die Zeitung als Träger von Informationen (y) eröffnet, e_1 hingegen für die publizierende Institution (x) und das Objekt ihrer Tätigkeit (y).

Mithilfe von Argumentstruktur, Ereignisstruktur und Qualiastruktur lassen sich also in der Tat mehrere Lesarten eines Wortes erfassen und auch ihre semantischen Unterschiede angeben, indem man ihnen verschiedene Argument- und Ereignisstrukturen zuweist und diese dann in der Qualiastruktur verankert. Während diese formalisierte Beschreibungssprache bei metonymischen Bedeutungsrelationen (wie bei *Zeitung* 'Institution', 'phys. Objekt') und auch bei taxonomischen Beziehungen (= Unter-/Oberbegriffsrelation wie bei fr. *homme* 'Mensch', 'Mann') gut zu funktionieren scheint, wird es bei metaphorischen Relationen (und einigen anderen) schwierig, weil hier auf der Ebene der Qualiastruktur im Grunde eine doppelte Beschreibung erfolgen müsste: Bei engl. *mouse* 'Nagetier', 'Computermaus' hätten wir zwar unterschiedliche Argumente (ARG$_1$ = animal; ARG$_2$ = physobj),

---

[7] Diese vier „Qualia" sind in Anlehnung an Aristoteles' vier Arten von Ursachen (*Zweite Analytik* 2, Kap. 11, 94a 20ff.) definiert: *Stoffursache* (woraus?), *Formursache* (welche Art oder Kategorie?), *Zweckursache* (wozu?) und *Antriebsursache* (wer?).

wir benötigten aber sowohl für das Tier als auch für das Artefakt eine eigene Qualiastruktur. Genau darin nämlich, in der Verbindung zweier völlig unterschiedlicher Domänen mit meist völlig unterschiedlichen konstitutiven und Aspekten, besteht der „Witz" der Metapher und der metaphorischen Polysemie (vgl. genauer Kap. 4.2.1.). Dies kann in Pustejovskys Metasprache nicht ausgedrückt werden.

2.4.   Lexikalische Relationen

Die Merkmalssemantik europäischer wie amerikanischer Prägung sieht sich mit verschiedenen Schwierigkeiten konfrontiert. Vor allem sind die Modelle im Alltag kaum verwendbar, da der methodische Aufwand, insbesondere der Semanalyse, enorm ist. Einen ganz anderen, und in vieler Hinsicht pragmatischeren und praktischeren Weg, hat John Lyons in seinem zweibändigen Werk *Semantics* (1977) gewählt: Er versucht die Wortbedeutung über das Netz der Relationen zu beschreiben, die ein Wort (in einer bestimmten Bedeutung) mit anderen Wörtern unterhält. In einer weniger wissenschaftlichen Form sind uns einige seiner lexikalischen Relationen (auch „Inhaltsrelationen" oder „Sinnrelationen" genannt) spätestens aus dem Fremdsprachenunterricht bekannt. In der wissenschaftlichen Semantik wurde nun versucht, alle Arten von Relationen möglichst präzise zu beschreiben.

2.4.1.   Synonymie

Die Synonymie ist die bekannteste und zugleich die schwierigste Inhaltsrelation. In einem vorwissenschaftlichen Verständnis versteht man darunter die Bedeutungsgleichheit zweier Wörter, sodass man sie in einem gegebenen sprachlichen Kontext ohne Sinnänderung gegeneinander austauschen könnte. Allerdings findet man nur sehr wenige Wörter einer Sprache, die genau die gleiche Bedeutung haben (**totale Synonymie**), da dies dem Prinzip der Sprachökonomie widerspricht. In der Sprachrealität findet man aber zahlreiche Wörter, die durch eine **partielle Synonymie** gekennzeichnet sind, durch eine mehr oder weniger starke semantische *Similarität* (Ähnlichkeit). Bei polysemen Lexien schlägt meist nur eine Bedeutung die Synonymiebrücke zu einer anderen Lexie, und auch dort nur zu einer Bedeutung: Synonymie ist also, wie auch alle anderen lexikalischen Relationen, eine Beziehung zwischen lexikalischen Einheiten. Im wesentlichen kann man drei Gruppen partieller Synonyme unterscheiden:

1. Unterschiedliche Varietäten: Synonyme dieser Art haben zwar denselben Zeicheninhalt, dasselbe Semem und theoretisch können sie auf denselben Referenten angewendet werden, die Verwendungsbedingung, der „kommunikative Wert" (Wunderli 1989, 156) der beiden Wörter ist aber grundverschieden, so wie in unseren Beispielen *Der* Hund *will spielen* vs. *Der* Köter *will spielen* aus Kap. 1.3.: Im zweiten Fall handelt es sich im Gegensatz zur ersten um eine abwertende oder (für den Hundehalter) beleidigende Bezeichnung. Der Unterschied liegt also im Bereich unseres *lexikalischen* Wissens um das sprachliche Zeichen als Ganzes. Man kann auch sagen: *Hund* und *Köter* gehören ver-

schiedenen **Varietäten** des Deutschen an. Mit Gauger (1976, 130f.) kann man auch von einer unterschiedlichen „Wortvorstellung" sprechen.

Synonyme dieser Art können verschiedene regionale Varianten (sog. „diatopische Varietäten") des Sprachgebietes und die Sprecher aus diesen Gebieten charakterisieren; man spricht dann häufig auch von *Geosynonymen*, wie z.B. fr. *quatre-vingts* 'achtzig' (Frankreich) vs. *huitante* (Schweiz); it. *formaggio* (Nordit. u. Toskana) vs. *cacio* (Mittel-u. Südit.), sp. *beber* 'trinken' (Europa) vs. *tomar* (Amerika), dt. *Sonnabend* (Norddtld.) vs. *Samstag* (Süddtld.). Häufiger jedoch sind gruppen- und schichtspezifische (diastratische) und stilistische (diaphasische) Variationen, wie z.B. fr. *regarder* (Standard) vs. *mater* (Argot) vs. *téma* (Verlan, Jugendsprache), it. *prendere* 'nehmen' (Standard) vs. *pigliare* (familiär), sp. *cárcel* 'Militärgefängnis' (Standard) vs. *castillo* (Militärjargon). Diese verschiedenen Markierungen sind allesamt einzelsprachlich und gehören zu unserem Wissen um das Wort (vgl. ausführlich Kap. 7.3.2.).

Gerade im letzten Bereich kommen noch konnotative Unterschiede hinzu, die mehr im Bereich des enzyklopädischen Wissens liegen: Gegenüber dem neutralen fr. *pigeon* 'Taube' ist fr. *colombe* im wesentlichen auf die literarisch-poetische Sprache begrenzt; insofern ist es zunächst ein diaphasisch markiertes Synonym. Darüber hinaus denkt man bei *pigeon* – je nach persönlicher Erfahrung – an große Plätze, Taubendreck, ekelhaft, aber man assoziiert auch eßbar, Brieftaubenzucht, verliebte Pärchen etc., während *colombe* eher Frieden, Ölzweig, Arche Noah oder Heiliger Geist evoziert. Hier verlassen wir jetzt den Bereich des Einzelsprachlichen, denn diese Assoziationen sind nicht primär an die Lexie gebunden, sondern an die Sache. Wir sprechen hier von Konnotationen und enzyklopädischem Wissen (Zu einer abschließenden Definition vgl. Kap. 7.3.3.).

2. Unterschiedliche Bedeutungsnuancen: Wenn Synonyme nicht durch einen Unterschied im Sinne der ersten Gruppe gekennzeichnet sind, dann liegt häufig eine gewisse minimale semantische Differenzierung vor: So können z.B. it. *grande*, *adulto* und *maggiorenne* (und ganz ähnlich sp. *grande*, *adulto* und *mayor*) alle drei 'erwachsen' bedeuten, aber während *maggiorenne* bzw. *mayor* mehr den rechtlichen Aspekt betonen (etwa dt. *volljährig*), bezieht sich *grande* mehr auf die physische Erscheinung. Auch hier werden wiederum verschiedene Konnotationen ausgelöst.

3. Unterschiedliche Selektionsbeschränkungen: Während es in der ersten Gruppe um Unterschiede der räumlichen oder situativen Verwendung ging, haben wir es hier mit Beschränkungen auf bestimmte sprachliche Kontexte zu tun: So hat von den drei Synonymen fr. *pourri* – *avarié* – *rance* das erste die wenigsten Kontextbeschränkungen (man könnte es mit dt. *faul* oder *verfault* übersetzen, z.B. *une planche pourrie* 'ein verfaultes Brett', aber auch *un œuf pourri* 'ein faules Ei'); das zweite Wort, *avarié* kann sich nur auf Lebensmittel beziehen (dt. etwa *verdorben*); das dritte schließlich nur auf Fette wie Butter oder Öl (dt. *ranzig*).

Wenn man nun die drei Gruppen vergleicht, so besteht völlige Identität der Sememe und der Referentenklasse nur beim ersten Typ; allerdings gehören diese Synonyme immer unterschiedlichen Teilbereichen des Wortschatzes (Varietäten) an. Bei den Synonymen der zweiten und insbesondere der dritten Kategorie gibt es keine klaren Varietätenunterschiede, jedoch gewisse Unterschiede auf der Ebene der semantischen Merkmale, sodass wir uns hier bereits in einer Übergangszone zum nächsten Typ lexikalischer Relationen befinden.

2.4.2. Inkompatibilität, Hyponymie und Kohyponymie

Im Gegensatz zur Synonymie ist die Inkompatibilitätsrelation dadurch gekennzeichnet, dass sich durch einen Austausch zweier Lexien, wie z.B. *rot* und *blau*, *Tiger* und *Löwe*, *tot* und *lebendig* oder *kommen* und *gehen*, eine klar andere Satzbedeutung ergibt: die beiden Wörter sind inkompatibel. Damit würden aber außer der Synonymie alle Beziehungen zwischen Lexien in einem Wortfeld dem Typ der Inkompatibilität zugeschlagen werden. Da dies nicht sinnvoll ist, unterscheiden wir zwischen „Inkompatibilität im weiteren Sinne" und „Inkompatibilität im engeren Sinne" oder Kohyponymie.

Unter Inkompatibilität im engeren Sinne oder Kohyponymie fassen wir nur Beziehungen zwischen Wörtern eines Wortfeldes, die nicht als Antonymie (2.4.3.) oder Konverse (2.4.4.) klassifiziert werden können. Zu diesem Typ gehören also z.B. die Farbadjektive, die Raubtiere oder die Sitzgelegenheiten. Um Missverständnisse zu vermeiden, sprechen wir hier von Kohyponymen, da alle Raubtiere oder Sitzgelegenheiten gleichermaßen Hyponyme (Unterbegriffe) der entsprechenden Hyperonyme (Oberbegriffe) sind; anders gesagt: *chaise, fauteuil, banc* etc. sind Kohyponyme zueinander, weil sie allesamt Hyponyme von *siège* sind.

Wir haben also in Wortfeldern eine *vertikale* Struktur, die die Beziehung zwischen Ober- und Unterbegriff beschreibt und die wir Hyponymie nennen, sowie eine *horizontale* Struktur, die wir, im unmarkierten Fall, Kohyponymie nennen. Am Beispiel der uns schon bekannten Sitzgelegenheiten im Französischen kann man dies folgendermaßen darstellen:

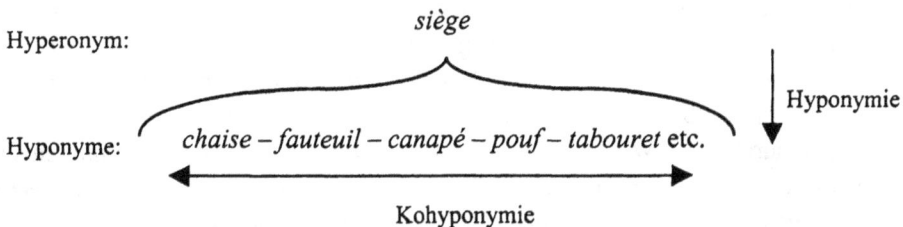

Fig. 9: Hyponymie und Kohyponymie

Während die Kohyponymierelation durch die Similarität der Sememe *und* der Konzepte gekennzeichnet ist, erstreckt sich bei der Hyponymie die Similarität nur auf die Sememe, insofern es Merkmalsübereinstimmung gibt. Darüber hinaus ist die Ober-/Unterbegriffsbeziehung aber bestimmt durch eine logische Inklusionsrelation (auch „taxonomische Inklusion" genannt): Die Klasse der Stühle ist eine Teilmenge der Klasse der Sitzgelegenheiten, letztere „inkludiert" die erste.

2.4.3.   Antonymie

Der wesentliche „markierte" Fall von Kohyponymie ist die Antonymie- oder Gegensatzrelation. Die älteste Typologie der verschiedenen Gegensatzrelationen stammt von Aristoteles (*Kategorien* 10) und hat – mit wenigen Modifikationen – bis heute Gültigkeit. Grundsätzlich sind alle Antonymierelationen durch das Prinzip des *Kontrastes* charakterisiert: Das eine Element ist auf eine bestimmte Weise das Gegenteil des anderen. In der Struktur des Wortschatzes treten v.a. die folgenden Typen auf:

1.   Konträre Antonymie (auch „Antonymie im engeren Sinne"): zwei Wörter bilden einen Gegensatz (z.B. *heiß – kalt, missfallen – gefallen*), zwischen beiden existieren aber vermittelnde Elemente (*warm, lau*) und die Antonyme sind graduierbar (*heißer, am kältesten*).
2.   Komplementäre Antonymie: hier impliziert das eine Element die Negation des anderen, eine vermittelnde Position oder Graduierbarkeit ist nicht möglich („tertium non datur"); Beispiele: *anwesend – abwesend, tot – lebendig, schlafen – wach sein*.
3.   Direktionale Antonymie: Paare dieses Typs sind durch einen Gegensatz der Gerichtetheit charakterisiert; so beschreiben die beiden Verben *kommen* und *gehen* die Bewegung zum Sprecher hin bzw. vom Sprecher weg, *einschlafen* ist ein Vorgang mit dem Ziel des Schlafens, *aufwachen* ein Vorgang vom Schlaf weg. Als Sonderfälle dieses Typs unterscheidet Lyons (1977, 281-287) „antipodale" (*Nord – Süd, Ost – West*) und „orthogonale" Gegensätze (*Nord – Ost, Süd – West*), aber hier kommen wir bereits zu sehr speziellen Gruppen von Lexemen.

2.4.4.   Konverse

In den gängigen Darstellungen der lexikalischen Relationen werden Konversen oder Korrelationen ebenfalls den Antonymierelationen zugeschlagen, und dies ist auch nicht völlig falsch, denn zwischen *Herr – Knecht, doppelt (so ... wie) – halb (so ... wie)* oder *kaufen – verkaufen* besteht ja auch eine Art von Gegensatz. Allerdings beruht diese Gegensätzlichkeit auf einer spiegelbildlichen Aufeinanderbezogenheit der beiden Elemente; der Gegensatz entsteht durch einen Wechsel der Perspektive. Die Konversenpaare definieren sich nun gerade *in Bezug zueinander* und nicht in der Negation des jeweils anderen: Ein *Herr* ist nur *Herr* in Bezug auf einen *Diener*, *verkaufen* kann man nur etwas, wenn es auch einen *Käufer* gibt, und aus der Perspektive eines kleinen Hauses aus ist ein anderes *doppelt* so hoch, während von diesem aus gesehen jenes *halb* so hoch ist. Hingegen sind die ersten beiden Antonymietypen wirklich nur durch ihre Polarität bzw. gegenseitige Negation gekennzeichnet; die direktionalen Antonyme wiederum ergeben sich nicht durch einen Perspektivenwechsel, oder anders gesagt: wenn einer *einschläft*, muss nicht jemand anderes *aufwachen*.

Die Konversen sind daher auch weniger durch das Prinzip des Kontrastes gekennzeichnet, auch wenn ein solcher natürlich immer vorhanden ist, sondern durch die notwendige Aufeinanderbezogenheit zweier Elemente. In diesem Fall dominiert ein drittes Assoziationsprinzip, nämlich die *Kontiguität.* Darunter versteht man im wesentlichen, dass zwei Elemente mehr als nur zufällig miteinander zu tun haben, dass sie räumlich, zeitlich oder logisch aufeinander bezogen sind (Vgl. genauer Kap. 3.2.2. u. 3.2.3.).

2.4.5.   Meronymie

Das Prinzip der Kontiguität steht auch hinter einer weiteren lexikalischen Relation, der Meronymie oder Teil-Ganzes-Beziehung. Sie beschreibt die Beziehung eines größeren Ganzen zu den Teilen, aus denen es besteht, wie in Fig. 10:

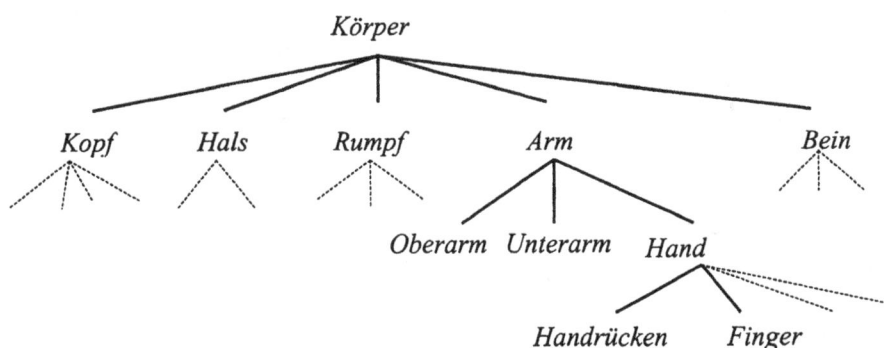

Fig. 10: Meronymie (nach Cruse 1986, 157)

Man darf die Meronymie nicht mit der Hyponymie verwechseln: Die Hyponymie beschreibt die Beziehung zwischen einem Oberbegriff und einer Gruppe *ähnlicher* Elemente, die aber in der Realität gar nicht zusammen vorkommen müssen (z.B. haben Tiger und Löwen völlig verschiedene Lebensräume, im Wortfeld der Raubtiere finden sie aber gemeinsam Platz). Bei der Meronymie geht es um Beziehungen zwischen *kontigen* Elementen, die wir also in der Welt tatsächlich als zusammengehörig erfahren. Es geht um enzyklopädische oder Sachfeldbeziehungen. Im Unterschied zu den anderen Relationen gibt es hier keine Semembeziehungen, nicht die *signifiés,* sondern lediglich die Konzepte stehen in Beziehung zueinander.

2.5.   Zusammenfassung

Aus der Betrachtung der verschiedenen lexikalischen Relationen wird deutlich, dass hier zwar die semantischen Beziehungen verschiedener Lexeme herausgearbeitet werden und damit auch das Netz von semantischen Beziehungen in unserem Wortschatz überhaupt sichtbar wird, die Beschreibung der Bedeutung(en) eines Wortes selbst wird dadurch jedoch nicht erreicht. Die älteren strukturellen und generativen Ansätze gehen hier weiter, aber auch sie lassen viele Fragen offen und erfassen offenbar noch nicht die eigentliche Besonderheit unseres „mentalen Lexikons", also die Art und Weise, wie unser Wissen strukturiert ist und wie es sich in der Sprache niederschlägt. An diesem Punkt setzen die aus der Psychologie kommenden Modelle an, die man unter dem weiten Oberbegriff „Kognitive Semantik" zusammengefasst hat.

Arbeitsaufgaben

1. Erarbeiten Sie das Wortfeld der „SITZGELEGENHEITEN" im Italienischen bzw. Spanischen und vergleichen Sie mit dem Französischen!
2. Welche Schwierigkeiten bietet die Semantik von fr. *beau-père* bzw. *belle-mère*, it. *nipote*, sp. *cuñado/cuñada* für eine strukturalistische Beschreibung im Rahmen des Wortfeldes „VERWANDTSCHAFTSBEZIEHUNGEN"?
3. Bestimmen Sie anhand eines einsprachigen Wörterbuchs die semantischen Merkmale von fr. *oiseau* und it. *uccello* und vergleichen Sie mit sp. *ave* und *pájaro*!
4. Lesen Sie den Artikel „sémantique" in Dubois u.a. 1994!
5. Suchen Sie Beispiele für alle Antonymietypen im Französischen bzw. Spanischen und Italienischen!
6. Suchen Sie Beispiele für totale Synonymie im Französischen / Italienischen / Spanischen sowie im Deutschen und diskutieren Sie Ihre Beispiele im Seminar!
7. Erarbeiten Sie sich eine Liste der Defizite und Vorteile der bisher vorgestellten Modelle und überlegen Sie – bevor Sie weiterlesen – wie „Ihre" Bedeutungstheorie aussehen müsste (evtl. im Seminar diskutieren)!

3. Modelle der Kognitiven Semantik

3.1. Die „kognitive Wende"

3.1.1. Zwei neue Richtungen

Aufgrund der im vorigen Kapitel beschriebenen Schwierigkeiten gerieten die europäische Strukturelle Semantik und auch die frühe Generative Semantik in gewisser Weise in eine Sackgasse. Da gerade der in Europa praktizierte Ansatz auch unbestreitbare Vorteile hat, wurde hier in den 70er und 80er Jahren des 20. Jahrhunderts weiter an der Verfeinerung der Wortfeldanalyse gearbeitet. In Amerika zeichneten sich bereits in den 70er Jahren zwei unterschiedliche neue Richtungen ab, die sich beide aus der Ablehnung der generativen Semantik Katz'scher Prägung definierten und die interessanterweise beide das Schlagwort „kognitiv" für sich beanspruchten: Die erste Richtung bleibt im wesentlichen der Sprachtheorie Chomskys verpflichtet, insbesondere der klaren Trennung von Syntax und Semantik. Ihren klarsten und überzeugendsten Ausdruck hat diese Richtung im Werk von Ray Jakkendoff (bes. 1983; 1990) und James Pustejovsky (bes. 1995) gefunden, wie wir sie in Kap 2.3.2. kurz dargestellt haben. In der Tat hat Chomsky das Sprechen als regelgeleitetes Produkt einer universellen mentalen Sprachkompetenz definiert, und in dieser Hinsicht ist das Attribut „kognitiv" sicher gerechtfertigt. Man könnte von einer „generativ-kognitiven" Semantik sprechen.

Seit 1970 hatte sich nun, von der Psychologie her kommend, auch eine Richtung der amerikanischen Semantik weg von Chomsky entwickelt. Es ist – am Rande bemerkt – für die Topographie der amerikanischen Linguistik nicht unerheblich, dass diese Richtung tendenziell im Westen der USA vertreten wird, während der Osten dem Chomskyschen Mainstream verbunden bleibt. Pioniercharakter kommt den Arbeiten von Psychologen wie Berlin/Kay (1969) und Rosch (1973; 1977; Rosch u.a. 1976) zu. Die linguistisch-semantische Relevanz dieser psychologischen Studien wurde zuerst von Linguisten wie Labov (1973), Fillmore (1975), Lakoff (1972; 1987) sowie Langacker (1984; 1987/1990) gesehen. Durch sie wurde ein regelrechter Paradigmenwechsel in der Linguistik ausgelöst, den man seither gemeinhin als „cognitive turn" bezeichnet. Im Unterschied zur kognitiven Linguistik Chomskyscher Prägung geht es weniger um die universellen Regeln der Sprachproduktion als um die Erforschung des Zusammenhangs zwischen sinnlicher Welterfahrung, Konzeptbildung und Versprachlichung dieser Erfahrung. Man kann diese Richtung der Semantik „kognitiv-konnexionistisch" oder „kognitiv-holistisch" nennen. Sie hat außer in der lexikalischen Semantik v.a. in der Grammatik neue Einsichten in die Sprache eröffnet. Im folgenden werden wir uns im wesentlichen mit dieser Richtung befassen und sie im Blick auf eine umfassende Theorie der lexikalischen Semantik hin prüfen. Im Zentrum dieses Kapitels stehen die beiden „klassischen" kognitiven Modelle, die Prototypentheorie und die Frames-and-Scenes-Semantik, die wir dann abschließend unter dem Aspekt der

Bedeutungstheorie behandeln wollen. Die ebenfalls sehr bekannte kognitive Metapherntheorie wird in Kap. 4.2. vorgestellt, weil sie zur diachronen Semantik gehört.

3.1.2.   Was ist „Kognitive Semantik"?

Was ist eigentlich Kognitive Linguistik oder genauer: Kognitive Semantik? Die Frage ist in der Tat schwerer zu beantworten, als man zunächst glaubt. Grundsätzlich kann man natürlich auf die verschiedenen Theorien und Modelle verweisen, die sich „kognitiv" nennen oder so bezeichnet werden. Was aber ist ihnen allen mehr oder weniger gemeinsam?

Charakteristisch für viele Ansätze ist die Integration von Sprache, Sprechen, Sprechenkönnen in einen größeren Rahmen: Unsere Sprechfähigkeit wie unsere Wahrnehmung sind Teil unserer arttypischen biologisch-kognitiven Ausstattung. Ziel vieler Arbeiten ist es daher, diese Fähigkeiten zu erkunden und ihre spezifischen Auswirkungen auf unser Sprechen und auf die Struktur unserer Sprachen zu beschreiben bzw. aus der Betrachtung von Sprachprodukten auf die dahinter liegenden Wahrnehmungsprozesse zu schließen. Versucht wird auch, komplexere Konzepte auf einfachere, kognitiv primärere oder „prägnantere" zu reduzieren.

Daraus ergibt sich, dass die semantische Struktur einer Sprache unsere wahrnehmungsbedingte Rekonstruktion der Welt wiedergibt, nicht die Welt an sich. Wir müssen also unterscheiden zwischen der tatsächlichen, konkreten Welt und unserer spezifischen Wahrnehmung dieser Wirklichkeit. Jackendoff (1983, 22-29) spricht von „the real world and the projected world". Die spezifische Art und Weise, wie Menschen die Wirklichkeit konstruieren, beruhe ausschließlich auf den biologisch determinierten, angeborenen kognitiven Fähigkeiten. Dass wir z.B. elektromagnetische Strahlung einer bestimmten Wellenlänge als Licht, als Farbe oder als Wärme wahrnehmen und konzeptualisieren, hat nichts mit der Strahlung zu tun, sondern mit der Beschaffenheit unseres sensorischen Systems. Sprachliches Referieren und Prädizieren bezieht sich daher immer auf diese „projected world", auf die konzeptuelle Struktur, die wir uns von der Welt machen.

Dieser Erkenntnis, die in der abendländischen Philosophie spätestens seit dem Vorsokratiker Demokrit geläufig ist, kann kaum widersprochen werden; implizit oder explizit liegt sie allen Theorien der Wahrnehmung und der sprachlichen Bedeutung zugrunde. Da jedoch alle Menschen mit einem weitgehend ähnlichen Wahrnehmungsapparat ausgestattet sind, ist sie für die linguistische Analyse selbst zunächst gar nicht entscheidend: Was wir wahrnehmen, ist für uns alle real und nicht nur projiziert (Kleiber 1990, 41). Wie wir noch sehen werden, wird es *linguistisch* dann interessant, wenn wir neue Wahrnehmungen erstmals oder alte Wahrnehmungen neu versprachlichen. Und wirklich *kognitionslinguistisch* interessant wird es eigentlich erst, wenn übereinzelsprachlich Konzepte in vielen nichtverwandten Sprachen auf die gleiche oder auf sehr ähnliche Weise versprachlicht werden, denn dann kann man darauf schließen, dass die entsprechenden Konzepte unserer Wahrnehmung nur so und nicht anders zugänglich sind bzw. dass, wenn es eine andere Möglichkeit gibt, die häufigere, „prototypischere" eher den Gegebenheiten unseres Wahrnehmungsapparats entspricht (vgl. genauer Kap. 6.2.).

Weitere, z.T. kontroverse Grundannahmen der Kognitiven Linguistik, beziehen sich auf die kulturspezifische bzw. universelle Struktur unserer Konzepte sowie auf den Sinn einer Trennung zwischen Semantik und Syntax bzw. Lexikon und Grammatik. Relativ unstrittig – und wirklich eine neue Erkenntnis – ist die Annahme vom flexiblen und graduellen Charakter der kognitiven Kategorien, welche den unflexiblen Merkmalsmengen der Strukturellen Semantik gegenübergestellt wird. Die Kognitive Linguistik wendet sich damit von stark schematisierten und technisierten Modellierungen ab und kehrt zu einer den Menschen stärker gesamthaft einbeziehenden Konzeption von Sprache zurück.[1]

Für die verschiedenen kognitiven Modelle gilt daher selbst das Prinzip der Wittgensteinschen „Familienähnlichkeiten" (vgl. den nächsten Abschnitt). Es gibt gewisse Gemeinsamkeiten und Überschneidungen zwischen einzelnen Richtungen der Kognitiven Semantik, aber schon die Frage, ob es einen gemeinsamen Kern gibt, lässt sich nicht mit Gewissheit beantworten. In diesem Kapitel können wir daher nur eine kleine Auswahl an Modellen und ihrer verschiedenen Entwicklungsphasen bieten. Zunächst sollen jedoch im folgenden Abschnitt die psychologischen Grundlagen vieler kognitivistischer Modelle etwas näher beleuchtet werden.

3.2.   Grundlegende Wahrnehmungs- und Assoziationsprinzipien

3.2.1.   Familienähnlichkeiten

Einen starken Einfluss auf die Kognitive Linguistik haben einige Aphorismen aus den *Philosophischen Untersuchungen* Ludwig Wittgensteins ausgeübt, insbesondere seine Begriffe „Sprachspiel" und „Familienähnlichkeiten" (PU 21ff, 53, 65-71). „Sprachspiel" meint, dass jedes Sprechen einem Spiel gleich bestimmten konventionellen Regeln folgt: Die Bedeutung eines Wortes kennen, heißt, seine Verwendungsregeln kennen. Die Referenten, auf die mit einem bestimmten Wort referiert werden kann, müssen andererseits nicht alle die gleichen gemeinsamen Merkmale aufweisen; es bestehe vielmehr nur teilweise Merkmalsindentität:

> Betrachte z.B. einmal die Vorgänge, die wir 'Spiele' nennen. Ich meine Brettspiele, Kartenspiele, Ballspiele, Kampfspiele usw. Was ist allen diesen gemeinsam? [...] wenn du sie anschaust, wirst du zwar nicht etwas sehen, was *allen* gemeinsam wäre, aber du wirst Ähnlichkeiten, Verwandtschaften, sehen, und zwar eine ganze Reihe. [...] Und das Ergebnis dieser Betrachtung lautet nun: Wir sehen ein kompliziertes Netz von Ähnlichkeiten, die einander übergreifen und kreuzen. [...] Ich kann diese Ähnlichkeiten nicht besser charakterisieren als durch das Wort 'Familienähnlichkeiten'; denn so übergreifen und kreuzen sich die verschiedenen Ähnlichkeiten, die zwischen den Gliedern einer Familie bestehen: Wuchs, Gesichtszüge, Augenfarbe, Gang, Temperament, etc. etc.
>
> (Wittgenstein, PU 66f.)

---

[1]   Gelegentlich wird dabei auch das Rad neu erfunden: So findet sich z.B. die Erkenntnis prototypischer Überdehnungen beim Spracherwerb (z.B. Bowerman 1978) bereits bei Piaget (1945/69), und einige der Prämissen der Kognitiven Semantik (z.B. die Assoziationsprinzipien) kannte man, wie Geeraerts (1988a) zeigt, bereits in der älteren Historischen Semantik des späten 19. und frühen 20. Jahrhunderts.

Keller (1995, 89) hat diese Konzeption sehr anschaulich folgendermaßen illustriert:

Fig. 1: Die fünf Töchter der Familie Schmitt (nach Keller 1995, 89)

Zwischen den „fünf Töchtern" besteht Ähnlichkeit nur insofern, als die erste die gleichen Augen wie die zweite hat, die dritte die gleiche Nase wie die zweite etc. Man könnte auch von einer Kette sprechen: Jedes Glied hängt genau mit dem nächsten zusammen, das dritte hat jedoch mit dem ersten nur insofern zu tun, als es mit ihm über das zweite verbunden ist. Alle zusammen aber bilden eine Struktur höherer Ordnung (eine sogenannte *chain category*). Auf der Basis solcher Familienähnlichkeit erkennen wir also verschiedene Referenten oder Gruppen von Referenten als einer Kategorie zugehörig, obwohl sie nur indirekt miteinander verbunden sind.

Der Gedanke von den Familienähnlichkeiten hat den psychologisch-empirischen Untersuchungen zur Prototypikalität von Berlin/Kay und Rosch (vgl. Kap. 3.3.) eine philosophische Basis gegeben. Mit Wittgenstein im Bunde scheint es möglich, sprachliche Bedeutung ganz auf eine Reihung von Ähnlichkeiten der Verwendungen eines Wortes zu reduzieren (vgl. bes. Rosch/Mervis 1975; Lakoff 1987). Sprachliche Bedeutung ist demnach – anders als im Strukturalismus – keine fest umrissene, positiv in Merkmalssummen definierbare Größe. Letztlich bleiben nur Kontextverwendungen, die sich zu losen Kategorien verbinden, deren Strukturierung allerdings beschrieben werden kann (vgl. Kap. 3.5.).

Ein weiterer Aspekt an Wittgensteins Gedanke ist von fundamentaler Relevanz: Wir gruppieren Referenten offenbar assoziativ nach dem Prinzip der *Similarität*. Ähnlichkeit zwischen zwei Gegenständen oder Sachverhalten zu entdecken, gehört zu den Grundprinzipien unserer Wahrnehmung.

3.2.2.   Gestaltgesetze und Assoziationsprinzipien

In der Kognitiven Linguistik werden Termini aus der Gestaltpsychologie gerne verwendet, jedoch bisweilen, z.B. bei Lakoff, mehr „emblematisch" und nicht sehr präzise (Koch 1995, 29). Die Gestaltpsychologie ist im frühen 20. Jahrhundert in Deutschland entstanden („Berliner Schule") und hat, nach der Emigration der meisten ihrer Vertreter in die USA im Jahre 1933, auch dort Verbreitung gefunden. Zu ihren wichtigsten Vetretern gehören v.Ehrenfels, Wertheimer, Koffka und Köhler (vgl. z.B. Herrmann 1976; Metzger 1986). Ihr Ausgangspunkt war die Beobachtung, dass wir in der Lage sind, räumlich oder zeitlich beieinanderliegende Einzelphänomene zu „Gestalten" zu gruppieren. Eine Reihe verschiedener Töne nehmen wir als Melodie wahr, vier gleichmäßig verteilte Punkte im Raum als Quadrat:

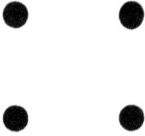

Fig. 2: Gestaltbildung

Aus dieser Erkenntnis heraus haben die Vertreter der Gestaltpsychologie eine Reihe von „Gesetzen", oder besser: Prinzipien der Wahrnehmung formuliert: die Gesetze der Übersummativität, der Gleichartigkeit, der „Guten Gestalt" (auch Prägnanzprinzip), das Figur-Grund-Prinzip sowie die Gesetze der Similarität und der Kontiguität. **Übersummativität** meint, dass eine Gestalt nicht nur die Summe ihrer Teile, sondern etwas eigenes ist und einen kognitiven „Mehrwert" bildet, wie das Quadrat in Fig. 2. Wenn wir z.B. den Vollmond betrachten, so nehmen wir objektiv nur eine helle Scheibe mit dunklen Flecken wahr; subjektiv jedoch sehen wir im Vollmond – je nach Tradition – den Mann im Mond, einen Jaguar (Südamerika) oder ein Kaninchen (Asien), also das, was wir gelernt haben, darin zu sehen.

Die **Gleichartigkeit** der Gestalt sorgt dafür, dass wir eine Melodie als gleich wahrnehmen, selbst wenn sie in eine andere Tonart oder eine Oktave höher transponiert wurde. Hier kommt das uns schon bekannte *Similaritätsprinzip* ins Spiel. Schließlich ist auch zu bedenken, dass sich eine Reihe möglichst ähnlicher Figuren in einem Bild aufgrund des *Kontrastes* von anderen Figuren abhebt und so ein Muster, eine neue Gestalt bildet. Der Kontrast ist in formaler wie inhaltlicher Perspektive das Grundprinzip aller Zeichensysteme. Als Assoziationsprinzip ist er gerade auch in der Sprache von großer Relevanz, wie Raible (1981) zeigen konnte: Wann immer dies möglich ist, assoziieren wir zu einem sprachlichen Stimulus das Gegenteil, also *hell* zu *dunkel, Morgen* zu *Abend, kommen* zu *gehen* etc. Dies lässt darauf schließen, dass Gegensätzen bei der Speicherung von Konzepten ein hoher Stellenwert zukommt.

Fig. 3: Gute und schlechte Gestalten

Eine **Gute Gestalt** ist in sich geschlossen, klar abgegrenzt, harmonisch und möglichst einfach. Unter diesem Aspekt ist das erste Quadrat in Fig. 3 sicher eine bessere, eine *prägnantere* Gestalt als die anderen:

Nun sind viele Gestalten, viele Situation unseres täglichen Lebens weitaus komplexer. In diesem Fall greift das **Figur-Grund-Prinzip**: In einem komplexen Bild nehmen wir die Gestalten mit der größten Prägnanz (die Guten Gestalten) zuerst war, während alle anderen Figuren zum Hintergrund werden. In Fig. 4a sehen wir Quadrate, die „auf" einer Art Geflecht liegen; anders gesagt: das Geflecht ist der Hintergrund, die Quadrate sind die Figur (s. Fig. 4).

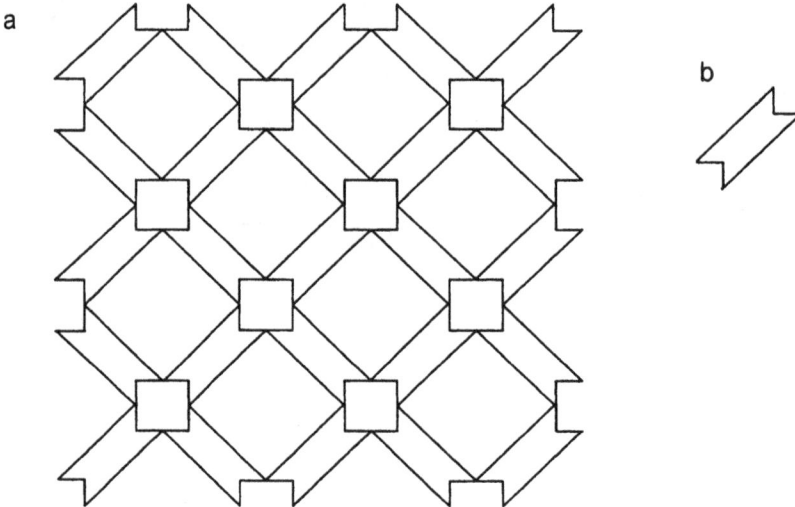

Fig. 4: Figur und Grund I (nach Metzger 1986, 340)

In Fig. 4 wird erneut deutlich, dass es sich bei den Gestalten um reine Wahrnehmungskonstrukte handelt: Fig. 4a ist nämlich keineswegs aus Quadraten und Geflecht zusammengesetzt, sondern aus den „Spulen" der Fig. 4b. Allerdings handelt es sich bei der Spule um keine sehr prägnante Gestalt, sodass das Gesamtbild von uns in eine einfache, gute Vordergrundgestalt und einen schwächer konturierten Hintergrund zerlegt wird. Für die Bewältigung von alltäglichen und nicht-alltäglichen Lebenssituationen ist dieses Wahrnehmungsprinzip der Analyse komplexer Situationen von großer Wichtigkeit, da wir so z.B. ein fahrendes Auto vor dem Hintergrund einer komplexen und wenig differenzierten Landschaft als erstes wahrnehmen, auch wenn es sich farblich kaum abhebt.

Manchmal besteht zwischen Figur und Grund ein Wechselspiel, wie im folgenden Beispiel:

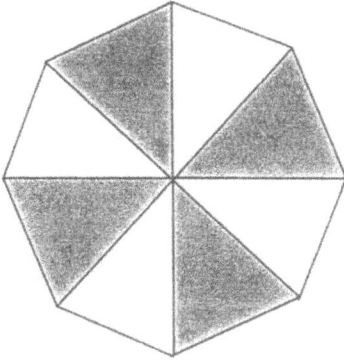

Fig. 5: Figur und Grund II (nach Wittgenstein, PU, II, S. 541)

Hier kann man entweder ein weißes Kreuz auf dunklem Grund oder ein dunkles Kreuz auf weißem Grund sehen, nicht jedoch beides zugleich: Eines von beiden ist entweder Grund oder Figur (vgl. Koch 1999a, 151f.).[2] Wir werden später sehen, dass diese spezielle Konstellation in unserer Wahrnehmung gravierende Auswirkungen auf die Sprache haben kann (Kap. 4.3.1.).

Zunächst jedoch zu den beiden übrigen wichtigen Gestaltprinzipien: Das Gesetz der **Similarität** besagt, dass wir in einem komplexen Bild Gleichartiges, Ähnliches zusammen gruppieren und es durch den **Kontrast** zu anderen Figuren von diesen abheben. In den folgenden beiden Figuren gruppieren wir die Kreise und Rauten jeweils zueinander, sodass sich aufgrund dieser mentalen Operation in Fig. 6a „Reihen" und in Fig. 6b „Spalten" ergeben, die sich nun voneinander abheben:

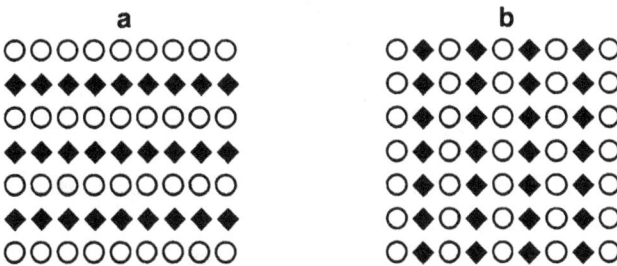

Fig. 6: Similarität und Kontrast (nach Raible 1981, 5)

Ausgeblendet ist in dieser Figur das Prinzip der **Kontiguität**, denn alle Rauten und Kreise haben denselben Abstand zueinander. Die Kontiguität ist jedoch das für Gestaltbildung und Salienz dominante Assoziationsprinzip. Die Kontiguitätsassoziation wirkte implizit bereits

---

[2] Dies ist das Prinzip hinter Vexierbildern und vielen Bildern von z.B. Vasarely und Escher.

in den Fig. 2–5, am klarsten sieht man sie im folgenden Beispiel, in dem die Similarität neutralisiert wurde:

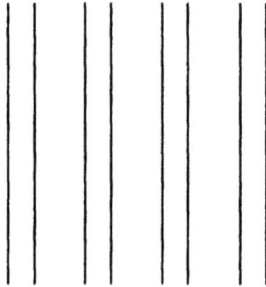

Fig. 7: Kontiguität (nach Raible 1981, 5)

Wir gruppieren hier automatisch jene Linien zu Gestalten, die näher beieinanderliegen und erhalten somit „Röhren" oder „Gitterstäbe". Similarität, Kontrast und Kontiguität sind Prinzipien der Gestaltbildung, die auf vielfältige Weise unsere mentalen Prozesse bestimmen. Bereits Aristoteles hat sie in seiner Schrift über Gedächtnis und Erinnern als die drei Prinzipien beschrieben, aufgrund derer das Erinnern funktioniert (*De memoria et reminiscentia* 451b, 18-22). Er schreibt, dass man zu einem Gedächtniseintrag über die Assoziation von etwas *Ähnlichem*, *Gegenteiligem* oder *Naheliegendem* gelange: Wenn man sich z.B. nicht mehr an den Namen einer bekannten Pariser Kirche (*Sacré-Cœur*) erinnert, kann man sich damit helfen, daran zu denken, dass sie einer *Zuckerbäckertorte* ähnelt, dass sie, was Alter und Baustil angeht, sich stark von *Notre-Dame* unterscheidet oder dass sie auf dem *Montmartre* liegt.

Similarität und Kontrast erweisen sich dabei als aufeinanderbezogene, skalare Assoziationen: *Sacré-Cœur* mag zwar einer Torte ähneln, unterscheidet sich aber auch fundamental von Konditoreiprodukten; andererseits bestehen zwischen *Notre-Dame* und *Sacré-Cœur* auch evidente Gemeinsamkeiten (z.B. dass es sich um Pariser Kirchen handelt). Similarität impliziert also meist einen gewissen Kontrast und umgekehrt. Allerdings gibt es die Assoziation des völlig Gleichen, der *Identität*, als Extremfall der Similarität (z.B. beim Suchen der gleichen Karte beim Memory-Spiel oder wenn man in einem Assoziationstest auf den Stimulus *Haus* einfach mit *Haus* reagiert).

Die Kontiguität ist ganz anders beschaffen: Hier geht es zunächst um physische „Berührung" oder Nachbarschaft (Montmartre – Sacré Cœur), man fasst darunter aber auch zeitliche Bezüge (Hundertjähriger Krieg – Jeanne d'Arc) und alle Arten „logischer" Beziehungen, wie Ursache/Folge oder Teil/Ganzes. Kontiguität entsteht, wenn eine Beziehung zwischen Elementen unserer Wahrnehmung oder unseres Weltwissens mehr als zufällig und einmalig ist: Sie ergibt sich aus unserer Wirklichkeitserfahrung.

3.2.3.   Assoziationen und die Sprache

Unser Gehirn bedient sich bestimmter mentaler Operationen, mit denen wir die Welt – oder was wir dafür halten – wahrnehmen: Gruppierung von Beieinanderliegendem zu größeren Zusammenhängen, Zerlegung von komplexen Szenarien in möglichst einfache, klar umrissene kleinere Einheiten, Bildung von Figur-Grund-Schemata, Gruppierung von Ähnlichem und Gegensätzlichem, Wiedererkennen von konstanten Merkmalen. Diese primären geistigen Operationen gehören zur kognitiven Grundausstattung des Menschen; mit ihrer Hilfe konstruieren wir „unsere Welt".

Es ist daher naheliegend, dass sich in unseren Sprachen Spuren dieser Wahrnehmungsprinzipien finden lassen. Dies ist der erste Grund, warum dieses Buch ein Unterkapitel über einige psychologische Grundlagen der Wahrnehmung enthält. Im Vorgriff haben wir bereits die lexikalischen Relationen in Kap. 2.4. systematisch assoziationspsychologisch fundiert: Synonymie und Kohyponymie beruhen auf Similarität, Antonymie auf verschiedenen Formen des Kontrasts, die Hyponymie ist zumindest durch weitgehend übereinstimmende Sememe gekennzeichnet, Konversen und Meronymie schließlich zeichnen sich durch Kontiguität aus. Eine andere Form der Kontiguität ist in jeder mehr als ein Wort umfassenden Äußerung realisiert: Die Kontiguität von Wörtern im Syntagma ergibt einen höheren, die einzelnen Wörter übersteigenden Sinn, wobei der Abfolge oft eine entscheidende Rolle zukommt (*Hans schlägt Paul* vs. *Paul schlägt Hans*).

Insgesamt manifestieren sich auf diese Weise **zehn Assoziationsrelationen** im Wortschatz unserer Sprachen als Beziehung zwischen Konzepten, Wörtern, Bedeutungen eines Wortes oder Teilen von komplexen Lexien. Oft beruht die Assoziation auf einem diachronischen Prozess, sie ist aber meist auch in der Synchronie, in der Gegenwart des Lexikons nachvollziehbar:

1. *Metaphorische Similarität*: eine wichtige Relation, die meist auf relativ peripheren, gemeinsamen Aspekten zweier deutlich getrennter Konzepte beruht; oft handelt es sich dabei um eine Ähnlichkeit der Form, der Bewegung oder der Funktion, wie z.B. bei den Metaphern fr. *gorge* 'Kehle', 'Schlucht', it. *calzone* '(bauschiges) Hosenbein', 'zusammengeklappte Pizza', sp. *zorro* 'Fuchs', 'schlauer Mensch'. Metaphorische Similarität verbindet, wie man sieht, oft ganz unterschiedliche Sachfelder (vgl. Kap. 4.2.).

2. *Kotaxonomische Similarität*: Dies ist die Relation, die zwei Kohyponyme oder „Kotaxonyme" verbindet, also z.B. fr. *léon* 'Löwe' und *tigre* 'Tiger': Es besteht eine größere Ähnlichkeit, beide Konzepte gehören demselben Sachfeld an, die entsprechenden lexikalischen Einheiten sind Kohyponyme eines gemeinsamen Hyperonyms.

3. *Taxonomische Überordnung*: Diese Relation geht vom Unter- zum Oberbegriff („Hyperonymie"), verbindet also z.B. *Löwe* und *Raubkatze*. In Kap. 2.4.2. haben wir bereits festgestellt, dass hier die „taxonomische" Relation und die Inklusion einer Referentenklasse in eine andere im Vordergrund steht und von Similarität nur insofern gesprochen werden kann, als wir weitgehend übereinstimmende Sembündel vorfinden. Die Ähnlichkeit zwischen Konzepten in einer solchen hierarchisch-taxonomischen Struktur spielt jedoch beim Bedeutungswandel eine wichtige Rolle (vgl. Kap. 4.4.2. u. 4.5.4.).

4. *Taxonomische Unterordnung*: Dies ist die umgekehrte Relation vom Ober- zum Unterbegriff („Hyponymie").

5. *Konzeptuelle Identität*: Sie ist die Extremform der Similarität als Assoziation des gleichen. Wir finden sie in der Rhetorik als *Tautologie* („ein Pferd ist ein Pferd") und bei bestimmten Arten von Wortbildung (vgl. Blank 1998a). Für die lexikalische Semantik ist sie weniger wichtig.

6. *Formale Similarität*: Die Ähnlichkeit der *signifiants* spielt bei einem Typ des Bedeutungswandels eine Rolle (vgl. Kap. 4.4.4.) und auch bei einigen anderen lexikalischen Verfahren, wie z.B. der Wortkreuzung (z.B. afr. **aut* + germ. **hauha-* → afr./fr. *haut* 'hoch'; vgl. auch Kap. 6.2.).

7. *Kotaxonomischer Kontrast*: Dies ist die Relation, die hinter allen Formen der Antonymie steht, wie wir sie in Kap. 2.4.3. vorgestellt haben. Die beiden Antonyme sind Kohyponyme, die in Kontrast zueinander stehen.

8. *Antiphrastischer Kontrast*: Diese Relation ist in gewisser Weise die „Umkehrung" der Metapher, insofern die Kontrastassoziation zwei Konzepte verbindet, die nicht im selben Sachfeld stehen, wie z.B. fr. *pensionnaire* 'Pensionsgast', das im Argot auch die Bedeutung 'Strafgefangener' hat – kein ganz freiwilliger Pensionsgast also.

9. *Konzeptuelle Kontiguität*: Diese Relation kennen wir bereits als Grundlage der Meronymierelation (Kap. 2.4.5.). Sie spielt aber für die Strukturierung des Wortschatzes eine noch viel weitergehende Rolle, insofern sie die Grundlage der *Metonymie* (fr. *bureau* 'Arbeitstisch', 'Arbeitsraum', it. *spina* 'Dorn', 'stechender Schmerz', sp. *víspera* 'Abend', 'Abendgebet vor einem Festtag', 'Festtag') und einiger weiterer lexikalischer Verfahren ist.

10. *Syntagmatische Kontiguität*: In lexikologischer Hinsicht verbindet diese Relation jene einzelnen Lexeme, die zusammen eine komplexe Lexie bilden, untereinander und mit der komplexen Lexie selbst; es besteht also eine Beziehung zwischen zwei als Syntagma verbundenen Zeichen, wie z.B. fr. *ville* + *capitale* in *ville capitale* 'Hauptstadt', it. *conferenza* + *stampa* in *conferenza stampa* 'Pressekonferenz', sp. *hacer* + *la barba* in *hacer la barba* 'rasieren' (wörtl. „den Bart machen"). Natürlich sind auch die Beziehungen zwischen den Teilen eines Satzes durch syntagmatische Kontiguität bestimmt.

Im folgenden werden wir sehen, dass gerade die Modelle der Kognitiven Linguistik in hohem Maße assoziations- und gestaltpsychologisch fundiert sind (bisweilen ohne dass dies den Autoren ganz bewusst ist). Schließlich können wir den gesamten Bereich der diachronen Semantik – und sehr wahrscheinlich der diachronen Lexikologie überhaupt – mithilfe der Assoziationsrelationen systematisch beschreiben (vgl. Kap. 6.2.).

3.3.   Die Prototypentheorie

3.3.1.   Die Anfänge: basic color terms

Ursprung des kognitiven Paradigmenwechsels in der Linguistik war die Prototypentheorie, insbes. wie sie in den Arbeiten von Berlin und Kay, Labov, Lakoff und Rosch um 1970 herum entwickelt wurde.[3] Berlin/Kay (1969) befassten sich mit den auch bei Strukturalisten schon beliebten Farbwörtern. Ihre Untersuchung führte im wesentlichen zu folgenden vier Erkenntnissen:

1. Es gibt zentrale und randständige Vertreter einer Farbe, also z.B. ein „typisches Rot". Diese *focal colors* sind die **Prototypen** ihrer Farbe.
2. Sprecher fast aller Sprachen haben dieselben Prototypen, selbst wenn in diesen Sprachen die Grenzen der Zuordnung der Farbwörtern zum Farbspektrum ganz anders verlaufen. Die Prototypen sind also *universell* und scheinen daher mit bestimmten menschlichen Wahrnehmungsprinzipien zu korrelieren.
3. Die untersuchten Sprachen kennen unterschiedlich viele *basic color terms* (Grundfarb-wörter), nämlich mindestens zwei und maximal elf. Basic color terms sind nicht Hypo-nyme eines anderen Farbwortes (z.B. ist *scharlach* ein Hyponym von *rot* und scheidet damit aus), sie sind morphologisch einfach (ein Kompositum wie *dunkelrot* ist damit ebenfalls ausgeschlossen), nicht kollokationsbeschränkt (also nicht *blond*, das nur Haare und Bier qualifizieren kann) und nicht fachsprachlich (also nicht *magenta*, *cyan* etc.).
4. Der entscheidende Punkt ist, dass diese Grundfarbwörter eine typische Hierarchie auf-weisen, was sich an Sprachen zeigt, die weniger als elf Grundfarben sprachlich unter-scheiden: In Sprachen mit nur zwei Grundfarben handelt es sich dabei um schwarz und weiß bzw. hell – dunkel, als dritte Farbe kommt immer rot hinzu, dann gelb oder grün bzw. blau, danach braun und schließlich grau, orange, lila und rosa in beliebiger Reihen-folge:

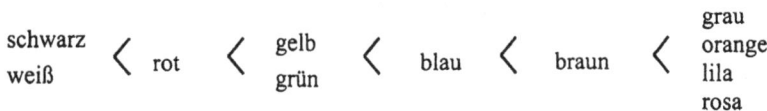

| schwarz
weiß | < | rot | < | gelb
grün | < | blau | < | braun | < | grau
orange
lila
rosa |

Fig. 8: Basic colors (nach Berlin/Kay 1969)

Wir können hier sehr schön einige der im vorigen Abschnitt beschriebenen kognitiven Grundprinzipien erkennen: Zunächst wird der größte Kontrast versprachlicht, sodann eine für unsere Farbwahrnehmung besonders intensive Wellenlänge des Lichts; schließlich die anderen, untereinander ebenfalls stark kontrastierenden Grundfarben. Die Universalität erklären Berlin/Kay mit der biologischen Beschaffenheit unserer Sehrinde; diese dürfte selbst aber schon evolutionäre Konsequenz der großen Relevanz dieser Farben in der Natur (Tag, Nacht, Sonne, Gras, Wasser, Erde) sein (vgl. auch Wierzbicka 1990).

Die Ergebnisse von Berlin/Kay wurden bestätigt und erweitert von Eleanor Rosch: In ei-ner Untersuchung mit Sprechern der Papua-Sprache Dani und mit Anglophonen ergaben sich in der Tat identische Prototypen, obwohl das Dani nur über zwei *basic color terms*

---

[3] Zu den verschiedenen Entwicklungen, welche die Prototypentheorie genommen hat, existieren inzwischen viele Darstellungen. Einführungscharakter haben: Lakoff 1987, 12–57; Taylor 1995 [[1]1989]; Kleiber 1990; Cordier 1993, bes. 23–37; Ungerer/Schmid 1996.

verfügt, nämlich *mola* 'weiß u. alle warmen Farben (rot, orange, gelb, rosa, lila)' und *mili* 'schwarz u. alle kalten Farben (blau, grün)'. Ferner fand Rosch heraus, dass die jeweilige *focal color* schneller einem Farbwort zugeordnet wird als randständige Vertreter dieser Kategorie.

3.3.2.   Die Standardversion der Prototypentheorie

Die Theorie von Berlin und Kay ist seit ihrem Erscheinen einer weitreichenden Kritik ausgesetzt gewesen (vgl. Taylor 1995, 12-15), die sich im wesentlichen auf die maximale Zahl der Grundfarbwörter und die Reihenfolge bezieht. Einige Sprachen haben mehr als elf Grundfarbwörter: Das Italienische kennt z.B. zwei verschiedene Blau (*azzuro, blu*), das Französische zwei Arten von Braun (*marron, brun*). Das in Wales gesprochene Kymrische hat zwar ein Wort für 'braun', unterscheidet aber nicht zwischen 'blau' und 'grün' und folgt damit nicht der kanonischen Reihenfolge. Diese Fehler ergaben sich möglicherweise aus dem nicht immer einwandfreien empirischen Vorgehen der Autoren. Die grundsätzliche Erkenntnis der Prototypikalität aber hatte Bestand. Sie wurde nun übertragen auf andere „natürliche" (d.h. physische, außersprachliche Referenten besitzende) Kategorien und dann auf Abstrakta. Es entwickelte sich ein Modell, das wir mit Kleiber (1990) als „Standardversion der Prototypentheorie" bezeichnen können. Wir erläutern diese Version an zwei Beispielen:

Unter den verschiedenen Bildern von Gefäßen, die Labovs (1973) Probanden der extensionalen Kategorie CUP zuordneten, gab es zentrale Vertreter, die auch die üblicherweise assoziierten (enzyklopädischen) Merkmale wie [mit Henkel], [für Kaffee] etc. aufwiesen, aber auch solche, deren einzige Übereinstimmung mit diesen „Prototypen" die Eigenschaft des „Gefäßhaften" war. Für die entsprechende Bedeutung des Wortes engl. *cup* stellt diese minimale Merkmalsüberschneidung indes keine hinreichende intensionale Beschreibung dar. Labovs Studie beschreibt einen ersten Typ von Prototypikalität: die Ähnlichkeit verschiedener konkreter (bzw. durch Zeichnungen dargestellter) Referenten einer einzigen Kategorie hinsichtlich eines als prototypisch eingestuften Referenten.

Ein weiteres, vielzitiertes Beispiel führt uns zu einem zweiten Typ von Prototypikalität: Allen Vertretern der Kategorie VOGEL ist gemein, dass sie Eier legen und einen Schnabel haben (vgl. Kleiber 1990, 33); andere Merkmale, die man zuallererst nennen würde (z.B. [flugfähig], [gefiedert]), sind zwar bei den meisten, aber längst nicht bei allen Vögeln anzutreffen. Merkmalssemantisch bleibt also überraschenderweise ein relativ nichtssagendes Semem. Alle Referenten, welche die eher biologisch definitorischen Merkmale aufweisen, gehören demnach gleichermaßen und ohne weitere Differenzierung der Kategorie VOGEL an und können mit dem entsprechenden sprachlichen Zeichen benannt werden. Nun wissen wir aber, dass es Vögel gibt, die darüber hinaus auch die typischen Merkmale aufweisen, und die wir daher als zentralere, typischere Vögel einstufen (Spatz, Amsel, Adler etc.). Vögel hingegen, die gerade die Minimalanforderungen erfüllen, gelten uns eher als randständige Vertreter (z.B. Pinguin, Kiwi, Strauß). Im Unterschied zu Labovs Tassen bilden die einzelnen Vogelarten selbst Unterkategorien: Wir haben eine eigenständige Konzeption von Spatzen, Eulen oder Straußen. Der Prototyp ist hier also nicht ein bestimmter Referent (die „beste" Tasse), sondern eine bestimmte Unterkategorie der Oberkategorie VOGEL in Bezug auf andere Unterkategorien.

Zentrale, „prototypische" Mitglieder einer Kategorie weisen die meisten jener Merkmale auf, an die man sofort denkt, und werden bei Tests in der Regel auch zuerst genannt; sie sind besonders repräsentativ für diese Kategorie. Randständige Mitglieder sind deutlich weniger prägnant als der Prototyp, sie sind jedoch – entgegen einem manchmal anzutreffenden Irrtum – genauso vollständige Mitglieder dieser Kategorie wie zentrale. Zwischen den einzelnen Mitgliedern bestehen *Familienähnlichkeiten*, aufgrund derer wir sie einer Kategorie zuordnen. Für VOGEL sähe dies wie in Fig. 9 aus:

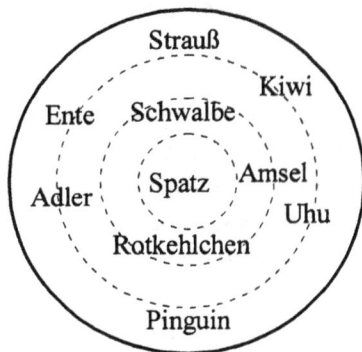

Fig. 9: Die prototypische Struktur der Kategorie VOGEL

Gegenüber der strukturellen Semantik haben wir hier also eine doppelte Umkehrung: Anstelle einer *semasiologischen* Perspektive („Welche Bedeutung hat das Wort X?") wird die *onomasiologische* eingenommen („Wie benennt man diesen Referenten?"), sodass wir statt der *intensionalen* Bedeutungsbeschreibung eines Lexems durch semantische Merkmale eine *extensionale* Kategorie mit einem prototypischen Vertreter als Kern erhalten (SPATZ). Eine extensionale Kategorie ist eine Klasse von Referenten bzw. eine Klasse von Referentenklassen (VOGEL mit den Unterklassen SPATZ, AMSEL, ENTE etc.). Die flexible Gestalt der Kategorien ist natürlich bestens zur schnellen *Kategorisierung* individueller Referenten geeignet, und somit zur ökonomischen Verarbeitung der Vielfalt unserer Umwelt. Wichtig für eine schnelle Kategorisierung ist das Vorhandensein eines Merkmals mit hoher **cue validity** (zu dt. etwa „Wiedererkennungswert"), das für diese Kategorie besonders typisch ist (Rosch/Mervis 1975, 575). Für die Kategorie VOGEL wäre dies z.B. das Merkmal [flugfähig], und daher tun wir uns auch schwerer, flugunfähige Vögel, wie den Pinguin, als Vogel zu erkennen.

Die Leistung der Prototypensemantik liegt zuallererst in dieser Ersetzung der unbedingten Konstanz von notwendigen und hinreichenden Merkmalen bei der Klassifizierung eines Referenten durch die Betonung der **Prägnanz** (engl. *saliency*) bestimmter visuell oder funktional auffallender Merkmale, die zwar nicht unbedingt über die Zugehörigkeit zu einer Kategorie entscheiden, aber über die Nähe zum Prototypen Auskunft geben. Zur Prägnanz tragen Intensität, Frequenz, Vertrautheit, gute Gestalt und Informationsgehalt bei. Damit wird auch klar, dass neben der Prägnanz bestimmter Merkmale auch der perzeptuelle Gesamteindruck eines Referenten für seine Kategorisierung wichtig ist. Der Prototyp ist nicht, oder doch nicht in erster Linie, abhängig von einer bestimmten Einzelsprache, sondern von der Prägung durch die Außenwelt, d.h. durch das Wissen des Einzelnen um die ihn umgebende Welt: In bestimmten Teilen Nordamerikas ist z.B. das Rotkehlchen der prototypischste aller Vögel, in Mitteleuropa eher der Spatz und in Südamerika vielleicht der Tukan. Auch hier zeigt sich wieder die onomasiologische Herangehensweise der Prototypentheorie in ihrer ursprünglichen Fassung, aber auch die lebensraum- bzw. kulturspezifische Ausprägung unserer Konzepte und Kategorien, die im Widerspruch zur Universalitätshypothese von Berlin/Kay steht.

Mit ihrer onomasiologischen Perspektive bleibt die Prototypentheorie als Theorie der Kategorisierung von Referenten(klassen) im rein Außersprachlichen, wenngleich dies immer sprachlich vermittelt wird. Der für eine Bedeutungstheorie notwendige semasiologische Schwenk impliziert einen grundlegenden Wandel weg von einer holistischen ("ganzheitlichen") Konzeption des Prototypen als "besten Vertreter" einer Kategorie hin zu einer *stereotypischen* Bedeutung, die einen Kern besonders prägnanter Merkmale enthält, welche die meisten Vertreter einer Kategorie aufweisen, und eine prinzipiell offene Gruppe von Weltwissensaspekten, die bei dem einen oder anderen Vertreter der entsprechenden Kategorie realisiert sein können (vgl. genauer Kap. 3.5.).

3.3.3.   Hedges

Die prinzipielle Offenheit des semantischen Wissens entspricht einer von einigen Vertretern der Kognitiven Linguistik gesehenen Offenheit oder *fuzziness* von kognitiven Kategorien, welche das Prinzip der prototypischen Struktur gewissermaßen über die Grenze der Kategorie selbst transzendiert. In der Tat gibt es Referenten bzw. Referentenklassen, deren Kategorisierung schwerfällt, weil sie keine besonders typischen Merkmale für die eine oder andere Kategorie aufweisen oder typische Merkmale mehrerer Kategorien. Mitunter weist ein Referent auch ganz typische Merkmale einer Kategorie auf, andere, weniger augenfällige Merkmale machen aber eine andere Kategorisierung notwendig, wobei gelegentlich **folk categories** und **expert categories** (vgl. Taylor 1995, 68-74) miteinander in Konflikt geraten. Ein (proto)typischer Konfliktreferent ist z.B. der Wal: Er kann schwimmen und lebt ausschließlich im Meer; in einer volkstümlichen Kategorisierung ginge er also als Wal"fisch" durch für Experten ist er higegen ein Meeressäuger. Die Grenzen zwischen Laien- und Expertenkategorien können sich verschieben: So zählte man geflügelte Insekten auch unter "Experten" lange zu den Vögeln, was heute auch in einer volkstümlichen Kategorisierung höchstens noch bei Kindern vorkäme. Wir können Kategorisierungskonflikte dieser Art nun folgendermaßen umgehen:

(1) a *Strenggenommen* ist der Wal ein Säugetier, auch wenn er im Meer lebt.
   b. *Im weitesten Sinne* ist der Wal ein Fisch, weil er im Meer lebt.

Formulierungen wie *strenggenommen, im weitesten Sinne, eigentlich* werden *hedges* („Hecken") genannt (vgl. Lakoff 1972). Hedges erlauben, „problematische" Elemente unseres Daseins – ungeachtet des reellen Wahrheitswertes – nur aufgrund perzeptueller und psychologischer Plausibilitäten an bestimmte kognitive Kategorien anzubinden, bzw. fälschlicherweise gemachte Zuordnungen zu relativieren. Andererseits erlauben sie auch die Eingrenzung des Prototypen und die Ausweisung randständiger Vetreter:

(2) a. Der Spatz ist ein *typischer* Vogel.
    b. *Strenggenommen* sind Pinguine Vögel.

Die jeweils benötigten Hedges zeigen also den Grad der Prototypikalität eines Vertreters an bzw. das Vorhandensein der charakteristischen Merkmale für die entsprechende Kategorie bei diesem Vetreter. Dies wird sofort klar, wenn man die beiden Hedges umdreht und dadurch fragwürdige bzw. falsche Aussagen erhält:

(3) a. ?Der Pinguin ist ein *typischer* Vogel.
    b. *Strenggenommen* sind Spatzen Vögel.

Mit der Einbeziehung der Hedges in die Prototypentheorie versucht man auch, die angebliche „Vagheit" von Wortbedeutungen zu erfassen. Jedoch liegt hier wohl ein Missverständnis vor: Die Klassifikation eines individuellen Referenten kann Schwierigkeiten bereiten, weil er typische Aspekte verschiedener Kategorien aufweist, sodass der Referent als randständig klassifiziert wird und man diese Schwierigkeit durch *hedges* sprachlich manifestiert; die Kategorien selbst werden dadurch jedoch nicht vage. Für randständige Referentenklassen einer Kategorie, wie z.B. den WAL, gilt ein gleiches: Sie weisen typische Merkmale einer anderen Kategorie auf, stehen jedoch deshalb nicht etwa „zwischen" den Kategorien: Entweder hält man den Wal für einen Fisch oder man weiß eben, dass er ein Säugetier ist. Auch hier kann man wieder die randständige Zugehörigkeit – und vielleicht auch das Unwohlsein bei der wissensbasierten Kategorisierung – durch Hedges markieren. Hedges lösen also Kategorien keineswegs auf oder zeigen „fuzzy concepts" an, sie sind vielmehr pragmatische „Abtöner", die gerade wegen der klaren Abgegrenztheit von Konzepten notwendig sind.

3.3.4. Basic level terms

Eine weitere Erkenntnis der klassischen Prototypentheorie bieten die von Rosch (1975; Rosch et al. 1976) herausgearbeiteten *basic level terms*: Zunächst geht es dabei um die alte Erkenntnis, dass im Lexikon „vertikale" oder hyponymische Strukturen (TIER – VOGEL – ROTKEHLCHEN) und „horizontale" oder kohyponymische (HUND – KATZE – VOGEL) existieren. Von den verschiedenen möglichen sprachlichen Hierarchiestufen weisen nun die Kategorien einer ganz bestimmten „mittleren" Ebene die höchste Prototypikalität auf: Unsere Kategorie VOGEL z.B. hat, aufgrund ihrer hohen psychologischen (und anthropologischen)

Relevanz, mehr typische und randständige Mitglieder als die abstraktere Kategorie TIER („superordinate level") oder die bereits zu spezielle Kategorie ROTKEHLCHEN („subordinate level"). Anders ausgedrückt: ein „typisches Tier" gibt es ebensowenig wie ein „typisches Rotkehlchen", sehr wohl aber typischere und untypischere Vögel (Fig. 10):

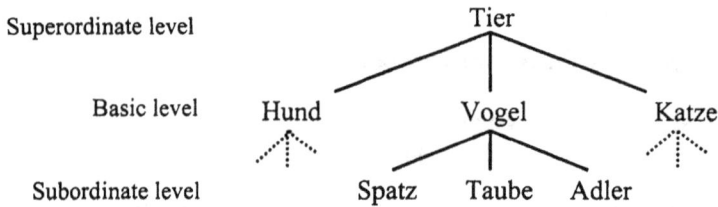

Superordinate level		Tier	
Basic level	Hund	Vogel	Katze
Subordinate level		Spatz Taube Adler	

Fig. 10: Basic level terms

Der psychologische Vorteil dieser mittleren Kategorie liegt darin, dass sie im Gegensatz zu übergeordneten Kategorien eine relativ klare Gestalt in unserem Bewusstsein hat, aber noch kein ausgesprochenes Expertenwissen verlangt. Kommunikativ gesehen kann man daher mit Basiskonzepten zwar relativ genau auf die Welt referieren, aber doch noch so allgemein, dass möglichst viele Referenten erfasst werden. Wenn ich also sage: *Auf dem Baum sitzt ein Vogel*, ist dies viel genauer und kommunikativ erfolgversprechender als *Auf dem Baum sitzt ein Tier*, gleichzeitig aber in vielen Diskurssituationen informativ genug. Maximale extensionale Reichweite hat maximale Ökonomie zur Folge. Die kognitive Prägnanz der *basic level terms* korreliert mit hoher sprachlicher Prägnanz: Sie sind in der Regel morphologisch einfach, dienen daher vornehmlich als Basis für Wortbildungsprozesse und werden beim Erlernen der Muttersprache und von Fremdsprachen früher als Konzepte der anderen Ebenen erworben (vgl. Lakoff 1987, 46).

3.3.5.   Erweiterte Prototypentheorie

Kombiniert man die den Hedges zugrundeliegende Idee mit der semasiologischen Umkehrung des Prototypenbegriffs, gelangt man zu der von Kleiber (1990) so genannten „erweiterten Version der Prototypensemantik" (vgl. bes. Rosch 1978; Lakoff 1987). Grundlage dieser Erweiterung ist Wittgensteins Behauptung, dass die einzelnen Arten von Spielen keine gemeinsamen Merkmale aufwiesen, sondern nur über Familienähnlichkeiten kettenartig miteinander verbunden seien (vgl. Kap. 3.2.1.). Auf dieser Basis wird die Konzeption des Prototypen als des besten Vertreters einer extensionalen Kategorie aufgegeben; es bleibt die Strukturierung aufgrund von Familienähnlichkeiten der einzelnen Mitglieder. Ausgangspunkt dieser Konzeption von „Kategorie" ist aber unversehens nicht mehr eine mehr oder weniger klar abgrenzbare Gruppe von Referentenklassen oder von Weltwissen-

saspekten, sondern das entsprechende Wort einer Einzelsprache! Die prototypische Strukturierung *eines Konzepts* weicht der Darstellung aller mit *einem Wort* verbundenen Konzepte
und Verwendungen: So gilt z.B. die Verwendung von fr. *fermer* in *fermer la porte* 'die
Türe schließen' als prototypischer als in *fermer les yeux sur qc.* 'ein Auge zudrücken' (cf.
Jongen 1985, 126f.).

Lakoff (1987) geht noch einen Schritt weiter: In seinen **Idealized Cognitive Models**
(ICM) sind alle Bedeutungen eines Wortes *und* alle Ausdrücke für ein Konzept als radiale
(„strahlenartige") oder verkettete Kategorie darstellbar. Semasiologische ICM's bilden
komplexe Strukturen mit z.T. mehreren Prototypen, jetzt „prototypische Effekte" genannt,
deren einzelne Teile nicht gleichwertig sind: So würden zu einer radialen Kategorie VOGEL
neben den verschiedenen „echten" Vögeln mit ihrem Prototyp SPATZ auch metaphorische
Vögel, wie z.B. Flugzeuge oder seltsame oder lockere Menschen („komischer Vogel")
gehören sowie die per Hedging angeschlossene Fledermaus (*im weitesten Sinne* ein Vogel):
aus dem schlichten Grund, weil man sie alle *Vogel* nennen kann.

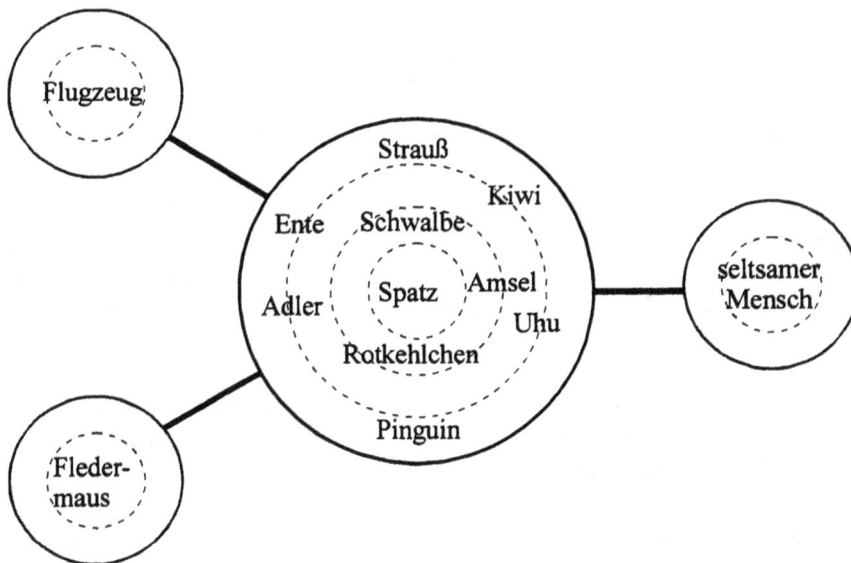

Fig. 11: Der ICM „VOGEL"

Der Vergleich von Fig. 9 und 11 zeigt: Die prototypische Strukturierung *eines* Konzepts
bzw. einer Kategorie weicht der Darstellung aller mit einem Wort verbundenen Konzepte
als ICM, der wiederum mehrere prototypische Effekte aufweist.[4] Dieser semasiologische

---

[4] ICM's können semasiologisch aufgebaut sein, wie in unserem Beispiel, sie können aber auch
onomasiologisch konzipiert werden, wie Lakoffs Beispiel „anger", bei dem es um die verschiedenen Ausdrücke für das Konzept ANGER geht, also z.B. *to be scarlet with rage, to explode, to go
through the roof* (Lakoff 1987, 380-415).

Ansatz kann in der Tat „Prototypensemantik" genannt werden, über deren Sinn allerdings noch zu reden sein wird. Mithilfe der ICM's scheint sich auch das Problem der Polysemie zu lösen; sie werden aber auch als Basis der Beschreibung von Metapher und Metonymie gewählt.

Der Prototypenbegriff hat also seit seinem Aufkommen grundlegende Modifikationen erfahren. Bis hierher haben wir aber nur Verwendungen betrachtet, in denen er als metasprachlicher Terminus objektsprachliche bzw. außersprachliche Sachverhalte beschrieb. Darüberhinaus hat man den Prototypenbegriff jedoch auch fruchtbar auf die Metasprache der Linguistik selbst angewendet: Prototypisch konzipieren kann man z.B. die Wortarten: Ein Appellativum (z.B. *Haus*) ist ein typischeres Substantiv als ein vom Verb abgeleitetes Nomen actionis (z.B. *Wanderung*), das noch wesentliche Eigenschaften des Verbs in sich trägt;[5] ein typisches Subjekt ist agentiv und topikfähig (z.B. *der Professor* in *Der Professor liest ein Buch* gegenüber *die Wanderung* in *Die Wanderung hat viel Spaß gemacht*). Schließlich kann man selbst den Prototypenbegriff prototypisch fassen (Geeraerts 1988b, 351f.).

3.3.6.   Kritische Bewertung der Prototypentheorie

Angesichts der Diversifikation der für die Kognitive Linguistik so zentralen Prototypentheorie ist es einigermaßen schwierig, den Überblick zu behalten, und auch in diesem Kapitel konnten nur die wesentlichen Entwicklungen dargelegt werden. In ihren Ursprüngen geht es der Prototypentheorie um unsere nichtsprachlichen Kategorisierungsprinzipien: Sie beschreibt unsere Wahrnehmung der Welt, befasst sich also nur in zweiter Linie mit Wörtern und ihrer Bedeutung, weil psychologische Tests oft entweder mit verbalen Stimuli oder verbalen Reaktionen arbeiten.

Die Prototypensemantik geht von den Konzepten (bzw. von den Dingen) aus und setzt diese mit den Wörtern gleich, ohne die einzelsprachliche Ebene des Zeichens zu beachten (Koch 1996a, 230; 1996b, 122f.). Die Nicht-Unterscheidung von Konzepten und einzelsprachlichen lexikalischen Bedeutungen ist eine der Grundthesen der Kognitiven Semantik. Sie wird aber u.a. dadurch in Frage gestellt, dass verschiedene Sprachgemeinschaften unterschiedliche Grenzen zwischen Kategorien ziehen, ohne dass allzu starke kulturelle (also außersprachliche) Unterschiede dies nahelegen würden. Wir können dies sehr schön am Spanischen und Portugiesischen sehen, die über zwei Wörter für VOGEL verfügen, nämlich sp., pt. *ave* 'großer Vogel' und sp. *pájaro*, pt. *pássaro* 'kleiner Vogel'. Das Spanische und das Portugiesische verfügen dementsprechend über zwei prototypisch organisierte Kategorien und zwei *basic level terms*, wo andere romanische Sprachen oder Deutsch und Englisch nur eine haben! Es erscheint abwegig, sachliche Unterschiede zwischen der Fauna der Iberischen Halbinsel und dem Rest der Romania geltend machen zu wollen, die eine so grundlegend unterschiedliche Wahrnehmung der Welt gerade bei einer recht prägnanten und kohärenten Basiskategorie zur Folge hätten. Wir können hier vielmehr erkennen, dass

---

[5] Vgl. Hopper/Thompson 1985, 152ff.; Langacker 1987, 189; vgl. bereits Gauger 1971, 64ff.

unser Sprachbesitz eben nicht nur aus Abbildern natürlicher Kategorien besteht, sondern dass einzelsprachliche Unterscheidungen neben kognitiven bestehen können.

Nun zur erweiterten Fassung der Prototypentheorie: Wo die ICM's semasiologisch, also vom Wort her konzipiert sind, gehen sie de facto von der Annahme aus, dass einem Wort auch nur eine kognitive Kategorie entspricht. Hier liegt aber wohl eine Missinterpretation Wittgensteins vor: Es wäre in der Tat naiv zu glauben, dass allen Spielen etwas gemeinsam sein muss, weil sie alle *Spiel* genannt werden. Lakoff schließt daraus aber nun gerade, alle Spiele müssten derselben kognitiven Kategorie angehören, weil sie ja alle *Spiel* heißen! Dass dies zu kurz gedacht ist, zeigt bereits unser Beispiel VOGEL: Der Pinguin ist freilich ein untypischer Vogel, aber er ist einer; FLEDERMAUS, FLUGZEUG und KOMISCHER MENSCH sind eigenständige Konzepte, die mit demselben Wort *Vogel* belegt werden können, aber zur extensionalen Kategorie VOGEL doch in einem ganz anderen Verhältnis stehen als der Spatz oder der Pinguin. Sie sind ganz einfach keine Vögel, können aber aufgrund bestimmter prägnanter Merkmale mit dem Konzept VOGEL in eine Similaritätsrelation gebracht werden, sodass der Zeichenausdruck *Vogel* auf diese Konzepte übertragen werden kann. ICM's im semasiologischen Sinne sind eine Fehlinterpretation der Polysemie sprachlicher Zeichen als prototypische Effekte innerhalb *einer einzigen* Kategorie, wo aber tatsächlich mehrere miteinander assoziativ verbundene Kategorien vorliegen (vgl. Koch 1998a, 284ff.). Mit Wittgensteins Konzept der Familienähnlichkeiten kann sinnvollerweise nur das Verhältnis der Mitglieder *einer* Kategorie zueinander beschrieben werden, nicht jedoch die semantische Struktur eines *Zeichens*. Durch diesen semasiologischen Schwenk begibt sich die Prototypentheorie zwangsläufig der Vorteile der Standardversion. Wir können uns hier der Kritik Kleibers anschließen:

> Das Grundprinzip der erweiterten Version liegt im Begriff der Familienähnlichkeit [...]. Für die erweiterte Version hat dieser Begriff zwei entscheidende Konsequenzen: einerseits eine Abkehr vom Begriff des Prototyps, der auch als reines Oberflächenphänomen sein ursprüngliches definitorisches Merkmal „bester Vertreter aus der Sicht der Sprecher" verliert und nur noch als „zentral" bzw. „grundlegend" gilt; andererseits eine Ausweitung der Theorie auf polyseme Einheiten, die zu einer unzulässigen Gleichsetzung von begrifflichen (bzw. referentiellen) Kategorien und (*sprachlichen*) Bedeutungskategorien führt. Daher kann man sagen, daß die erweiterte Version mit den Grundprinzipien der Standardversion bricht.

(Kleiber 1990; zitiert nach der dt. Üs., 1993/98, 139f.)

Die Prototypentheorie und die darauf aufbauende Prototypensemantik wurden seit ihrem Aufkommen v.a. von seiten der traditionellen „europäischen" Semantik stark kritisiert. Insbesondere die in den psychologischen Ursprüngen begründete Sprach- bzw. Bedeutungsferne wurde ihr vorgehalten (vgl. bes. Coseriu 1990). Dennoch kann man ihr eine Relevanz für das Verständnis von sprachlicher Bedeutung nicht absprechen; im Gegenteil: dank ihrer ist hier in einen, dem breiten linguistischen Interesse seit den 60er Jahren zunehmend entrückten, aber für das Verständnis von Sprache doch so ungemein wichtigen Bereich wieder Leben gekommen. Weltwissen, flexible Klassifikationen, die Abstraktion von der Präsenz aller relevanten Merkmale, die unterschiedliche kognitive Relevanz von Konzepten: dies sind in der Tat für die menschliche Kreativität – und hierzu gehört das

Sprechen – wesentliche Aspekte, die bei der reinen Betrachtung der semantischen Merkmalsebene leicht einmal in Vergessenheit geraten. Für das Verstehen unserer Kreativität
beim Sprechen, der Hintergründe unserer Sprachgewohnheiten und ihrer Veränderungen ist
gerade die Standardversion der Prototypentheorie von großer Relevanz (vgl. Kap. 4.5.),
während die auf einer falsch verstandenen Interpretation der Familienähnlichkeiten basierende erweiterte Version die wesentlichen Vorteile der früheren Stufe verwischt.

3.4.   Frames-and-Scenes-Semantik und Netzwerkmodelle

3.4.1.   Frames, Scenes, Scripts, Domains

Die Prototypentheorie in der Standardversion beschreibt im wesentlichen, wie wir Referenten bzw. Referentenklassen kategorisieren und wie bestimmte Konzepte strukturiert
sind. Der nächste Schritt führt uns nun zu der Frage, wie Konzepte gespeichert sind; anders
gesagt: wie die Struktur unseres mentalen Lexikons aussieht. Mit diesem Thema befasst
sich die zeitlich parallel zur Prototypentheorie entstandene Frame-Theorie. Gundlegend
wurden hier die Arbeiten von Minsky (1975) und Fillmore (1975; 1977; 1985). In diesem
Bereich herrscht eine gewisse terminologische Abundanz: Statt *frame* findet man auch die
Termini *scenario*, *schema*, *script*, *global pattern*, *experiential gestalt*, in jüngerer Zeit ist
vor allem von *domain* die Rede.[6] Während *frame* oder *domain* eher mit einer statischen
Situation verbunden wird, verwendet man *scenario* oder *script* („Drehbuch") für ganze
Handlungsabläufe. Zur Vermeidung allzu großer terminologischer Verwirrung wird im
folgenden verallgemeinernd von **Frame** oder **Script** gesprochen, es sei denn im gerade
vorgestellten Modell wird ein anderer Terminus vorgezogen.

Die Ursprünge der Frame-Theorie bei Minsky liegen in der Künstlichen-Intelligenz-
Forschung: Um zu erkunden, welche Wissensverknüpfungen ein „intelligenter" Computer
besitzen muss, modelliert man das menschliche Weltwissen, weil es gewissermaßen das
einzige „Expertensystem" ist, das tatsächlich recht gut funktioniert. Minsky versteht unter
Frame „a data structure for representing a stereotyped situation" (1975, 212), die aus dem
Gedächtnis ausgewählt wird, wenn man in die entsprechende Situation geraten ist. Um
einen bestimmten Frame abzurufen, genügen bestimmte Signale, aufgrund derer wir eine
bestimmte Situation erwarten können: z.B. hat man schon beim Betreten eines Raumes ein
bestimmtes Bild vor Augen, das die fundamentale Erfahrung widergibt, dass tatsächlich ein
Raum mit vier Wänden, Decke etc. zu erwarten ist und nicht etwa eine Landschaft. Die
hypothetische, stereotype Situation kann durch eine Reihe von Fragen wie „Wer und was
gehört dazu?", „Welche Handlung ist als nächste zu erwarten?", „Was muss ich tun, wenn
die Erwartung nicht erfüllt wird?" etc. abgerufen werden. Ein Frame ist, mit anderen Worten, ein globaler, gestalthafter oder kulturspezifischer Wissenskontext, eine „coherent

---

[6]   Selbst Lakoffs ICM in der onomasiologischen Perspektive könnten hier einbezogen werden, z.B.
      der von den Konzepten MOTHER oder ANGER eröffneten Wissensrahmen (in diesem Sinne auch bei
      Radden/Kövecses 1999)

schematization [...] of experience" (Fillmore 1985, 223), auf dessen Basis wir Alltagssituationen aller Art bewältigen. Da Frames das allgemein Rekurrente vielfältiger Einzelerlebnisse speichern, haben auch sie eine prototypische Struktur und lassen evtl. bestimmte randständige, nicht primär erwartbare, aber mögliche Variationen zu.

An der Verankerung in der Informatik liegt es auch, dass typische Frame- oder Script-Darstellungen „befremdlich anmutende, fragmentarisch wirkende stichwortartige sprachliche Texte" sind (Konerding 1993, 163). Das klassische Beispiel ist der „Restaurant Script" von Schank/Abelson (1977) aus dem wir einen Ausschnitt (eine „scene") darstellen und erläutern (s. Fig. 12).

Scene 2: Ordering

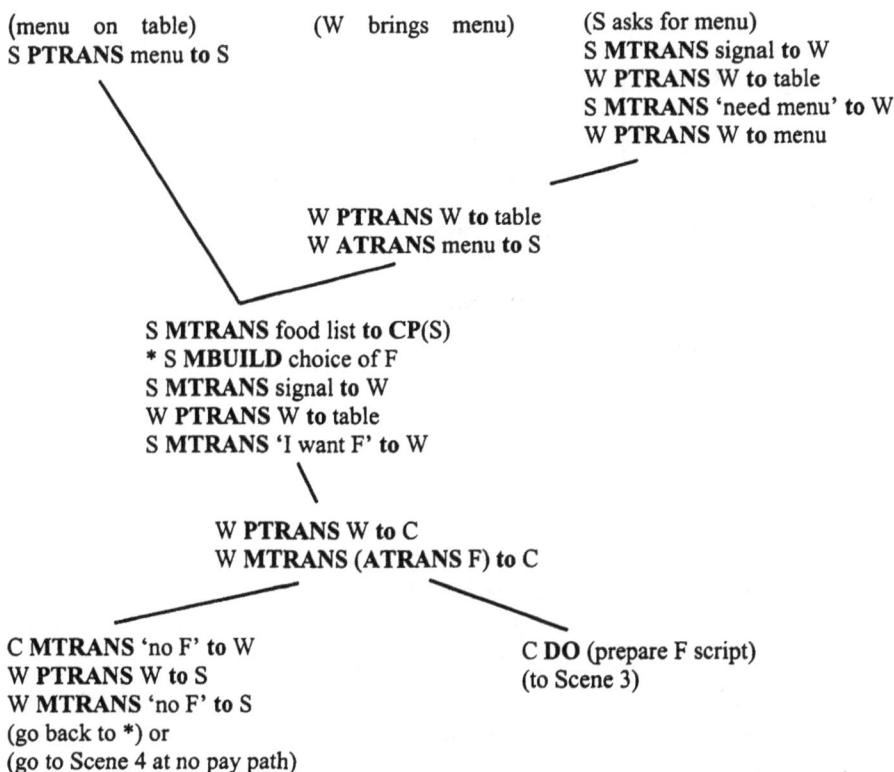

Fig. 12: The Restaurant Script (n. Schank/Abelson 1977, 43f.)

Die Szene in Fig. 12 beschreibt den Bestellvorgang: S ist der Gast, W der Kellner, C der Koch. Die erste Zeile enthält die drei Ausgangsmöglichkeiten, nämlich dass die Speisekarte bereits auf dem Tisch liegt, vom Kellner sofort gebracht wird oder vom Gast erst verlangt werden muss. Die fettgedruckten Passagen sind standardisierte Vorgänge (Bewegungen,

Tätigkeiten), die in einer Pseudo-Computersprache kodiert sind. Die Szene soll alle typischen Variationen enthalten, nämlich dass die gewünschte Speise zubereitet wird (rechter Pfad) oder nicht mehr vorrätig ist, worauf der Kunde neu wählt (*back to* *) oder das Restaurant verlässt (*no pay path*).

Stärker sprachorientiert als dieses mehr computerlinguistische Modell ist Charles Fillmores Konzeption: In einer ersten Version sieht er Frames als Verbund von Konzepten oder Begriffen, als Kollokationen oder minimale syntaktische Einheiten zu einem Wort, die ihrerseits Teil von stereotypen *scenes* sein können (1975, 123f.). Ein Bsp. für einen solchen Frame ist z.B. *to fly* (an Bord eines Flugzeugs):

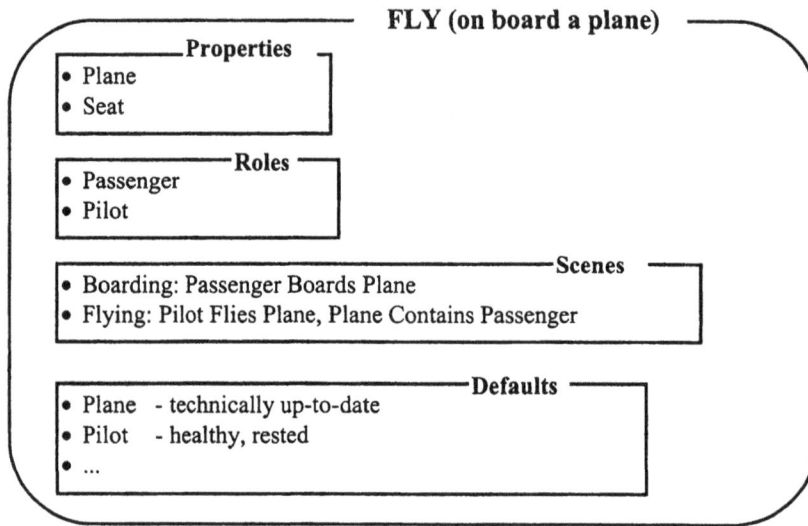

FLY (on board a plane)

Properties
- Plane
- Seat

Roles
- Passenger
- Pilot

Scenes
- Boarding: Passenger Boards Plane
- Flying: Pilot Flies Plane, Plane Contains Passenger

Defaults
- Plane   - technically up-to-date
- Pilot   - healthy, rested
- ...

Fig. 13: Frame „FLY (on board a plane)" (nach Handke 1995, 102)

Später werden auch diejenigen Wörter hinzugerechnet, die in paradigmatischer Relation zum Frame-Wort stehen, also zu engl. *monday* z.B. die anderen Wochentage, mit anderen Worten: das Wortfeld, in dem das betreffende Wort steht. Ebenfalls dazu gehören natürlich jene Informationen, die unser kulturelles Wissen ausmachen (1985, 223–232). Dieses weitere Verständnis von Frame zielt letztlich auf einen allumfassenden Bedeutungsbegriff, der enzyklopädisches, einzelsprachlich-paradigmatisches und einzelsprachlich-syntagmatisches Wissen vereint und es nach Wissenskontexten, Themen, Handlungsabläufen etc. ordnet. Fillmores Ziel ist eine „semantic of understanding" (1985, 231), die manche Übereinstimmung mit der Umfelder-Theorie Coserius (1956) sowie mit dem Isotopie-Konzept von Greimas (1966, 69–101) aufweist. Mit dieser Überfrachtung begibt er sich jedoch bestimmter Vorteile der ursprünglichen Frame-Konzeption, die hauptsächlich darin bestehen, dass das Wissen um den kulturspezifischen Aufbau bzw. Ablauf von „Standardsituationen" in die Betrachtung der lexikalischen Bedeutung systematisch miteinbezogen wird.

Im Gegensatz zu klassischen strukturalistischen Modellen und auch im Unterschied zur Prototypentheorie ist das wesentliche strukturierende Kriterium dieser Modelle nicht die *Ähnlichkeit* von bestimmten Konzepten, sondern das *gemeinsame Auftreten* bzw. die *di-*

rekte Abfolge oder *logische Aufeinanderbezogenheit* von Elementen. Ausgangspunkt ist, dass Konzepte und semantische Aspekte von Konzepten, die oft gemeinsam oder konsekutiv wahrgenommen oder aus dem Gedächtnis abgerufen werden, im Gedächtnis auch gemeinsam abgespeichert sind.

Die Annahme von Frames sagt etwas über die Art unserer Wahrnehmung von Konzepten aus: So wie aufeinanderbezogene Konzepte den Frame selbst erst erschaffen, so **profilieren** sich einzelne Konzepte erst wirklich auf dem Hintergrund des entsprechenden Frames: Um das Konzept FINGERKNÖCHEL ganz zu verstehen, muss man etwas über den übergeordneten Frame FINGER wissen, der sich wiederum auf dem Hintergrund des Frames HAND profiliert usw. (Langacker 1987, 147f., der von *domain* spricht). Dies erinnert stark an die Meronymie-Relation aus Kap. 2.4.5., indem jedoch der Frame und seine Teile als Figur-Grund-Konstellation interpretiert werden, können unterschiedliche Ebenen der Teil-Ganzes-Relation hervorgehoben und gewissermaßen ins Rampenlicht gestellt werden. Auch sehen wir an diesem Beispiel, dass es übergeordnete und eingebettete Frames (sogenannte *subframes* oder *subdomains*) gibt: Ein Konzept, das sich als Figur in einem gegebenen Frame profiliert, kann selbst wiederum als Grund eines anderen Konzeptes dienen, das sich nun seinerseits als Figur davon abhebt. Diese Form der konzeptuellen Struktur ist für Langacker die entscheidende Grundlage seiner „Kognitiven Grammatik",[7] aber auch für einige lexikalisch-semantische Prozesse ist sie die entscheidende Basis (vgl. Kap. 6.2.).

3.4.2. Frames und kulturspezifisches Wissen

Auch Frames und Scripts sind mehr oder weniger stark kulturspezifisch. Selbst die Struktur eines maximal universellen Frames wie „MENSCHLICHER KÖRPER" ist nicht überall gleich; sogar in derselben Sprachgemeinschaft kann sie sich im Laufe der Zeit wandeln: Im Latein wurde die HÜFTE (*coxa*) zum BEIN (*perna*) gezählt, bei den oberen Extremitäten galt die SCHULTER als Teil des ARMS (*brachium*); lt. *(h)umerus* deckte aber einen Bezeichnungsbereich vom Schulterblatt bis zum Ellbogen ab. Eine Konzeptgrenze verlief zwischen SCHULTER/OBERER TEIL DES OBERARMS (*armus*) und UNTEREM TEIL DES OBERARMS (*lacertus*). Im Romanischen werden hier einerseits andere konzeptuelle Grenzen zwischen den Körperteilen gezogen, zum anderen gelten HÜFTE und SCHULTER als Teil des RUMPFES und nicht der EXTREMITÄTEN (vgl. Krefeld 1999). Die folgende Grafik zeigt die konzeptuelle Struktur des Lateinischen, insbesondere die Überdeckung des Schulter-/Oberarmbereichs und die Konzeptualisierung der Hüfte als Teil des Beines (*perna*). In den romanischen Sprachen werden HÜFTE und SCHULTER dem Rumpf und nicht mehr den Ex-

---

[7]   Es ist hier nicht der Ort, über Langackers Konzeption einer *Cognitive Grammar* zu sprechen. Nur soviel sei gesagt, dass es sich dabei letztlich um eine „Raum-Grammatik" oder eine „Figur-Grund-Grammatik" handelt: Langacker versucht immer wieder grammatische Prozesse auf die Bewegung eines *trajector* (die Figur) im Hinblick auf eine *landmark* (der Grund) zu reduzieren. So kann man z.B. den Satz *The plane flew over the hill* interpretieren als Bewegung des trajectors *plane* in Bezug auf die landmark *hill*; die Art der Bewegung wird durch das Verb und die Präposition angegeben.

tremitäten zugeordnet, der OBERARM wird als einheitliche Entität konzeptualisiert (siehe Fig. 14).

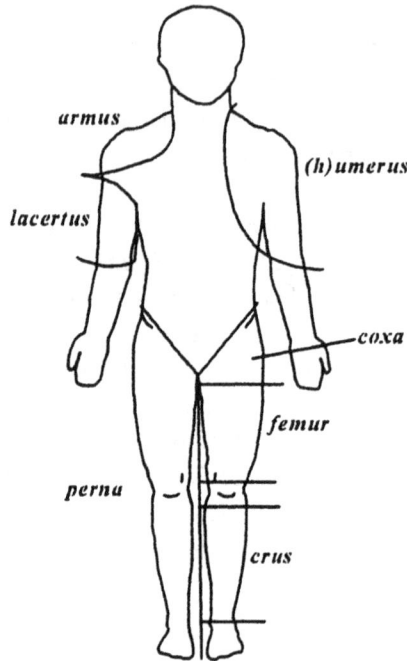

Fig. 14: Konzeptualisierung des menschlichen Körpers im Lateinischen (nach Krefeld 1999, 266)

Je weniger scharf umrissen die perzeptuelle Gestalt eines Konzepts oder eines Frames ist, desto größer wird der Spielraum für kulturgegebene Unterschiede. Dies gilt a fortiori für komplexere Szenarien: So beziehen sich dt. *Frühstück*, engl. *breakfast*, fr. *petit déjeuneur*, it. *colazione* und sp. *desayuno* zwar auf die gleiche Mahlzeit; im rein einzelsprachlichen Vergleich sind sie also identisch, weil sie im Wortfeld der Mahlzeitenbezeichnungen denselben Platz einnehmen. In der Wirklichkeit unterscheiden sie sich aber recht drastisch, und so dürften Romanen im allgemeinen auch einen anderen Frame von dieser Situation haben als Deutsche. Und selbst innerhalb einer Sprachgemeinschaft gibt es bemerkenswerte Unterschiede: Während in Südengland Toast, Butter, (Orangen-)Marmelade und evtl. *ham-and-eggs* zum Frühstück gehören, lieben die Nordengländer *black pudding* (eine Art Blutwurst), die Schotten Hafergrütze und die Nordamerikaner Pfannkuchen mit Ahornsirup, Erdnussbutter und *baked beans*.

    Ganz ähnlich verhält es sich bei dem uns schon vertrauten Frame „RESTAURANT": Im Kern handelt es sich überall um denselben Sachverhalt: Man erhält gegen Bezahlung ein Essen. Das gesamte „Drumherum" jedoch ist von Kulturgemeinschaft zu Kulturgemeinschaft anders. Der deutsche Tourist in Italien muss z.B. wissen, was ein *ristorante* (laut ZI, s.v.: 'locale pubblico nel quale si consumano i pasti, trattoria di lusso') von der *trattoria* ('locale pubblico ove si dà da mangiare a pagamento') und der *pizzeria* 'locale pubblico in cui si fanno, si vendono e si consumano pizze') unterscheidet;[8] er muss außerdem unbedingt um die Sitte des extra zu bezahlenden „pane e coperto" wissen, ferner, dass es unhöflich ist, im Ristorante kein Menü zu wählen, oder dass neuerdings gerne teurere Lokale aus Snobismus *osteria* genannt werden (lt. ZI aber eigentlich: 'locale pubblico con mescita di vino e servizio di trattoria'). In vielen Ländern setzt man sich nicht einfach an einen freien Tisch, man wird plaziert; in den USA erhält man, wenn man nichts mehr bestellt, unverzüglich die Rechnung, darf aber die Reste mitnehmen („doggy bag"); in China ist es nicht unüblich, die rohen Lebensmittel selbst mitzubringen.

Mit anderen Worten: der reine Wörterbucheintrag dient zwar zur Abgrenzung der einzelnen Wörter in einem lexikalischen Feld, über das richtige Verhalten im jeweiligen Land und Etablissement erfahren wir aber so gut wie gar nichts, und daraus resultieren nicht zuletzt interkulturelle Missverständnisse. Frames haben sehr häufig diese Struktur: Um einen relativ einfachen und überkulturellen Kern gruppieren sich vollkommen unterschiedliche und unterschiedlich wichtige kulturspezifische Konzepte, welche die ganze Vielfalt der Regeln menschlichen Zusammenlebens spiegeln. Die Wörter unserer Sprachen wiederum haben einen einzelsprachlichen Bedeutungskern, der sich im besten Falle im Wörterbucheintrag widerspiegelt, die mit ihnen verbundenen Konzepte (und erst recht die dadurch bezeichneten Referenten) aber tragen noch ein mehr oder weniger reichhaltiges enzyklopädisches Wissen mit sich herum, dessen Kenntnis mindestens ebenso wichtig ist (vgl. genauer Kap. 7.2.4.).

3.4.3. Frames, Prototypen und semantische Netzwerke

Weiter oben wurde angedeutet, dass Frames prototypisch organisiert sind. Auf dem Hintergrund der Frame-Konzeption lässt sich nun aber auch die Rede von „randständigen Vertretern bestimmter Kategorien" besser deuten, ja, sie gibt dieser Feststellung der Prototypensemantik überhaupt erst einen echten Sinn. Im entsprechenden Frame nämlich kann der „randständige Vertreter" plötzlich ganz zentral sein: In einem Frame „ANTARKTIS" spielt das Konzept PINGUIN sicher eine zentralere Rolle als in einem Frame „KALIFORNIEN". Die nach dem Similaritätsprinzip organisierten prototypischen Kategorien werden erst in Frames aktualisiert; sie sind ansonsten Abstraktionen, die auf Erfahrungen der Wirklichkeit beruhen, aber nicht in konkrete Wissenskontexte eingebaut sind. Die nach Kontiguitäten organisierten Frames auf der anderen Seite sind selbst prototypisch, insofern sie „normale", typische Lebenssituationen erfassen und zentrale Komponenten oder Teilhandlungen enthalten sowie randständigere (vgl. Blank 1997, 88f.). Frames selbst können, wie wir gesehen haben, wiederum hierarchisch organisiert sein.

---

[8] Auf deutsch: *ristorante* 'öffentliche Räumlichkeit, in der Speisen gegessen werden; Luxustrattoria'; *trattoria* 'öffentliche Räumlichkeit, in der man gegen Bezahlung zu essen erhält'; *pizzeria* 'öffentliche Räumlichkeit, in der Pizzen hergestellt, verkauft und verzehrt werden'; *osteria* 'öffentliche Räumlichkeit mit Weinausschank und Trattoriabetrieb'.

Frames (*domains*) und Prototypen oder *basic-level*-Strukturen sollten daher nicht ver-
wechselt werden, auch wenn sehr allgemeine Frames dazu einladen und gerade die Kognitive Semantik der 90er Jahre mit einer unpräzisen Verwendung von *domain* dieser Ver-
wechslung Vorschub leistet. Frame und Prototyp sind komplementäre, einander ergänzende
Konzeptionen zur Erfassung der Welt. Eine Verbindung von Frame-Theorie und Prototypensemantik, verleiht so den zentralen Thesen der Prototypentheorie von der Relativierung
der Zugehörigkeit zu einer Kategorie und der Notwendigkeit der Einbeziehung des enzyklopädischen Wissens überhaupt erst einen für die Linguistik relevanten Sinn: Bedeutungen
können nicht allein durch mehr oder weniger statisches einzelsprachlich-sememisches Wissen beschrieben werden, ihre (psychologische) Relevanz für den Sprecher lässt sich aber
auch nicht ohne den typischen Verwendungsrahmen befriedigend erfassen. Ohne Weltwissen können wir zwar korrekt auf unsere Welt referieren (wir wissen, dass ein Restaurant zur
Nahrungsaufnahme gegen Bezahlung dient), wissen aber nicht, wie wir uns in dieser Welt
verhalten sollen; es fehlt gewissermaßen der „Blick in die Tiefe".

Diese Verknüpfung der beiden kognitiven Modelle weist Parallelen auf zu den soge-
nannten „Netzwerkmodellen", wie sie in der Kognitiven Psychologie und der Künstlichen-
Intelligenz-Forschung entwickelt worden sind. Am bekanntesten sind das „Spreading-
Activity-Modell" (vgl. Collins/Quillian 1969; Collins/Loftus 1975) und das Modell der
„semantischen Kerne" von Klix/Kukla/Klein (1976), die – im Unterschied zu Frames – aber
Kombinationen von Teil-Ganzes-Relationen und Wortfeldern sind.

Das Spreading-Activity-Modell postuliert, dass Konzepte im Gehirn auf vielfältige Weise verbunden sind und dass jede Aktivierung eines Konzepts das ganze konzeptuelle Netz
aktivieren kann, sodass sich die neuronale Aktivität über das gesamte Netz ausbreitet. Das
Konzept ROT aktiviert demzufolge einerseits typische rote Konzepte, wie KIRSCHE,
LIPPENSTIFT, ROSE, FEUERWEHRAUTO, also über die Kontiguitätsassoziation völlig verschiedene Frames, in denen das Attribut ROT eine Rolle spielt; andererseits aktiviert ROT
aber auch alle anderen Farben, also sein eigenes Wortfeld – diese Aktivierung geschieht auf
Basis der Similarität. Die per Kontiguität assoziierten Konzepte können wiederum ihr je-
weiliges Wortfeld aktivieren, also z.B. FEUERWEHRAUTO die ganze Palette der Fahrzeuge,
etc. Collin/Loftus (1975) stellen dieses Beispiel wie in Fig. 15 dar, wobei eine kurze Linie
eine stärkere Verbundenheit aufgrund häufiger Aktivierung und damit verbundener hoher
neurologischer Aktivität symbolisieren soll.

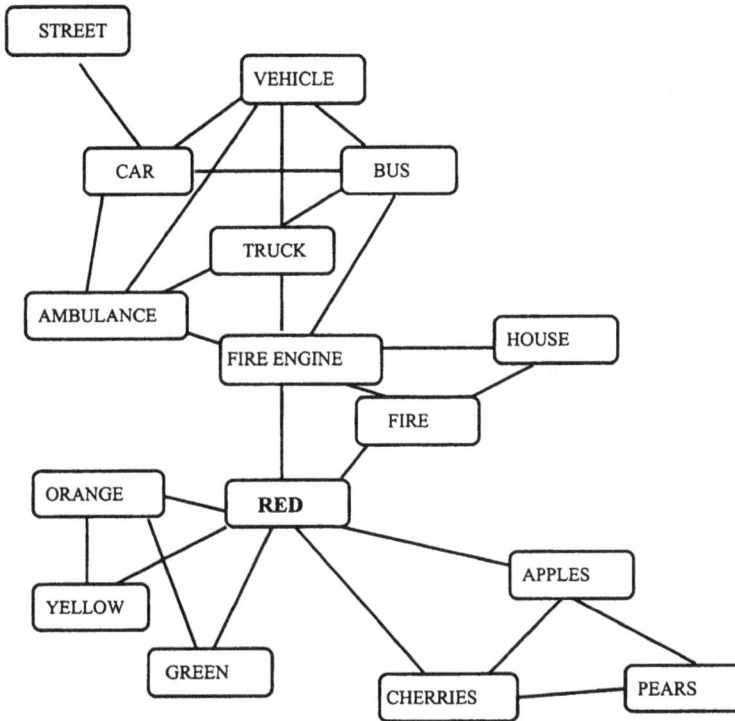

Fig. 15: Spreading-Activity-Modell (Ausschnitt aus Collins/Loftus 1975)

Dieses Modell bleibt relativ statisch, hat aber den Vorteil, dass es empirisch testbar ist, durch Stimulus und Reaktionszeitmessung; was fehlt, sind ganze Handlungssequenzen. Ebenfalls nicht expliziert ist der unterschiedliche assoziationspsychologische Charakter der konzeptuellen Beziehungen (Similarität, Kontiguität). Überdies fehlen die in Assoziationstests besonders salienten Antonyme.

Ausgehend von Fillmores Kasustheorie (Fillmore 1968) entwickelte Klix (1976 und Klix/Kukla/Klein 1976) den stärker merkmalsorientierten Ansatz der „semantischen Kerne". Hierbei wird ein Feld von Begriffen verschiedener Wortarten und Wortfamilien konzipiert, in dem die Bedeutung jedes Wortes eine bestimmte Funktion in Bezug auf die eines anderen Wortes hat: Im sogenannten Ereignisfeld „SCHULE" z.B. ist der Lehrer HANDLUNGSTRÄGER, der Schüler ist OBJEKT DER HANDLUNG *unterrichten*, als INSTRUMENT dienen Lehrmittel, der Lehrer hat die QUALITÄTEN „streng" oder „nachsichtig", der Schüler ist „faul" oder „fleißig", etc. Der semantische Kern und seine Teile sind in paradigmatische Relationen eingebunden (zu *Lehrer* und *Schüler* gibt es Unterbegriffe wie *Klassenlehrer* oder *Berufsschüler*). Alle Relationen sollen ein komplexes Modell der Wissensrepräsentation im menschlichen Gedächtnis ergeben, ein sogenanntes „Netzwerkmodell". Ein Nachteil und zugleich ein Vorteil des Klixschen Modells scheint mir die Verbindung von außersprachlichem und einzelsprachlichem Wissen zu sein: ein Nachteil, eben weil die Ebenen vermischt werden; ein Vorteil andererseits, weil so deutlich wird, dass im menschlichen Gedächtnis diese Ebenen nicht unabhängig voneinander existieren. Auch die psychologisch orientierte Herangehensweise zeigt also, dass man die Bedeutung eines Wortes (bzw. eine bestimmte Bedeutung eines Wortes) nicht ohne Einbeziehung des Kontextes erfassen kann, in welchem man sie verwendet und in welchem man sie ja auch (in den meisten Fällen) gelernt hat.

3.5.   Bedeutung in der Kognitiven Semantik

Beide in Kap. 3.4. vorgestellten Netzwerkmodelle verstehen sich als Modelle des **mentalen Lexikons**, also der Repräsentation des Wortschatzes in unserem Gehirn. Sie gehen dabei weiter als verschiedene andere Ansätze, die nur in „ist" und „hat"-Relationen unterscheiden, da sie Weltwissensrelationen und Ähnlichkeiten miteinbeziehen. Es ist nicht abwegig, dass diese Modelle tatsächlich unserer neurologischen Repräsentation der Welt nahe kommen, sie können jedoch ebensowenig wie die Frame-Theorie eine eigentliche Bedeutungsbeschreibung unserer Wörter leisten, sondern lediglich privilegierte Strukturen im Lexikon aufzeigen.

Auch die Prototypentheorie in der Standardversion liefert zunächst keine Bedeutungsbeschreibung im strengen Sinne, sie zeigt vielmehr kognitiv privilegierte Strukturierungen von Konzepten vornehmlich einer bestimmten Abstraktionsstufe (*basic-level-terms*). Mit ihrer onomasiologischen Perspektive bleibt die Prototypentheorie als Theorie der Kategorisierung von Referenten(klassen) im rein Außersprachlichen, wenngleich dies immer sprachlich vermittelt wird. Um nun aber eine wirkliche Prototypen*semantik* zu schaffen, bedarf es einer Beschreibung der Wortbedeutung. Innerhalb einer generell offenen enzyklopädischen Beschreibung der Bedeutung eines Wortes muss man also eine enger zu fassende konstante, „bevorzugte" Vorstellung von dem durch das Wort repräsentierten Konzept annehmen, die von Jackendoff (1983, 135-151) *preference rule* und von Langacker (1987, 158-161) *centrality* genannt wird. Auf diese Weise kann die „bevorzugte" Bedeutung entsprechend der prägnanten Merkmale des Prototypen konzipiert werden; Abweichungen, z.B. Vögel, die nicht fliegen können und sogar nicht-flugfähige Exemplare von Vögeln, die normalerweise fliegen können, wären aber durch die offene enzyklopädische Struktur jederzeit tolerierbar. Wir erhalten also eine **stereotypische Bedeutung** (Putnam 1990), die einen Kern besonders prägnanter Merkmale enthält, welche die meisten Vertreter einer Kategorie aufweisen, und eine prinzipiell offene Gruppe von Weltwissensaspekten, die bei dem einen oder anderen Vertreter der entsprechenden Kategorie realisiert sein können oder auch nicht.

Welchen Status hat nun die lexikalische Bedeutung, haben semantische Merkmale in der Kognitiven Linguistik? Die klarsten Reflexionen hierüber finden sich in Ronald Langackers zweibändigem Werk *Foundations of Cognitive Grammar* (1987/1990) und in einer ganzen Reihe weiterer seiner Arbeiten (1984; 1988a; 1988b; 1990). In starker Abgrenzung vom Generativismus postuliert er folgende beiden Grundannahmen einer kognitiven Semantik:

1. Die Grammatik ist Teil der semantischen Struktur einer Sprache, die Syntax stellt mithin keine autonome, rein formal zu konzipierende Ebene dar. Alle Ebenen der Sprache sind gleichermaßen zeichenhaft. Die Semantik beschreibt also die Bedeutung oder Funktion von Wörtern und Redewendungen ebenso wie die von Flexiven, Affixen und Phrasen.
2. Konzeptuelle oder semantische Strukturen sind im wesentlichen kulturspezifisch oder einzelsprachlich, nicht jedoch universell. Lediglich die Grundprinzipien der Wahrnehmmung sind aufgrund ihrer biologischer Natur allen Menschen gemein. Damit ist auch eine Beschreibung von Bedeutungen mit universell gültigen Prädikaten, wie in der Generativen Semantik (vgl. Kap. 2.3.), nicht möglich.

Der erste Punkt entspringt einer funktionalistischen Sicht der Sprache und wendet sich gegen formal-generative Modelle. Dies und die Ablehnung der Autonomie der einzelnen Analyseebenen der Sprache (Morphe, Lexeme, Syntagmen, Sätze) erklärt, warum Langakker überhaupt eine kognitive, mithin eine „semantische" Grammatik schreiben kann: Die Sprache bildet ihm zufolge symbolisch unsere Wahrnehmung der Welt ab, jedoch besteht zwischen Außenwelt, ihrer Konzeptualisierung und der daraus resultierenden semantischen Struktur keine 1:1–Entsprechung. Dieselbe Referentialisierung kann semantisch auf unterschiedliche Weise vorgenommen werden. So machen die Ausdrücke (4a-d) zwar dieselbe Aussage, sie referieren auf denselben Sachverhalt, dieser Sachverhalt wird jedoch unterschiedlich konzeptualisiert (vgl. auch Langacker 1988a, 7f.):

(4) a. fr. danger de *mort*
    b. sp. peligro de *muerte*
    c. it. pericolo di *vita*, pericolo di *morte*
    d. dt. *Lebens*gefahr, *Todes*gefahr

Während man im Französischen und Spanischen die zu beschreibende Gefahr nur im Hinblick auf die Konsequenzen versprachlichen kann, sind im Italienischen und Deutschen beide Perspektiven, welche die Gefahr beinhaltet – nämlich die eines bevorstehenden Todes als auch die für das Leben selbst – sprachlich realisierbar.

Welche semantische Struktur sich genau in einer bestimmten Sprache realisiert findet, ist vom spezifischen Weltwissen der entsprechenden Sprachgemeinschaft und ihrer typischen Verbildlichungen (*imagery*) abhängig. Unterschiedliche *imagery* steht z.B. hinter der Konzeptualisierung von KÄLTEEMPFINDEN im Englischen, Deutschen und Romanischen:

(5) a. engl. I am cold
    b. dt. mir ist kalt
    c. fr. j'ai froid, it. ho freddo, sp. tengo frío

Im Englischen wird FRIEREN als Prädikation über eine Person ausgedrückt, d.h. diese Person wird mit der Eigenschaft „kalt" direkt verbunden, fast so, als wäre es eine inhärente Eigenschaft wie HAUTFARBE oder KÖRPERGRÖSSE. Im Deutschen haben wir zwar ebenfalls das eigentlich Existenz oder Lokalisierung ausdrückende Verb *sein*, aber FRIEREN wird hier als „Besitz" einer Person dargestellt (was bei mir ist, gehört mir).[9] Dasselbe Bild wird im Romanischen ganz direkt mit dem besitzanzeigenden Verb *haben* versprachlicht.

Bedeutung im Sinne der Kognitiven Linguistik entsteht durch die Verankerung einer Konzeptualisierung im Gedächtnis und die Zuordnung zu einer Lautkette. Die semantische Struktur einer Sprache umfasst alles nicht-formale Wissen zu einem Sprachzeichen. Die Zuordnung zu einer Lautkette unterscheidet die semantische Struktur von einer reinen konzeptuellen Struktur, die auch unabhängig von einer usualisierten Versprachlichung existieren kann: So konstituiert z.B. der Bereich zwischen Oberlippe und Nase für uns sicher ein Konzept, jedoch existiert für dieses Konzept kein lexikalisiertes Sprachzeichen (Langacker 1987, 60).

In der Kognitiven Linguistik wird nun kein weiterer Unterschied zwischen enzyklopädischem Wissen und einzelsprachlichem Wissen gemacht, ein Semem im Sinne des europäischen Strukturalismus existiert nicht: Alles Wissen, das zum entsprechenden Konzept gehört, ist Teil der Bedeutung, auch eine evtl. diasystematische Markierung (wie „dialektal", „argotique" oder „popolare" etc.). Die Bedeutung eines Zeichens ist demnach eine prinzipiell offene Entität. Langackers Theorie fußt damit auf dem bekannten zweiseitigen Zeichenmodell Saussures, allerdings wird die *signifié*-Seite überfrachtet, indem man ihr sämtliche lexikalische und semantisch-enzyklopädische Information aufbürdet und ihr damit den Charakter des Einzelsprachlich-sememischen nimmt.

Auch wenn Langacker den kulturspezifischen Charakter der Konzepte betont, geht er doch von einer Reihe von kognitiv primären Kategorien aus, die daher universellen Status haben: Ihm gilt vor allem der RAUM als eine kognitiv primäre Kategorie, von der aus wir die meisten unserer Konzeptbereiche aus strukturieren (Langacker 1987, 148). Weitere kognitiv primäre Grundmuster ergeben sich aus den Leistungen unserer Sinnesorgane, also Empfindungen wie FARBE, TONHÖHE, GERUCH, WÄRME, SCHMERZ. Hinzu kommen primäre Konzepte der Wahrnehmung wie z.B. MENSCHLICHER KÖRPER, GESICHT, BEWEGUNG EINES GEGENSTANDES IM RAUM sowie abstraktere semantische Universalien der Grammatik wie AGENS, TYPISCHER TRANSITIVER VORGANG etc., die in allen Sprachen der Welt realisiert zu werden scheinen (Langacker 1993, 3).

Die Existenz solcher kognitiver semantischer Universalien lässt sich letztlich nur durch den Vergleich vieler Sprachen aus allen Sprachgruppen der Welt nachweisen. Ein solches Projekt hat Anna Wierzbicka über mehrere Jahrzehnte hinweg verfolgt und ist dabei auf eine Liste von inzwischen 61 Konzepten gekommen, von der aufgrund des sprachvergleichenden Befundes warscheinlich ist, dass sie in allen Sprachen der Welt versprachlicht werden. Die aktuelle Liste der sogenannten *semantic primitives* lässt sich verschiedenen Klassen von Grundkonzepten zuordnen und sieht folgendermaßen aus (Wierzbicka 1997):

> Substantives: I, YOU, SOMEONE, SOMETHING, PEOPLE, BODY
> Determiners: THIS, THE SAME, OTHER
> Quantifiers: ONE, TWO, SOME, MANY (MUCH), ALL, MORE
> Attributes: GOOD, BAD, BIG, SMALL

---

[9] Vgl. detailliert Koch 1999b, 283ff.

Mental predicates: THINK, KNOW, WANT, FEEL, SEE, HEAR
Speech: SAY, WORD, TRUE
Actions, events, movements: DO, HAPPEN, MOVE
Existence and possession: THERE IS, HAVE
Life and death: LIVE, DIE
Logical concepts: NOT, MAYBE, CAN, BECAUSE, IF, IF … WOULD
Time: WHEN(TIME), NOW, BEFORE, AFTER, A LONG TIME, A SHORT TIME, FOR SOME TIME
Space: WHERE(PLACE), HERE, UNDER, ABOVE, FAR, NEAR, SIDE, INSIDE
Intensifier, augmentor: VERY, MORE
Partonomy and taxonomy: PART (OF), KIND (OF)
Similarity: LIKE

Wir können der Liste entnehmen, dass z.B. EINS und ZWEI – oder genauer EIN ELEMENT und ZWEI ELEMENTE einer Menge – von allen Sprachgemeinschaften konzeptualisiert und versprachlicht werden, dass aber bereits DREI nicht mehr in allen Sprachen versprachlicht wird, sondern dass in diesen Sprachen Mengen ab drei bereits als unbestimmte Zahl (EINIGE, VIELE) wahrgenommen werden.

Die *semantic primitives* dienen Wierzbicka insbesondere als Elemente ihrer universellen semantischen Metasprache: Ihr Ziel ist, alle Wörter einer bestimmten Sprache ausschließlich in den Termini der universellen *semantic primitives* zu beschreiben, wie z.B. engl. *happy* (aus Wierzbicka 1994, 215):

X feels happy = *X* feels something

sometimes a person thinks something like this: something good happened to me – I wanted this – I don't want anything more now

because of this, this person feels something good

X feels like this

Die Wortbeschreibung enthält in ihrem Kern eine prototypische Beschreibung, insofern ein typischer Einzelfall des Sich-Glücklich-Fühlens extrapoliert wird.

Wenn man sich die Liste betrachtet, so wird schnell klar, dass die Wahrnehmung und Konzeptualisierung dieser Sachverhalte in der Tat essentiell zum Menschsein gehört und dass wir sie – auf die eine oder die andere Weise – in unseren Sprachen ausdrücken. Nun zeigt Wierzbicka aber in Studien der sprachlichen Füllung einer Reihe ideologisch wichtiger Konzepte in verschiedener Kultur- und Sprachgemeinschaften, wie z.B. SEELE, MUT, SCHADENFREUDE etc. (Wierzbicka 1992; 2000), aber auch klar die Existenz kulturspezifischer Nuancen; mit anderen Worten: das jeweilige Weltwissen ist so spezifisch, dass diese Konzepte nur mit Mühe in andere Sprachen übersetzt werden können, also Sprechern anderer Kulturgemeinschaften „erklärt" werden können.

Damit können wir als Fazit festhalten: In der Kognitiven Semantik wird von einem gewissen Grundbestand an universellen, überall versprachlichten Konzepten und von einem theoretisch unbegrenzten Bestand an mehr oder weniger kulturspezifisch geprägten Konzepten ausgegangen. Inwieweit die kulturspezifischen Konzepte prinzipiell auf die universellen zurückgeführt werden können, müsste genauer geprüft werden. Jeder Sachverhalt kann unterschiedlich konzeptualisiert und natürlich auch unterschiedlich versprachlicht werden, da unsere Wahrnehmung und die Differenziertheit unserer Wahrnehmung wesentlich von der Wichtigkeit des Wahrzunehmenden in unserer jeweiligen Lebenswelt abhängt: Wierzbickas „primitives" sind sicher universell wichtig, aber bereits STÜHLE, BECHER oder VÖGEL werden, wie wir im Verlaufe dieses Kapitels gesehen haben, von Kulturgemeinschaft zu Kulturgemeinschaft unterschiedlich und unterschiedlich differenziert konzeptualisiert.

> Ein lehrreiches Beispiel für kulturbedingt differenzierte Konzeptualisierung und daraus resultierende differenzierte Versprachlichung ist die BANANE (vgl. Blank 1998b): In Europa wird sie im wesentlichen als süße Obstfrucht konzeptualisiert; dt. *Banane* bedeutet demnach genau dies: 'süße Obstfrucht'. Die in unserer Küche selten verwendete größere, meist grüne und nicht-süße KOCHBANANE wird hingegen sekundär auf der Basis der OBSTBANANE konzeptualisiert und ebenfalls sekundär als Wortkomposition *Kochbanane* auf der Basis der einfachen Lexie *Banane* versprachlicht. In der Karibik hingegen, wo die Kochbanane eine wesentliche Rolle als Gemüse spielt, wird sie eigenständig konzeptualisiert und von der Obstbanane konzeptuell abgegrenzt. Auf der sprachlichen Ebene schlägt sich dies in eigenständigen, nicht-abgeleiteten Versprachlichungen nieder, so z.B. in den französisch-basierten karibischen Kreols als *bannann* 'Kochbanane' gegenüber *fig* 'Obstbanane' oder im mittelamerikanischen Spanisch als *plátano* 'Kochbanane' gegenüber *banano* 'Obstbanane'.

Dass Konzepte kulturspezifisch sind, heißt nun andererseits nicht, dass jede Sprachgemeinschaft alles individuell versprachlicht; vielmehr kann man gerade mit Hilfe der Kognitiven Semantik zeigen, dass es übereinzelsprachliche Versprachlichungsstrategien für die Erfassung der Welt gibt. Universell sind nämlich zwei weitere Aspekte unseres Sprechens:

1. die Wahrnehmungsprinzipien, die unsere Kategorisierung und Konzeptualisierung von Referenten steuern und die unserer Strukturierung und Speicherung von Konzepten zugrundeliegen (vgl. Kap. 3.2.);
2. die pragmatischen Hintergründe für die Versprachlichung bestimmter Konzepte. Wenn wir sprechen, geht es uns ja sehr oft darum, den anderen für uns einzunehmen und, wenn nicht zu überzeugen, dann wenigstens zu überreden; wir wollen möglichst gut aussehen, das „Gesicht" des Gegenübers oder das eigene wahren, etc. Die Wahl unserer sprachlichen Mittel, also z.B. expressive Metapher, euphemistische Metonymie, ungenauerer Oberbegriff oder begrifflich exaktere Paraphrase, ist diesem pragmatischen Prinzip untergeordnet. Der kommunikative Erfolg ist der Kern aller erfolgreicher Versprachlichungsstrategien und somit auch des Sprachwandels (vgl. Keller 1994; Blank 1997, 369–373).

Damit eröffnen sich der Kognitiven Semantik zwei interessante neue Perspektiven: erstens, die semantische Innovation (Kap. 4) und, zweitens, die kognitive diachronische Onomasiologie (Kap. 6.2.).

Arbeitsaufgaben

1. Bestimmten Sie die in den Beispielen der Fig. 2–7 vorkommenden Spielarten der Similarität, des Kontrastes und der Kontiguität genauer! Bedienen Sie sich dabei der Typologie aus Kap. 3.2.3.

2. Führen Sie im Seminar einen Assoziationstest durch, indem eine kleine Gruppe die sprachlichen Stimuli festlegt und die restlichen Teilnehmer auf Zuruf möglichst spontan ihre Reaktionen notieren!

3. Bestimmten Sie die Grundfarben im Romanischen! Stimmen Sie mit der „kanonischen Reihenfolge" Berlin/Kays überein?

4. Suchen Sie weitere Beispiele für prototypisch organisierte Kategorien im Französischen, Italienischen und Spanischen! Wie kann man sich die prototypische Organisation bei Kategorien vorstellen, die normalerweise verbal versprachlicht werden?

5. Lesen Sie die Kritik an der Prototypentheorie von Wierzbicka 1990 und diskutieren Sie ihre Position im Seminar!

6. Erstellen Sie eine Liste üblicher deutscher, französischer, italienischer und spanischer universitären Lehrveranstaltungen! Grenzen Sie die jeweiligen Termini für eine Sprache zunächst semantisch voneinander ab im Stile einer Wortfeldanalyse und bestimmen Sie dann in einem zweiten Schritt die dazugehörigen Frames, die prototypischen Konstellationen etc.

7. Vergleichen Sie Wierzbickas semantische Beschreibung durch semantic primitives mit der Metasprache Pustejovskys! Vertiefen Sie Ihre Kenntnisse durch die Lektüre von Wierzbicka 1994 oder 1996 und Pustejovsky 1995!

8. Wie müsste ein Netzwerkmodell aussehen, in dem alle Assoziationsprinzipien gekennzeichnet wären und das alle relevante Information zu einem Sprachzeichen enthielte?

4.   Historische Semantik

4.1.   Grundlagen des Bedeutungswandels

4.1.1.   Zur Geschichte der Historischen Semantik

Die Historische Semantik ist die älteste Disziplin der sprachwissenschaftlichen Semantik, deren Anfänge bis ins frühe 19. Jahrhundert zurückreichen. Sie knüpft ihrerseits direkt an die Tradition der antiken und frühneuzeitlichen Rhetorik an, was sich bis heute in der Terminologie bemerkbar macht. Ihre Hochblüte hatte die Historische Semantik um die Wende vom 19. zum 20. Jahrhundert mit den Arbeiten von Hermann Paul (1975 [¹1880]), Michel Bréal (1897) und Kristoffer Nyrop (1913) sowie einigen anderen (vgl. Nerlich 1992; Blank 1997, 8-23). Das Hauptaugenmerk der Semantik dieser Epoche richtete sich auf die Klassifikation der verschiedenen Verfahren des Bedeutungswandels nach rhetorischen und/oder psychologischen Kriterien. Ihren vorläufigen Abschluss fand diese Richtung im Werk Stephen Ullmanns (1957 [¹1951]; 1962).

In der Zeit nach Ullmann kam die Forschung in der traditionellen Historischen Semantik quasi zum Erliegen, da nun die Zeit der synchronisch orientierten Strukturellen Semantik begann. In dieser Phase entwickelte sich jedoch eine besondere Form der diachronischen Wortbetrachtung: die Begriffsgeschichte. Es handelt sich dabei um die Beschreibung der Entwicklung, Besetzung und Veränderung historischer, politischer und ideologischer Begriffe oder Schlagwörter wie z.B. STAAT, DEMOKRATIE, REPUBLIK. Die Begriffsgeschichte entstammt der Philosophie und den Gesellschaftswissenschaften und hat dort u.a. zu der ganz der Begriffsgeschichte der Philosophie bzw. dem idiosynkratischen Gebrauch von Begriffen bei einzelnen Philosophen gewidmeten Zeitschrift *Archiv für Begriffsgeschichte* (1955ff.) und dem Lexikon der *Geschichtlichen Grundbegriffe* von Brunner/Conze/Kosellek (1972ff.) geführt (zur weiteren theoretischen Fundierung vgl. Kosellek 1978; Busse 1987). Die Begriffsgeschichte versteht sich als Beitrag zur Sozialgeschichte; die Einträge zu den Begriffen bilden eher Kompilationen von enzyklopädischem Wissen zu historisch-politischen und ideologischen Termini, auch wenn semasiologische und onomasiologische Betrachtungen miteinfließen.

Der Begriffsgeschichte geht es also um die Erkundung der meist absichtsvollen Veränderung von gesellschaftswissenschaftlichen und geistesgeschichtlichen Termini; sie bezieht sich im wesentlichen auf eine bestimmte Textsorte oder auf Termini einer Fachsprache. Im Unterschied dazu geht es der „allgemeinen" Historischen Semantik gerade um den von den Sprechern oftmals gar nicht primär intendierten Wandel alltagssprachlicher Wörter und um die dahinter stehenden Prinzipien. Insofern ist klar, dass bei der Untersuchung der Begriffsgeschichte andere Prinzipien eine Rolle spielen können und dass generell – da ja meist von Texten ausgegangen wird – die Analysearbeit eine andere sein muss.

4.1.2.   Was ist Bedeutungswandel?

Der Terminus „Bedeutungswandel" ist in gewisser Weise unpräzise: Es verändert sich nämlich nicht *eine* Bedeutung eines Wortes, sondern beim Bedeutungswandel kommt zu der oder den vorhandenen Bedeutungen eine weitere hinzu und wird lexikalisiert oder eine der lexikalisierten Bedeutungen wird ungebräuchlich und fällt weg. Im ersten Fall sprechen wir von innovativem Bedeutungswandel oder semantischer Innovation, im zweiten von reduktivem Bedeutungswandel. Durch Bedeutungswandel entstehen also neue lexikalische Einheiten bzw. werden abgebaut. Dies kann im Extremfall zum Verschwinden einer kompletten Lexie führen, wenn diese nur (noch) eine einzige Bedeutung hatte. Der innovative Bedeutungswandel ist in vielerlei Hinsicht interessanter, und die meisten Semantiker befassen sich auch ausschließlich mit ihm, sodass auch dieses Kapitel fast ganz diesem Phänomen gewidmet sein wird.[1]

Beginnen wir mit einigen Beispielen für innovativen Bedeutungswandel:

(1) engl. *mouse* 'kleines Nagetier' > 'graphisches Zeigegerät für Computer'
(2) it. *spina* 'Dorn' > 'stechender Schmerz'
(3) vlt. **adripare* 'am Ufer ankommen' > fr. *arriver*, it. *arrivare* 'ankommen'
(4) sp. *tigre* 'Tiger' > am.sp. (teilw.) 'Jaguar'
(5) lt. *sacer* 'heilig' > 'verflucht' (fr. „un lieu *sacré*" 'heiliger Ort' – „un *sacré* lieu" 'verfluchter Ort')

Dies sind alles mehr oder weniger typische Fälle von innovativem Bedeutungswandel. Wenn wir mit solchen diachronen Phänomenen konfrontiert werden, stellen sich uns zunächst zwei Fragen:

1.   Warum haben Sprecher hier eine semantischen Innovation vorgenommen und warum wurde diese *lexikalisiert*, d.h. von der Sprachgemeinschaft bzw. mindestens von den Benutzern einer diatopischen, diastratischen oder diaphasischen Varietät übernommen?
2.   Auf welcher *psychologisch-assoziativen Basis* beruhte die Innovation, oder anders gefragt: Wie kann man die Relation zwischen der neuen Bedeutung und der alten beschreiben?

Die wissenschaftliche Beschäftigung mit der ersten Frage führt zu einer Typologie der Motive des Bedeutungswandels (vgl. Kap. 4.5.), die zweite zu einer Beschäftigung mit den assoziativen Grundprinzipien der semantischen Innovation und zu einer Typologie der Verfahren des innovativen Bedeutungswandels (Kap. 4.2. – 4.4.).

Die Beispiele (1) – (5) führen uns zu einer weiteren Feststellung: In Kap. 2 haben wir gesehen, dass in der Strukturellen Semantik „lexikalische Bedeutung" im wesentlichen auf die einzelsprachlich-distinktiven Merkmale reduziert wurde. In der Historischen Semantik ist diese Reduktion nicht sinnvoll, da man ansonsten kaum in der Lage wäre, die auftreten-

---

[1]   Vgl. jedoch Kap. 4.6. und ausführlicher Blank 1997, 425-429.

den Phänomene zu verstehen und adäquat zu erklären: Eine Metapher wie (1) kann nicht sinnvoll auf gemeinsame Seme zurückgeführt werden; es böte sich höchstens ein Sem wie [physisches Objekt] an. Gar keine Sem-Überschneidung ist denkbar bei der Metonymie in (2), it. *spina* 'Dorn' > 'stechender Schmerz', denn der Schmerz ist nicht Teil des Semems von 'Dorn', der Dorn nicht Sem von 'Schmerz'. Dieser Wandel beruht vielmehr auf einer URSACHE – FOLGE-Relation, die zu unserer Welterfahrung gehört: Dornenstiche rufen stechende Schmerzen hervor. Hier manifestiert sich wieder die Erkenntnis der Kognitiven Semantik, dass zum semantischen Wissen eines Wortes auch Außersprachliches, Wissen um den Referenten gehört: Die für den metaphorischen und metonymischen Bedeutungswandel relevanten Aspekte sind gerade *nicht* diejenigen, die zur Abgrenzung im entsprechenden Wortfeld notwendig sind.

Allerdings finden wir auch Bedeutungswandel, der sich innerhalb von Wortfeldern zu vollziehen scheint, nämlich vom Unterbegriff zum Oberbegriff (3), von einem Kohyponym zu einem anderen (4), ja sogar zum Gegenteil (5). Die lexikalischen Relationen und Wortfeldbeziehungen, wie sie der Strukturalismus definiert hat, scheinen demnach in einigen Fällen ebenfalls eine Rolle zu spielen.

4.1.3.   Semantische Innovation und Lexikalisierung

Ein Bedeutungswandel beginnt zunächst als semantische Innovation im Diskurs eines einzelnen Sprechers oder einer kleinen Sprechergruppe. Wenn die Innovation von anderen Sprechern übernommen wird, weil sie ihnen gefällt und sie sich davon einen kommunikativen Gewinn versprechen, dann kann es zur Lexikalisierung der Innovation als einer weiteren Bedeutung des betreffenden Wortes kommen. Die Innovation kann auf eine bestimmte Sprechsituation einer mehr oder weniger großen Zahl von Sprechern beschränkt bleiben oder die „unmarkierte" gemeinsprachliche Ebene einer Einzelsprache erreichen und somit für alle oder so gut wie alle Sprecher dieser Sprache zur Sprachregel werden.

Wie können wir uns den Prozess der Innovation selbst vorstellen?

Ein konkretes Beispiel aus jüngerer Zeit liefert uns der Fall der Computer-Maus. Das Patent zu diesem GRAPHISCHEN ZEIGEGERÄT FÜR COMPUTER wurde bereits im Jahre 1969 unter einem nichtssagenden technischen Namen angemeldet, aber bereits vom Erfinder, Douglas Engelbart vom Stanford Research Institute, wird behauptet, er habe in dem Kabel, welches das kleine Kästchen mit dem Computer verbindet, einen Mäuseschwanz gesehen. Unter dem Namen *mouse* ist es dann auch von Apple ab 1983 kommerziell verbreitet worden (vgl. Otman 1998).

a) Assoziationsvorgang

engl. *mouse*
'kleines Nagetier'

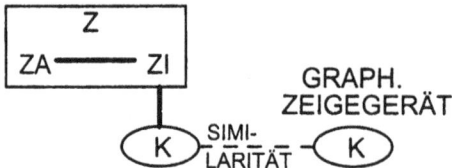

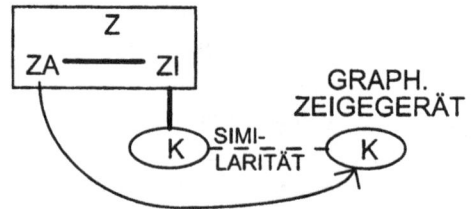

```
        Z
  ZA ———— ZI            GRAPH.
                        ZEIGEGERÄT
       (K)  SIMI- (K)
            LARITÄT
```

b) Innovation

engl. *mouse*
'kleines Nagetier'

```
        Z
  ZA ———— ZI            GRAPH.
                        ZEIGEGERÄT
       (K)  SIMI- (K)
            LARITÄT
```

c) Lexikalisierung

engl. *mouse*

'kleines Nagetier'   'graph. Zeigegerät'

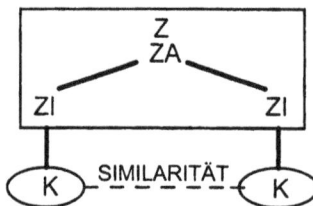

```
          Z
         ZA
     ZI        ZI

  (K) — SIMILARITÄT — (K)
```

(länglich-runde Form,   (länglich-runde Form,
 langer Schwanz)   schmales, langes Kabel)

Fig. 1: Semantische Innovation und Lexikalisierung: engl. mouse[2]

Der Erfinder assoziierte also auf der Basis bestimmter ähnlicher perzeptueller Merkmale zu dem Konzept GRAPHISCHES ZEIGEGERÄT das Konzept MAUS (Fig. 1a). Die eigentliche Innovation bestand dann in der Übertragung des Zeichenausdrucks engl. *mouse* auf das in assoziative Relation gebrachte Konzept (Fig. 1b): Dies ist die „Versprachlichung" des neuen Konzepts. Zur Lexikalisierung kam es, als diese offenbar erfolgversprechende Innovation im Zuge der Vermarktung popularisiert wurde und sich tatsächlich innerhalb der Sprachgemeinschaft habitualisierte; engl. *mouse* hat seither beide Bedeutungen, 'Nagetier' und 'graph. Zeigegerät für Computer' (Fig 1c).

Ebenso verlaufen Assoziation und Innovation bei unserem Beispiel it. *spina*, nur dass anstelle einer perzeptuellen Similarität eine kausale Kontiguität die assoziative Grundlage der Bezeichnungsübertragung liefert.

---

[2] Das Modell in den Grafiken entspricht unserem semiotischen Modell aus Kap. 1.2.: Z = Zeichen insgesamt; ZA = Zeichenausdruck (*signifiant*): ZI = Zeicheninhalt (*signifié*); K = Konzept; Referent und konkrete Lautung spielen keine Rolle.

a) Assoziationsvorgang

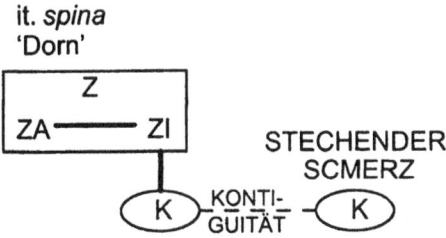

it. *spina*
'Dorn'

b) Innovation

it. *spina*
'Dorn'

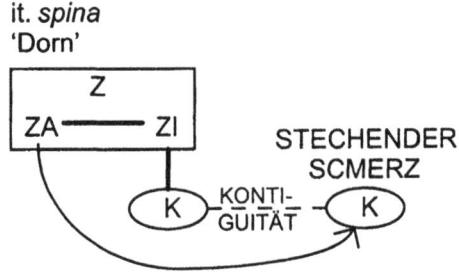

c) Lexikalisierung

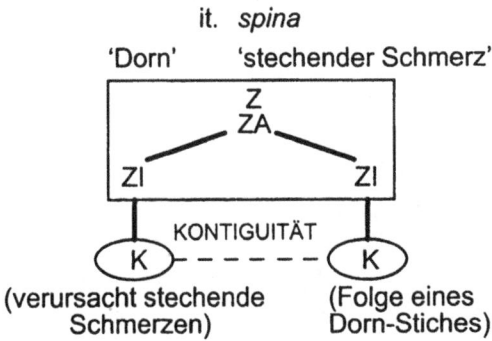

it. *spina*

'Dorn'   'stechender Schmerz'

Fig. 2: Semantische Innovation und Lexikalisierung: it. spina

Innovation und Lexikalisierung erfolgen also idealtypisch in drei Schritten, wobei der erste Schritt in den zitierten Beispielen ein rein gedanklich-assoziativer ist: Zwei Konzepte werden zueinander assoziativ in Relation gesetzt, mindestens eines davon muss bereits mit einem sprachlichen Zeichen verbunden sein. Es können aber, wie wir im Verlauf dieses Kapitels sehen werden, auch mehrere sprachliche Zeichen an einer semantischen Innovation beteiligt sein. Die Assoziationsprinzipien, die beim Bedeutungswandel in Frage kommen, sind die Aristotelischen Prinzipien *Similarität* (vgl. Fig. 1) und *Kontiguität* (vgl. Fig. 2), aber auch *Kontrast* (vgl. Bsp. (5)). Als mögliche Assoziationsrelationen kommen alle 10 in Kap. 3.2.3. vorgestellten Beziehungen in Frage. Von der Frequenz her dominieren beim Bedeutungswandel jedoch die Relationen *metaphorische Similarität* sowie *konzeptuelle Kontiguität*, in Gestalt der beiden Verfahren „Metapher" bzw. „Metonymie", die in Kap. 4.2. und 4.3. ausführlich abgehandelt werden. Die übrigen Verfahren des Bedeutungswandels werden in Kap. 4.4. vorgestellt.

Die Beispiele und ihre Analyse zeigen, dass Bedeutungswandel weder eine „kontinuierliche Verlagerung der Kontexte" (Baldinger 1993, 6), noch ein sprunghafter Übergang von einer „alten" zu einer „neuen" Bedeutung ist; vielmehr koexistiert die neue Bedeutung mit jener älteren, auf deren Grundlage sie sich entwickeln konnte, für einen mehr oder weniger langen Zeitraum. Damit ist auch klar, dass die meisten Wörter nicht nur eine Bedeutung

haben, sondern zwei und mehr. Bereits seit Bréal (1897) ist dieses Phänomen als „Polysemie" bekannt (vgl. Kap. 5).

Wer das Wesen des Bedeutungswandels verstehen will, darf nicht nur die etymologische
und die aktuelle bzw. die aktuellen Bedeutung(en) eines Wortes miteinander vergleichen,
da im Falle mehrfacher einzelner semantischer Veränderungen die für die Rekonstruktion
des Zusammenhangs notwendigen semantischen Brücken zerbrochen sein können. Einige
Beispiele:

Einer der gravierendsten Fälle ist die Entwicklung von lt. *tutari* 'schützen', dessen heutige fr. „Endstufe" *tuer* 'töten' bedeutet. Die Entwicklung wird erst verständlich, wenn man
die einzelnen Etappen rekonstruiert: 'schützen' > [Spezialisierung] '(vor Hunger, Durst)
schützen' > [Metonymie] '(Hunger, Durst) beseitigen' > [Metapher] '(Feuer) löschen' >
[Metapher] 'töten (euphemistisch)' > [Intensivierung] 'töten' (vgl. Koch 1991; Blank 1997,
325). Genauso kann man den Zusammenhang zwischen lat. *hostis* 'Gast' und afr. *ost*, ait.
oste 'Heer' nur verstehen, wenn man die schon im Lateinischen bestehenden Metonymie
'Fremder' und daraus wiederum metonymisch 'Feind' sowie die romanische Metonymie
'feindliches Heer' und die daran anschließende Generalisierung zu 'Heer' sieht. Andererseits kann sich auch hinter einer zunächst einfach aussehenden Metapher wie lat. *testa*
'Tontopf' > 'Kopf' (oder analog: spätlat. *cuppa* 'Schale' > mhd. *kopf*) eine zweifache Entwicklung verbergen, nämlich zunächst eine Metapher 'Schale' > 'Schädel' („Hirnschale")
und dann die Metonymie 'Schädel' > 'Kopf'. Es ist also wichtig, den globalen semantischen Wandel eines Wortes im Laufe seiner Geschichte in möglichst viele „kleine Schritte"
(Fritz 1998, 54ff.) zu zerlegen.

4.2.   Die Metapher

4.2.1.   Der metaphorische Kippeffekt

Die Kognitive Linguistik verdankt ihren eigentlichen Durchbruch und ihre Resonanz über
die Linguistik hinaus dem essayhaften Buch *Metaphors we live by* von George Lakoff und
Mark Johnson (1980). Die Metapher galt bis dahin vor allem als klassischer Gegenstand der
Rhetorik, der Historischen Semantik, der Textlinguistik und nicht zuletzt der Literaturwissenschaft. Sie ist aber auch ein wesentliches Phänomen der Alltagssprache und überhaupt
unserer menschlichen Wahrnehmung, wie Lakoff/Johnson mit ihrem Buch zeigen konnten.
Eine ihrer Haupterkenntnisse war, dass die Metapher in einem solchen Maße in unserer
Kognition verankert sei, dass unser Denken selbst schon metaphorisch sei. Einige Typen
von Metaphern seien ganz besonders mit dem menschlichen Sein und unserer Wahrnehmung dieses Seins verbunden: z.B. wird KÖRPERLICHES und SEELISCHES WOHLBEFINDEN
sowie GRÖSSERE MENGE mit OBEN, HOCH und AUFRECHT verbunden, das Gegenteil mit
den entsprechenden konträren Konzepten. In der Tat: wo bestimmte Sachverhalte *nur* –
oder üblicherweise nur – metaphorisch versprachlicht werden können, da scheint sich unserer Wahrnehmung entweder gar kein anderer Zugang zu bieten, oder andere Möglichkeiten
bestehen zwar, werden von den Sprechern aber in der Regel als weniger effizient eingestuft
(vgl. auch unser Bsp. engl. *mouse* aus Kap. 4.1.3.). Im Allgemeinen geht die Übertragung

vom Naheliegenden auf das Ferne, vom Bekannten, bereits Verstandenen auf das Fremde und Neue, vom Anschaulichen, Greifbaren auf das Abstrakte, Nicht-Dingliche, vom Natürlichen auf das künstlich Geschaffene. Einige Beispiele (in Klammern in kursiven Kapitälchen jeweils die konzeptuelle Quell- und Zieldomäne):

(6) a. fr. le *dos* d'une montagne 'der Berg*rücken*'
       (*KÖRPERTEIL – LANDSCHAFT*)
     b. sp. las *alas* de un edificio 'die Gebäude*flügel*'
       (*KÖRPERTEIL – ARTEFAKT*)
     c. it. *impostare* un problema 'ein Problem *stellen*'
       (*PHYSISCHE HANDLUNG – GEISTIGER PROZESS*)
     d. fr. *baisser/hausser* les prix 'die Preise *erhöhen/senken*'
       (*PHYSISCHES OBJEKT – ABSTRAKTE EINHEIT*)
     e. it. d'estate, i giorni sono più *lunghi* 'Im Sommer sind die Tage *länger*'
       (*RAUM – ZEIT*)

Die Übersetzungen zeigen, dass ähnliche Bilder auch im Deutschen geläufig, ja geradezu unvermeidlich sind. Die innovative Bildung einer Metapher setzt eine kreative Konzeptualisierung voraus: Wir müssen etwas *als* etwas anderes sehen und dann als dieses andere versprachlichen. Die innovative Metapher ist damit mehr als – was manchmal behauptet wird – ein „verkürzter Vergleich": Sie entsteht aus der *Interaktion* zwischen der Ausgangsbedeutung und einem dazu in einem gewissen Widerspruch stehenden Kontext (Black 1983): So wird in (6c) durch die Interaktion eines physische Handlung ausdrückenden Verbs mit einem nicht-dinglichen Objekt der metaphorische Sinn von *impostare* erzeugt. Im Falle der Lexikalisierung verstehen wir die Metapher, auch ohne auf den Kontext zu rekurrieren, der dann nur noch zur Desambiguierung des polysem gewordenen Zeichens *impostare* dient.

   Damit gelangen wir zum psychologisch-assoziativen Grundprinzip der Metaphernschöpfung: Ein Konzept (oder ein konkreter Referent) wird mit einem Wort bezeichnet, dessen angestammtes Konzept einem ganz anderen Bereich unseres Weltwissens angehört. Der innovierende Sprecher rückt dabei eine meist periphere, perzeptuelle oder funktionelle oder auch nur (inter)subjektiv empfundene *Similarität* der beiden Konzeptbereiche ins Rampenlicht. Der dabei stattfindende Vorgang wird in Anlehnung an die Gestaltpsychologie auch als „Kippeffekt" (Liebert 1992, 14; Koch 1994, 209-214), oder, in der Kognitiven Linguistik, als „domain mapping" (Croft 1993, 347) bezeichnet. Am konkreten Beispiel: Im Moment der Innovation wird das mentale Bewusstmachen eines Problems *als* Bewegung im Raum gesehen. Die Verbindung der beiden Konzeptbereiche beruht also zum einen bereits auf einer wahrgenommenen Ähnlichkeit der Vorgänge, zum anderen werden dadurch zwei distinkte Konzeptbereiche erst wirklich in eine mentale Similaritätsrelation gebracht. Interessant ist, dass bei der Metaphernschöpfung von prototypischen Konzeptionen der beteiligten Konzepte ausgegangen wird (vgl. Koch 1995, 39f.): Dem Gebäudeflügel in (6b) liegt also die Konzeption eines typischen flugfähigen Vogels zugrunde, bei dem die Flügel eine gewisse Prägnanz haben.

4.2.2.   Konzeptmetaphern

Bisher wurde gesagt, dass ein beträchtlicher Teil der Metaphern fundamentalen Prinzipien
der menschlichen Kognition zu entspringen scheint, nach dem wir einen mehr oder weniger
abstrakten Sachverhalt typischerweise in einer bestimmten Art und Weise wahrnehmen,
was u.a. durch übereinzelsprachliche Analogien bekräftigt wird. Darüber hinaus äußern sich
jedoch in der Metaphorik kulturelle Prägnanzen, die oft an bestimmte Kontexte und Diskurstraditionen gebunden sind, wie z.B. die Versprachlichung von politischem Engagement als
Kampf, wie wir sie in den folgenden französischen Interviewpassagen finden:

(7)   a. fr. „cette cinquième semaine qui a été et qui reste votre *cheval de bataille*"
        'diese fünfte [Urlaubs]woche, die Ihr *Schlachtross* war und bleibt' (Ludwig 1988,
        109f.; zit. n. Hönigsperger 1994, 149)

      b. fr. „le syndicalisme français [...] est un syndicalisme qui *milite* pour la
         transformation de la société"
         'die französische Gewerkschaftsbewegung *kämpft* für die Veränderung der Gesell
         schaft' (Ludwig 1988, 119; zit. n. Hönigsperger 1994, 162)

Solche typischen rekurrenten Metaphern lassen sich zu Metaphernverbänden, zu prägnanten „Bildfeldern" (Weinrich 1976) oder „conceptual metaphors" (Lakoff/Johnson 1980)
zusammenfassen, die eine *Zieldomäne* (in (7) POLITISCHE AUSEINANDERSETZUNG) aus
einer bestimmten *Quelldomäne* speisen (in (7) KRIEG). In der Tat bestehen so gut wie für
jeden Lebensbereich solche spezifischen Konzeptmetaphern. Dies heißt andererseits, dass
wir selten wirklich innovativ sind, sondern meistens im Rahmen eines schon eingeführten
Bildfeldes bleiben und auf dieser Basis eine „neue" Metapher schöpfen. Das Wissen um
solche usualisierten Konzeptmetaphern oder Bildfelder ermöglicht dem Sprecher möglichst
risikolose Innovationen und erleichtert dem Hörer die Rezeption. Konzeptmetaphern dieser
Art sind kulturabhängig, sind also historische Phänomene, die wir als eine Art abstrakte
Regel für bestimmte oder alle Arten von Texten oder Diskursen gelernt haben und die sich
nur relativ langsam wandeln (vgl. auch Kap. 5.4.). Die kulturspezifischen Konzeptmetaphern in (7) stehen auch in Relation zu den tendenziell universellen Metapherntypen, die in
(6) genannt wurden, insofern hier – auf einer allgemeineren Ebene – das Abstraktere, Komplexere (POLITISCHES HANDELN) über das Konkretere (PHYSISCHE GEWALT) konzeptualisiert und versprachlicht wird. Für die semanstische Innovation und ihre Lexikalisierung
sind solche konzeptuellen Metaphern von großer Relevanz, denn wenn eine bestimmte
Quelldomäne bereits in einer Sprachgemeinschaft usuell ist, kann man ohne großes Risiko
neue Metaphern aus ihr schöpfen.

Interessant ist auch, dass bestimmte Konzepte häufiger als Bildspender dienen als andere
und dass andererseits bestimmte Konzepte häufiger als Bildempfänger dienen als andere,
d.h. häufiger metaphorisch versprachlicht werden. Für den letzten Fall typisch ist die Versprachlichung von ZEIT vermittels des RAUMS oder die Versprachlichung von Sinnesein-
drücken mithilfe anderer Sinneseindrücke:

(8)   a. fr. une voix *chaude* 'eine warme Stimme', une soif *ardente* 'ein beißender Durst'
    b. it. un *profondo* dolore 'ein tiefer Schmerz', uno sguardo *dolce* 'ein milder Blick'
    c. sp. una voz *aguda* 'eine spitze Stimme', *tonos cálidos* 'warme Farben'
    d. dt. *schreiende* Farben, ein *heller* Klang

Optisches wird so über Taktiles oder Gustatives, Akustisches über Visuelles, Olfaktorisches über Sensorisches versprachlicht, etc. Solche synästhetischen Metaphern sind gerade nicht nur dichterisches Mittel, sondern der Alltagssprache völlig geläufig.

Der erste Fall, dass gewohnheitsmäßig ein Konzept zur metaphorischen Versprachlichung bestimmter anderer Konzepte herangezogen wird, liegt z.B. beim Konzept KOPF vor: Bereits lt. *caput* hatte zahlreiche metaphorische Bedeutungen, die auf der perzeptuellen oder funktionellen Similarität des Kopfes mit dem metaphorisch versprachlichten Konzept beruhen, und bei allen romanischen Bezeichnungen des KOPFES finden sich ähnliche Metaphern. Als Quellkonzepte einer metaphorischen Übertragung des jeweiligen Wortes für KOPF dienen insbesondere die POSITION (fr. *tête d'un missile* 'Raketenkopf', it. *capo del letto* 'Bettende'), die EXPONIERTE LAGE des Kopfes (sp. *Cabo de Buena Esperanza* 'Kap der Guten Hoffnung'), die RUNDE FORM (fr. *tête de pipe* 'Pfeifenkopf', sp. *cabeza de ajo* 'Knoblauchknolle'), die ZENTRALE FUNKTION als Hauptträger des Lebens sowie die KONTROLLFUNKTION des Kopfes über die anderen Körperteile (fr. *chef de gare* 'Bahnhofsvorsteher', it. *capomafia* 'Pate') (vgl. auch Blank 1998c).

In pragmatischer Sicht hat die Metapher noch weitere Funktionen: z.B. erlaubt sie, emotional besetzte Konzeptbereiche entweder euphemistisch, d.h. verharmlosend-verhüllend (9a) oder drastisch-expressiv und übertreibend (9b) zu versprachlichen:

(9)   a. fr. *imbécile* 'körperlich schwach' > 'geistesschwach, dumm'; it. *scomparire* 'verschwinden' > 'sterben'; sp. *pelado* 'kahl' > 'arm'
    b. fr. *gêne* 'Qual' > 'Unbehagen'; it. *spaventosamente* 'schrecklich' > 'sehr', 'stark'; sp. *zorro* 'Fuchs' > 'schlauer Mensch'

Pragmatisch gesehen ist die Metapher also ein sprachliches Verfahren, mit dem Sprecher Sachverhalte anders darstellen können, um selbst möglichst erfolgreich zu kommunizieren, sei es durch Veranschaulichung abstrakter Sachverhalte, durch sprachliche Umgehung heikler Themen oder durch ihre Expressivierung. Bei all dem stellt die Metapher als assoziativ-sprachliches Verfahren eine Verbindung zwischen verschiedenen Erfahrungsbereichen her und leistet der Vernetzung unserer Wissensbestände Vorschub – allerdings auch der Bildung und Verfestigung gewisser Vorurteile.

4.2.3. Besonderheiten metaphorischer Verben und Präpositionen

Wenn man die Metapher in ihrer Wirkung bei den einzelnen Wortarten betrachtet, so ist sicher der Bereich der Verben am interessantesten. Bei vielen verbalen Metaphern wird der leerstellenunabhängige Bereich, also der Bedeutungskern selbst von der Metapher erfasst. In diesem Fall wird der zu versprachlichende Sachverhalt, wie oben beschrieben, insgesamt als ein ganz anderer konzeptualisiert, wie z.B. in lt. *pensare* 'etw. (mit einer Waage) wiegen' > fr. *penser*, it. *pensare*, sp. *pensar* 'über etw. nachdenken' (= im Geiste abwägen). Oft verändert sich dabei auch die Aktantenstruktur, wie beim Wandel von *pensare*, das sein direktes Objekt für das Wiegegut verloren hat, das in der metaphorischen Bedeutung nicht mehr in derselben Weise und unbedingt versprachlicht werden muss.

In manchen Fällen erstreckt sich die Metapher nur auf die Aktantenebene: So kann it. *richiedere* 'verlangen' typischerweise mit einem menschlichen agentivischem Subjektsaktant besetzt werden (*Pietro ha richiesto aiuto* 'Peter verlangt Hilfe'); das Verb kann jedoch auch einen unbelebten Subjektsaktanten erhalten, wie z.B. in *Questo lavoro richiede molta pazienza* 'diese Arbeit verlangt viel Geduld'. Der metaphorische Effekt besteht nun gerade darin, dass *lavoro* wie ein Agens behandelt wird, um dem Gesagten mehr Expressivität zu verleihen: Die Arbeit wird als Person dargestellt, die Forderungen stellen kann. Der Verbkern bleibt von dieser metaphorischen Besetzung einer Aktantenrolle unberührt.

Eine dritte Möglichkeit stellt die metaphorische Besetzung der Selektionsbeschränkung dar: In spätlateinischer Zeit muss vlt. *tutare* '(Hunger, Durst) beseitigen' auf '(Feuer) beseitigen' (= löschen) übertragen worden sein: Feuer wurde also als Durst konzeptualisiert, als eine Art Bedürfnis, das durch Wasser beseitigt werden kann. In diesem Fall verändern sich weder der leerstellenunabhängige Kern noch die Aktantenrollen: Es bleibt bei einer Handlung, die ein Agens vollzieht.

Interessant ist auch der metaphorische Gebrauch von Präpositionen, insofern typischerweise primär räumliche Präpositionen als Quelle für den Ausdruck zeitlicher Relationen, solcher der Art und Weise sowie hierarchischer Beziehungen genutzt werden. Einige Beispiele, die nur eine kleine Auswahl der jeweiligen Bedeutungsvielfalt darstellen:

(10) a. fr. *sur*: poser un objet *sur* la table (*RAUM*); arriver *sur* les onze heures (*ZEIT*); règner *sur* le monde (*HIERARCHIE*)

   b. it. *per*: entrare *per* la porta (*RAUM*); aspettare *per* anni (*ZEIT*); spedire *per* corriere (*ART UND WEISE*)

   c. sp. *en*: estar *en* el café (*RAUM*); llegar *en* Pascua (*ZEIT*); hablar *en* español (*ART UND WEISE*)

Hier zeigt sich wieder die schon oben angesprochene hohe kognitive Relevanz der räumlichen Wahrnehmung und unsere grundlegende Fähigkeit, kognitive Relationen über räumliche Relationen zu konzeptualisieren und auszudrücken. Nicht jede Präposition kann temporale oder modale Bedeutungen haben, hingegen scheinen alle Präpositionen eine räumliche Bedeutung zu haben oder besaßen eine solche ursprünglich, wie z.B. it. *entro*, das heute fast ausschließlich zum Ausdruck temporaler Relationen dient (*entro due giorni*).

4.3.   Metonymie und Auto-Konverse

4.3.1.   Der metonymische Figur-Grund-Prozess

Traditionell im Schatten der Metapher steht die Metonymie, und dieses Schicksal wurde ihr zunächst auch unter den Auspizien der Kognitiven Linguistik zuteil. Lakoff/Johnson haben ihr nur einen kleinen Abschnitt gewidmet (1980, 35-40). In den letzten Jahren ist nun auch die Metonymie stärker ins Zentrum des Interesses gerückt (vgl. z.B. Bonhomme 1987; Croft 1993; die Beiträge in Panther/Radden 1999). Hier hat sich vor allem die Frame-Theorie als segensreich offenbart: Metonymien können nämlich grundsätzlich auf dem Hintergrund von *Frames* oder *Scripts* gesehen werden. Essentiell für das Zustandekommen der Metonymie ist – im Unterschied zur Metapher – die Tatsache, dass die dahinter stehenden Sachverhalte tatsächlich etwas „miteinander zu tun" haben. Die assoziationspsychologische Basis der Metonymie ist mithin die *Kontiguität*, und zwar nicht, wie noch Jakobson (1974) meinte, die *syntagmatische* Kontiguität von Zeichen, sondern die zeitliche, räumliche oder anderweitige konzeptuelle Aufeinanderbezogenheit zweier Konzepte in unserem Weltwissen. Einige Beispiele (mit den jeweiligen konzeptuellen Relationen in Klammern):

(11) a. lt. testimonium 'Zeugnis' > fr. témoin 'Zeuge' (HANDLUNG – HANDELNDER)

b. asp. pregón 'Bote' > 'Botschaft' (HANDELNDER – GEGENSTAND DER HANDLUNG)

c. it. vendemmia 'Weinlese' > 'Zeit der Weinlese' (HANDLUNG – ZEITPUNKT DER HANDLUNG)

d. fr. bureau 'Schreibtisch' > 'Arbeitszimmer, Büro' (ZENTRALER GEGENSTAND – ORT DER HANDLUNG)

e. lt. pecunia 'Vieh (als Tauschobjekt)' > 'Geld' (GEGENSTAND – TYPISCHER ASPEKT)

Gestalttheoretisch kann der metonymische Prozess als Figur-Grund-Effekt verstanden werden: Zunächst ist das bereits versprachlichte Konzept, also z.B. der BOTE, die Figur, die sich auf dem Hintergrund der von ihm zu überbringenden BOTSCHAFT profiliert. Wichtig ist, dass das Konzept BOTSCHAFT in dem entsprechenden Frame immer schon präsent ist und dass die beiden Konzepte in unserem Weltwissen bereits durch eine prägnante Kontiguität verbunden sind. Im metonymischen Prozess kehrt sich die ursprüngliche konzeptuelle Struktur nun um und die BOTSCHAFT wird zur Figur und sodann ebenfalls mit *pregón* versprachlicht (Koch 1999a; 2000; Croft 1993, 348, spricht von „domain highlighting").

Die Metonymie als sprachliches Verfahren holt eine solche kognitiv bereits verankerte Figur-Grund-Struktur gewissermaßen an die „Oberfläche". Während also im allgemeinen die an der Metapher beteiligten Konzeptbereiche vor der metaphorischen Innovation nichts verbindet außer eine mehr oder weniger starke Similarität, setzt die Metonymie eine solche Verbindung geradezu voraus, ja in der Regel verläuft die metonymische Innovation sogar innerhalb eines Konzeptbereichs ab, wie z.B. bei fr. *bureau* 'Schreibtisch' > 'Arbeitszimmer'.

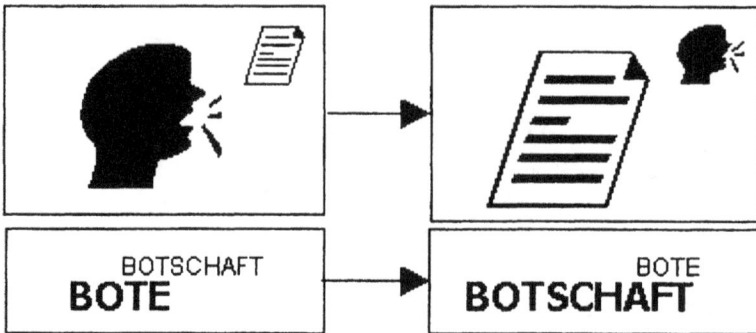

Fig. 3: Figur-Grund-Schema

4.3.2.   Konzeptmetonymien

Als sprachliches Verfahren dürfte die Metonymie ebenfalls universell sein, und, wie bei den Bildfeldern, gibt es neben kulturspezifischen auch eine Reihe von Frames, die sich der Kognition in einer bestimmten universellen Weise aufdrängen, wie z.B. der „MENSCHLICHE KÖRPER". Konkrete lexikalische Metonymien sind in „Kontiguitätstypen" oder, wenn man die Analogie zur Metapher betonen will, „Konzeptmetonymien" eingebunden, die den möglichen Typen von Kontiguitätsrelationen zwischen Konzepten in Frames entsprechen, also z.B. *HANDELNDER – GEGENSTAND DER HANDLUNG, PERSON – TYPISCHES ATTRIBUT, GANZES – TEIL, URSACHE – FOLGE, PRODUKTIONSPROZESS – FERTIGES PRODUKT*. Auch zwischen dem Frame und einem Teilaspekt dieses Frames sowie zwischen kontigen Frames können metonymische Prozesse ablaufen. Auf diesem Abstraktionsgrad scheint die Zahl der Konzeptmetonymien geringer zu sein als die der Konzeptmetaphern, insofern hier nur bestimmte allgemeine Kontiguitätstypen aufgeführt werden, die somit ganz verschiedenen Frames zugrundeliegen können.

Unterhalb dieser relativ abstrakten Ebene existieren jedoch auch konkretere Konzeptmetonymien, die oft auf bestimmte Diskurskontexte beschränkt bleiben, wie z.B. *BESTELLTE MAHLZEIT – GAST* mit dem berühmt gewordenen Beispiel „*L'omelette aux champignons est parti sans payer*" – 'Das Pilzomelett ist gegangen, ohne zu bezahlen' (vgl. Fauconnier 1984, 19), das nur in Diskursen von Kellnern usuell ist und ansonsten nicht verwendet werden kann (vgl. auch Kap. 5.4.).

Eine bemerkenswerte Eigenschaft aller Konzeptmetonymien scheint zu sein, dass sie ausnahmslos entweder auf *kopräsente* oder *sukzessive* Kontiguitätsrelationen zurückgeführt werden können: Kopräsent sind z.B. die Relationen *HANDELNDER – GEGENSTAND DER HANDLUNG, PERSON – TYPISCHES ATTRIBUT, GANZES – TEIL, HANDLUNG – ZEITPUNKT/ORT DER HANDLUNG*; sukzessive Relationen sind u.a. *URSACHE – FOLGE, PRODUKTIONSPROZESS – FERTIGES PRODUKT, FOLGENDE ZEITABSCHNITTE, BE-*

NACHBARTE ORTE sowie zeitlich sukzessive *FRAMES* (vgl. ausführlicher Blank 1997, 249-253; 1999a).

In dieser Sichtweise gehören auch die traditionell zur rhetorischen Figur der Synekdoche gerechneten *TEIL–GANZES-* und *GANZES–TEIL*-Übertragungen zur Metonymie. Zwischen einem Teil und seinem Ganzen besteht nämlich in besonderem Maße Kontiguität, insofern sich das Ganze ja aus dem Zusammenhang der Teile definiert. Es handelt sich insofern um diachronische Ausprägungen der Meronymie-Relation (vgl. Kap. 2.4.5.):

(12) a. *TEIL – GANZES*: fr. *baiser* 'küssen' > 'den Liebesakt vollziehen'; it. *tetto* 'Dach' > 'Haus'; lt. *musculus* 'Muskel' > sp. *muslo* 'Oberschenkel'

b. *GANZES – TEIL*: sp. *quebrada* 'Schlucht' > 'Bach'; lt. *hostis* 'Feind' > 'feindliches Heer'; ait. *vile* 'von niederem Stand' > 'feige'

In der Rhetorik wird die Synekdoche oft auch zur Beschreibung von Übertragungen vom *GENUS* zur *SPECIES* und vom *PLURAL* zum *SINGULAR* sowie jeweils umgekehrt verwendet:

(13) a. *GENUS – SPECIES*: mfr. *viande* 'Lebensmittel' > nfr. 'Fleisch'; spätlt. *auca* 'Vogel' > fr. *oie*, it. *oca* 'Gans', lt. *collocare* 'plazieren' > sp., pt. *colgar* '(auf)hängen'

b. *SPECIES – GENUS*: fr. *pain* 'Brot' > 'Nahrung schlechthin'; lt. *passer* 'Spatz' > sp. *pájaro*, pt. *pássaro* 'kleiner Vogel'

(14) *PLURAL – SINGULAR/SINGULAR – PLURAL*: „der Mensch ist ein Gewohnheitstier", „der Russe steht vor Berlin"

In all diesen Fällen ist in gewisser Weise etwas in etwas anderem enthalten, aber die zu-grundeliegenden Assoziationen sind jeweils ganz andere: Das Dach ist tatsächlich *Teil* des Hauses und in der Sicht eines Ritters ist Feigheit ein Teilaspekt des Charakters einfacher Leute; Spatz und Gans jedoch sind nicht *Teil* eines Vogels, sie sind jeweils eine *Art von* Vogel – wir haben hier mithin diachronische Ausprägungen von Hyponymierelationen (vgl. Kap. 2.4.2.). Bei der Beziehung zwischen Singular und Plural schließlich steht ein Indivi-duum stellvertretend für die Gruppe, der es angehört. Während der letztgenannte Typ in der Tat rein rhetorisch bleibt, ist die Beziehung von *GENUS* und *SPEZIES* für die Historische Semantik von Relevanz.[3]

Der kommunikative „Nutzen" der Metonymie liegt v.a. im Bereich der sprachlich-kognitiven Effizienz. Metonymisch bezeichnete Konzepte können grundsätzlich auch nicht-metonymisch adressiert werden – was bei der Metapher oft nicht wirklich möglich ist –, jedoch bietet die Metonymie meist eine (zumindest für den Sprecher) ökonomischere Lö-sung, indem Konzepte, die wir bereits als zusammenhängend erfahren haben, auch iden-

---

[3] Nerlich/Clarke 1999 haben daher vorgeschlagen, den Terminus *Synekdoche* ausschließlich zur Bezeichnung von *GENUS-SPEZIES-* und *SPEZIES-GENUS*-Relationen zu verwenden. In der Historischen Semantik spricht man traditionell von *Bedeutungserweiterung* und *-verengung* bzw. von *Generali-sierung* und *Spezialisierung* (vgl. Kap. 4.4.2.).

tisch versprachlicht werden. Die Metonymie baut immer schon auf einer prägnanten Kontiguität auf und macht sie sprachlich nutzbar.

Neben der kognitiven Effizienz, die dadurch entsteht, dass saliente Kontiguitäten mit einem einzigen Zeichen versprachlicht werden, hat die Metonymie auch noch weitere Funktionen: Da ist zum einen die stärkere semantische Integration von deverbalen Nomina actionis in die Kategorie „Nomen", indem sie immer „substantivischere" Bedeutungen hinzugewinnen (vgl. auch Kap. 3.3.5.):

(15) lt. prehensio 'Ergreifung' > afr. prison 'Gefangenschaft' (HANDLUNG –
      RESULTIERENDER ZUSTAND) > 'Gefängnis' (ZUSTAND – TYPISCHER ORT)

Wie die Metapher kann auch die Metonymie zur Bildung euphemistischer (16a) und expressiver Metonymien (16b) verwendet werden, wenn etwa Kranksein als „harmlosere" Müdigkeit oder das rituelle Klagen der Arbeitgeber durch einen typischen Teilaspekt des Klagens versprachlicht wird, dessen Realisierung im konkreten Fall gerade nicht zu erwarten steht:

(16) a. fr. *fatigué* 'müde' > 'krank' (*TEILASPEKT – ZUSTAND*)
      b. fr. „que les patrons *pleurent* [...] je le comprends"
         'dass die Arbeitgeber heulen, verstehe ich'
         (*TYPISCHE TEILHANDLUNG – HANDLUNG*)
                                          (Ludwig 1988, 110; zit. n. Hönigsperger 1994, 150)

Auch dieser pragmatische Nutzen scheint von den Sprechern universell erkannt zu werden. Einige wichtige „Tendenzen" oder „drifts" des semantischen Wandels in Wortschatz und Grammatik sind, ohne dass dies immer klar gesagt wird, metonymiebasiert. Am bedeutendsten ist hier wohl die von Traugott entdeckte Tendenz der „subjectification" (z.B. Traugott 1985; 1999), bei der ein Wort, das einen als objektiv gegebenen Sachverhalt bezeichnet, eine Bedeutung entwickelt, die auf im ersten Konzept impliziertes, daraus *inferierbares* Wissen referiert:

(17) a. mengl. *boor* 'Bauer' > nengl. 'grober Kerl'
      b. engl. *must* 'müssen' > 'werden' („he must be home by now")

Schließlich sei noch auf den Fall der Metonymie ohne eigentlichen Bedeutungswandel hingewiesen, bei der ein *EIGENNAME* zur Bezeichnung eines *TYPISCHEN PRODUKTES* der Person oder der Region dieses Namens und schließlich oft einer ganzen Gattung von Produkten verwendet wird:

(18) a. Er hat den ganzen *Goethe* gelesen. (= das Werk Goethes)
      b. fr. *Scotch* 'Klebefilm einer bestimmten Marke' > 'Klebefilm' (vgl. dt. *Tesa*)
      c. it. *Chianti* 'Name einer Gegend in der Toskana' > 'Wein aus dieser Gegend'

4.3.3.   Besonderheiten metonymischer Konjunktionen und Adjektive

Dass inferiertes Wissen zur lexikalisierten Bedeutung aufsteigen kann, zeigt sich überein-zelsprachlich besonders schön am Wandel von Konjunktionen, wobei z.B. konzessive, adversative und kausale Konjunktionen typischerweise per Metonymie aus temporalen oder lokalen Konjunktionen entstehen (19a), finale wiederum aus kausalen (19b).

(19) a. fr. *pendant que* 'während (temporal)' > 'während (adversativ)'; it. *poiché* 'dann' >
     'weil'; sp. *aunque* 'während' > 'obwohl'; dt. *weil* 'während' > 'weil'
   b. it. *perché*, sp. *porque* 'weil' > 'damit'

König/Traugott (1988) sprechen hier vom „pragmatic strengthening" einer „konversatio-nellen Implikatur", d.h. einer Annahme, die man aufgrund bestimmter Erfahrungen aus dem Kontext des Gesagten ableiten kann, ohne dass es explizit gesagt wird. Wie ein solcher Wandel verläuft, kann man an den beiden Bedeutungen von dt. *während* nachvollziehen:

(20) a. *Während* du in der Sonne lagst, habe ich Geschirr gespült.
   b. *Während* Kant Ostpreuße war, war Heidegger Südbadener.
   (beide Bsp. aus Keller 1995, 230)

Im ersten Fall haben wir zunächst nur eine Gleichzeitigkeit der Handlungen. Mitverstanden werden soll aber ein Gegensatz, der sich freilich nur als konversationelle Implikatur ergibt. Für die Lexikalisierung der adversativen Bedeutung ist wichtig, dass GLEICHZEITIGKEIT ein *TYPISCHER TEILASPEKT* von ADVERSATIVITÄT ist. Nach erfolgtem Bedeutungswandel kann *während* nun auch Sachverhalte verbinden, bei denen Gleichzeitigkeit keine Rolle spielt, die also rein adversativ zu verstehen sind (20b).

Interessant ist auch der metonymische Bedeutungswandel von Adjektiven. Neben der Metonymie, die sich auf den Bedeutungskern selbst erstreckt (21a), finden wir nicht selten Metonymien, die nur die Selektionsbeschränkung betreffen (21b):

(21) a. it. *faticoso* 'ermüdend' > 'müde'; sp. *curioso* 'neugierig' > 'interessant'; dt.
     ärgerlich 'Ärger empfindend' > 'Ärger verursachend'
   b. fr. *rapide* 'schnell (sich bewegende Person, Fahrzeug)' > 'schnell (Fahrbahn, Kurve
     etc.)'

In den meisten Fällen besteht hier eine *URSACHE – FOLGE*-Relation zwischen den Gruppen von Substantiven, auf die sich das Adjektiv beziehen kann: Wo man sich schnell fortbewe-gen kann, ist auch ein Untergrund vorhanden, der dies ermöglicht (*un virage rapide*).

4.3.4.   Die Auto-Konverse als komplexer Sonderfall der Metonymie

Die Auto-Konverse ist ein im Vergleich zur „normalen" Metonymie relativ seltener Fall von Bedeutungswandel, der im wesentlichen Verben und seltener auch andere Wortarten betrifft. Bei diesem Wandel entsteht eine zur Ausgangsbedeutung *konverse* Bedeutung.

Konversen werden zwar zu den „Gegensatzrelationen" gezählt, beruhen jedoch nicht auf Kontrast, sondern auf *konzeptueller Kontiguität* (vgl. Kap. 2.4.4.); der Gegensatz der beiden Bedeutungen ist ein Sekundäreffekt. Die Auto-Konverse hat ihre psychologische Grundlage in einer reziproken Aufeinanderbezogenheit von Teilaspekten innerhalb eines Frames. Bei verbalen Frames handelt es sich dabei um die meist als Aktanten realisierten Partizipanten der Verbalhandlung. Man kann daher auch von einer „inneren Metonymie" sprechen.

Der auto-konverse Bedeutungswandel lässt sich als ein für Konversen typischer Perspektivwechsel beschreiben: Das bisherige Grundkonzept wird zur Figur, das bisherige Figurkonzept tritt in den Hintergrund (Koch 2000). Wir erläutern dies am Wandel von fr. *louer* 'vermieten' > 'mieten': In der älteren Bedeutung füllt der VERMIETER die sprachlich und kognitiv wichtigere Subjektsrolle:

(22) a. fr. La société immobilière$_{SUBJ}$ a *loué* cet appartement$_{DIR\ OBJ}$ à un étudiant$_{IND\ OBJ}$.
'Die Immobiliengesellschaft hat diese Wohnung an einen Studenten vermietet.'
(Bsp. aus Koch 2000)

VERMIETER und MIETER bilden ein typisches Konversen-Paar, wie wir es in Kap. 2.4.4. definiert haben. In Folge des auto-konversen Bedeutungswandels rückt nun der MIETER in die Subjektsrolle:

(22) b. fr. L'étudiant$_{SUBJ}$ a *loué* cet appartement$_{DIR\ OBJ}$ à une société immobilière$_{IND\ OBJ}$.
'Der Student hat diese Wohnung von der Immobiliengesellschaft gemietet.'
(Bsp. aus Koch 2000)

Der Wechsel der Perspektive hat also einen Tausch der Aktantenrollen zufolge, aus dem der wesentliche Teil des Bedeutungswandels besteht. Den Innovationsprozess und die folgende Lexikalisierung können wir wie in Fig. 4 darstellen.

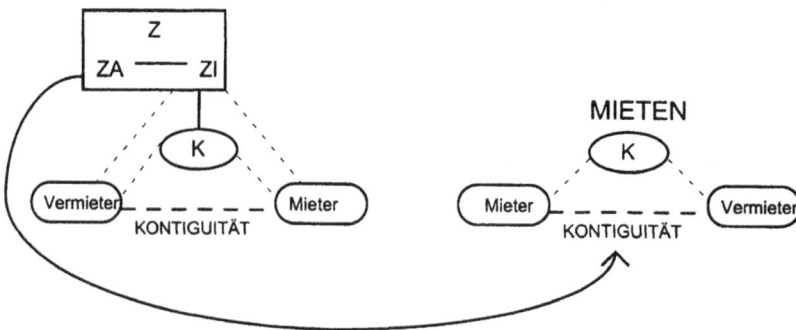

a) Assoziation/Innovation

b) Lexikalisierung

fr. *louer*

'vermieten'　　　　　'mieten'

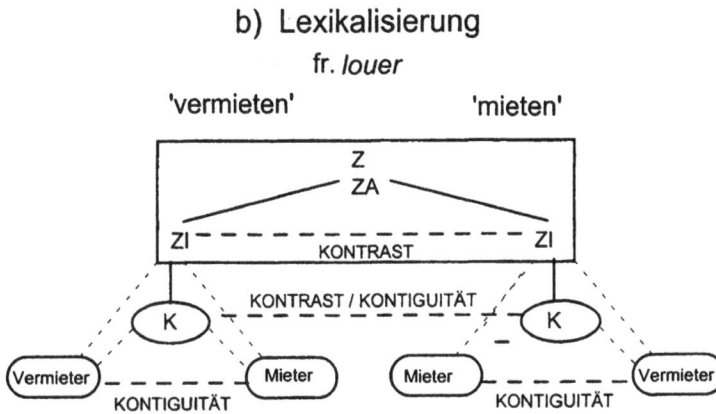

Fig. 4: Innovation und Lexikalisierung beim autokonversen Bedeutungswandel:

Wie kommt es zu einem solchen Wandel? Auffallend ist, dass man das Verb *louer* häufig in Konstruktionen des Typs „appartement à louer" ('Wohnung zu vermieten') findet. Da nun beide Partizipanten, VERMIETER wie MIETER, gleichermaßen die für die Subjektsposition typische Agensrolle auszufüllen in der Lage sind, können die Sprecher die Äußerung *appartement à louer* 'Wohnung zu vermieten' als 'Wohnung zu mieten' *reanalysieren* und damit den Bedeutungswandel auslösen (vgl. Waltereit 1998, 77ff.; 1999; Koch 2000). Aufgrund ihrer semantischen Struktur findet man bei den Verben des Verfügungswechsels typischerweise auto-konversen Bedeutungswandel in beide Richtungen:

(23) a. fr. *louer*, it. *affittare*, pt. *alugar* 'vermieten' > 'mieten', dt. *leihen* 'verleihen' > 'entleihen'

　　b. it. *noleggiare*, sp. *alquilar* 'mieten' > 'vermieten'

Eine zweite Gruppe von Verben, die auto-konversem Bedeutungswandel unterliegen sind Gefühlsverben. Hier ist es nun gerade umgekehrt: Weder der Partizipant, der die Empfindung hat, der sogenannte EXPERIENCER, noch das die Empfindung auslösende CAUSATIVE, sind von ihrer Semantik her ganz typische Aktanten für die Subjektsrolle, jedoch wird häufig das CAUSATIVE als „aktiver" empfunden und daher mittels Auto-Konverse in die hierfür prototypischere Subjektsposition gebracht. Daher ist bei diesen Verben der Wandel typischerweise unidirektional:

(24) a. spätlat. *inodiare* 'jdn. hassen' > 'jdn. ärgern (= Hass verursachen)' (> fr. *ennuyer*, it. *annoiare*, sp. *enojar*)

　　b. sp. *aborrecer (algo/alguien)* 'etw., jdn. verabscheuen' > 'Abscheu in jdm. hervorrufen', 'jdn. ärgern'

　　c. sp. *gustar (de algo/alguien)* 'etw., jdn. mögen' > *(a alguien le) gustar* 'jdm. gefallen'

Die Auto-Konverse beschränkt sich im wesentlichen auf Verben, jedoch findet man bisweilen den für sie typischen Perspektivwechsel auch bei Substantiven und Adjektiven:

(25) a. lt. *hospes* 'Gastgeber' > 'Gast' (fr. *hôte*, it. *ospite*, kat. *hoste*, okz. *oste*)
    b. lt. *altus* 'hoch' > 'tief'

4.4.   Weitere Verfahren des Bedeutungswandels

4.4.1.   Kohyponymische Übertragung

Die kohyponymische Übertragung ist ein Verfahren des Bedeutungswandels, das zwischen zwei Unterbegriffen eines gemeinsamen Oberbegriffs abläuft, also zwischen zwei Kohyponymen (vgl. Kap. 2.4.2.). Psychologische Grundlage dieses Verfahrens ist die *kotaxonomische Similarität* (vgl. Kap. 3.2.3.):

(26) a. sp. *tigre* 'Tiger' > am.sp. (teilw.) 'Jaguar'
    b. fr. *chevreuil* 'Reh(bock)' > kanad.fr. 'Hirsch'
    c. spätlt. *talpum* 'Maulwurf' > it. *topo* 'Maus'
    d. lt. *sorex* 'Spitzmaus' > it. *sorcio*, fr. *souris* 'Maus'

Die kohyponymische Übertragung ist als ad-hoc-Bildung sicher sehr häufig (wenn man z.B. *Bleistift* sagt und *Kugelschreiber* meint), als lexikalisiertes Phänomen kommt sie fast nur bei Tieren und Pflanzen vor und hängt häufig damit zusammen, dass Menschen aus einer Lebenswelt in eine andere kommen, also gewissermaßen den Frame wechseln. In der „neuen Welt" übertragen die Sprecher dann ihre gewohnten Bezeichnungen auf ähnlich aussehende Tiere und Pflanzen. Der Hintergrund ist natürlich Sprachökonomie. Ebenfalls auf Sprachökonomie zurückzugehen scheinen die kohyponymischen Übertragungen bei den Bezeichnungen der MAUS in der Romania, da eine genaue Unterscheidung von Maus, Ratte, Maulwurf etc. im Alltag nicht nötig erschien (vgl. detailliert Blank1998d).

Ein besonders schönes Beispiel, wie eine kohyponymische Übertragung die nächste nach sich ziehen kann, liefert die auf dem französischen Wortschatz basierende Kreolsprache der Insel Réunion: Hier wurde von den französischen Kolonisatoren zunächst der sehr häufige Gecko mit dem französischen Wort für 'Eidechse', *lézard* (kreol. *lézar*), belegt. Allerdings existiert auf Réunion auch eine seltener vorkommende Eidechsenart, die, da *lézar* nun bereits vergeben war, *camaléon* 'Chamäleon' (kreol. *kamaléõ*) genannt wurde. Zur Benennung des ebenfalls auf Réunion vorkommenden Chamäleons schließlich musste dann u.a. fr. *crocodile* (kreol. *krokodil*) herhalten (vgl. Chaudenson 1974, 799f.).

4.4.2.   Generalisierung (Bedeutungserweiterung) und
            Spezialisierung (Bedeutungsverengung)

Diese beiden Verfahren des Bedeutungswandels haben wir bereits im Zusammenhang mit der Diskussion der Synekdoche (Kap. 4.3.2.) kennengelernt, und zwar unter dem Namen

„Genus-Species-Relation". In der älteren Literatur werden für diese beiden Verfahren meist die Termini „Bedeutungserweiterung" und „-verengung" verwendet, jedoch sind diese Bezeichnungen in vielfacher Hinsicht misslich und werden unpräzise verwendet (vgl. Blank 1997, 192-197). Wir werden sie im folgenden daher vermeiden und stattdessen von *Generalisierung* und *Spezialisierung* sprechen.

Der Prozess der Generalisierung liegt bei folgenden Beispielen vor:

(27) a. vlt. **adripare* 'am Ufer ankommen' > fr. *arriver*, it. *arrivare* 'ankommen'
   b. lt. *avunculus* 'Onkel mütterlicherseits' > fr. *oncle* 'Onkel'
   c. it. *noleggiare* 'ein Schiff mieten' > 'mieten'
   d. lt. *passer* 'Spatz' > sp. *pájaro* 'kleiner Vogel'
   e. lt. *tenere* 'halten' > sp. *tener* 'haben'

Spezialisierung finden wir hingegen in folgenden Fällen:

(28) a. lt. *homo* 'Mensch' > fr. *homme*, it. *uomo*, sp. *hombre* 'Mann'
   b. lt. *frumentum* 'Getreide' > fr. *froment* 'Weizen'
   c. lt. *colligere* 'sammeln' > fr. *cueillir*, it. *cogliere* '(Blumen, Früchte) sammeln'

Im den Beispielen (27) ist die Zielbedeutung jeweils „weiter", „genereller" (KLEINER VOGEL ist weniger „speziell" als SPATZ, der eine Vogel*art* ist), in (28) ist die Zielbedeutung hingegen „enger", „spezieller" als die Ausgangsbedeutung (WEIZEN ist eine spezielle GETREIDEART).

Die semantische Beschreibung dieser beiden Prozesse ist jedoch nicht ganz unproblematisch: Wenn man nur die ältere und die neuere Bedeutung vergleicht, dann stellt man in beiden Fällen eine taxonomische Inklusionsrelation fest: Bei der Generalisierung ist die Zielbedeutung *Hyperonym* der Ausgangsbedeutung; bei der Spezialisierung verhält es sich genau umgekehrt. Similarität besteht in dieser synchronischen Perspektive nur insofern, als die beiden *signifiés* weitgehend übereinstimmen: Die jeweils inkludierte Bedeutung enthält mindestens ein Sem mehr (fr. *homme*, it. *uomo*, sp. *hombre* 'Mann' haben gegenüber lt. *homo* 'Mensch' das zusätzliche Merkmal [männlich], lt. *tenere* hat gegenüber sp. *tener* das zusätzliche Merkmal [in der Hand]).

In der diachronischen Perspektive muss man auch die Hintergründe der jeweiligen Prozesse beachten: Bei Fällen von Generalisierung stellt man häufig fest, dass das ursprünglich mit dem Prototyp einer Kategorie verbundene Sprachzeichen auf die gesamte Kategorie übertragen wurde: So ist der Spatz sicher der Prototyp aller kleinen Vögel (27d); im Mittelalter war die Schiffsreise die typische, weil sicherste und schnellste Art zu reisen (27a, c); die offenkundigste und ursprünglichste Form, etwas zu besitzen, ist, es in der Hand zu halten (27e). Der dominante Prototyp wirkt hier als „Expansionszentrum" (Sperber 1965), von dem aus das Sprachzeichen nach und nach auf alle weiteren Mitglieder der Kategorie übertragen wird. Der diachronische Prozess der Generalisierung beruht also auf der *Similarität* der Mitglieder einer Kategorie untereinander und insbesondere in Bezug auf den Prototypen dieser Kategorie. Als Ergebnis dieses Prozesses kommen wir jedoch zu einem

Oberbegriff, sodass wir den Prozess selbst als *taxonomische Überordnung* (vgl. Kap. 3.2.3.) beschreiben können.

Genau der entgegengesetzte Prozess läuft bei der Spezialisierung ab: Hier wird das mit einer übergeordneten Kategorie verbundene Zeichen beständig nur zur Bezeichnung des Prototypen dieser Kategorie verwendet, bis sich schließlich neben der ursprünglichen Bedeutung eine speziellere lexikalisiert, welche die ursprüngliche dann oft verdrängt. Der Prototyp ist hier, ebenfalls im Sinne Sperbers, das kognitive „Attraktionszentrum": Weizen ist in Frankreich (und nicht nur dort) das typische Brotgetreide; in patriarchalischen Gesellschaften gilt der Mann als „Mensch schlechthin", ja, oft sind in solchen Gesellschaften, wenn von „Menschen" die Rede ist, nur Männer anwesend oder nur Männer gemeint. Diachronisch spielt hier wieder die Similarität der beteiligten Konzepte eine Rolle, synchronisch bleibt die taxonomische Relation. Den Prozess selbst können wir als *taxonomische Unterordnung* beschreiben.

Bei den Beispielen in (27) und (28) genügte ein gewisser allgemeiner Wissenskontext zum Verständnis der Prototypenstruktur. In anderen Fällen kann man den Bedeutungswandel nur verstehen, wenn man ihn vor dem Hintergrund eines spezifischen Frames stellt. Bei der Generalisierung in (29a) handelt es sich z.B. um die Entwicklung innerhalb eines Frames „KOCHREZEPTE", wo die Leber mit Feigen gemästeter Tiere offenbar eine Art lukullischer Prototyp war; die Spezialisierung in (29b) setzt einen Frame „GEFLÜGELZUCHT" voraus, zu dem typischerweise Gänse gehörten:[4]

(29) a. spätlt. *ficatum* 'Leber mit Feigen gemästeter Tiere' > 'Leber' (> fr. *foie*, it. *fegato*, sp. *hígado*)

 b. spätlt. *auca* 'Vogel' > fr. *oie*, it. *oca* 'Gans'

Warum der Wandel in einem Fall zum Prototypen hin, im anderen Fall vom Prototypen weg geht, mag sich zum einem mit den Ausdrucksbedürfnissen der Sprecher erklären, die eben einen bestimmten Sachverhalt zu versprachlichen hatten; viel wichtiger aber ist, dass offenbar alle Generalisierungen vom *subordinate level* zum *basic level* und alle Spezialisierungen vom *superordinate level* zum *basic level* gehen (vgl. Kap. 3.3.4.). Im Falle von lt. *passer* 'Spatz' > *pájaro* 'kleiner Vogel' wird im Spanischen sogar eine neue Basisebene geschaffen, die durch die parallele Spezialisierung von lt. *avis* 'Vogel' > sp. *ave* 'großer Vogel' komplettiert wird. Es zeigt sich hier, wie die kognitive Dominanz konzeptueller Prototypen und der Basisebene sich im Bedeutungswandel niederschlagen. Die Relevanz der beiden kognitivistischen Modelle (wie übrigens auch der Frame-Theorie) wird dadurch diachronisch untermauert!

---

[4] Es soll nicht verschwiegen werden, dass es in der romanischen Wortgeschichte auch einige Fälle von Generalisierung und Spezialisierung gibt, die nicht dem Prototypenmodell zu entsprechen scheinen, wie z.B. lt. *collocare* 'platzieren' > fr. *coucher*, it. *coricare* 'hinlegen', aber sp. *colgar* '(auf)hängen'. Vermutlich kennen wir hier die Hintergründe des Bedeutungswandels nicht ausreichend.

4.4.3. Lexikalische Absorption (elliptischer Bedeutungswandel)

Eine der Möglichkeiten der lexikalischen Neologie sind Komposita und lexikalisierte Syntagmen wie z.B. fr. *gabelle de sel* 'Salzsteuer', it. *computer portatile* 'Notebook-Computer', sp. *vino oloroso* 'süßer Sherry' oder dt. *Weizenbier*. Je häufiger eine solche komplexe Lexie nun verwendet wird, desto störender wird die lexikalische Komplexität, und zwar vor allem dann, wenn der Frame eindeutig gesetzt ist: Wenn man sich z.B. in einer andalusischen Sherry-Bar befindet, ist das Wort *vino* bzw. *jerez* bereits redundant, weil es aus dem Kontext erwartbar ist, dass man Sherry bestellt. In dieser Situation reduzieren die Sprecher den Wortkörper und bestellen nur „un oloroso"; ähnlich verhält es sich mit dt. *(das) Weizen*, it. *portatile* und fr. *gabelle*. Der kognitive Hintergrund dieses Wandels ist also die häufige Verwendung der komplexen Lexie in einem bestimmten Frame oder Redekontext, wobei bestimmte durch die komplexe Lexie transportierte semantische Informationen durch den Kontext selbst schon mitgebracht werden (Blank 1997, 283f.): lexikalische Redundanz wird abgebaut. Nach ihrer Lexikalisierung kann die neue einfache lexikalische Einheit auch auf weniger eindeutige Kontexte ausgedehnt werden.

Auf den ersten Blick erscheint diese *Ellipse* als rein formales Kürzungsverfahren, bei dem die komplexe Lexie *vino oloroso* zu *oloroso* oder *gabelle de sel* zu *gabelle* reduziert werden. Problematisch an dieser Sicht ist aber zum einen, dass das Ergebnis einer formalen Kürzung immer zu Homonymie führen würde, also zur Bildung eines zweiten formal identischen Zeichens ohne semantischen Bezug zum ersten (vgl. Kap. 5.3.). Im Falle von *oloroso* könnte man sich dies notfalls vorstellen, kaum jedoch im Falle von *gabelle*, das dann als *gabelle*$_1$ 'Steuer' und als *gabelle*$_2$ 'Salzsteuer' bedeutete. In der Tat besteht in beiden Fällen ein semantischer Zusammenhang: Im ersten Fall handelt es sich um eine *TEILASPEKTS*-Relation zwischen SHERRY und WOHLRIECHEND (eine solche *TEILASPEKTS*-Relation besteht ebenso bei *Weizen* und *portatile*), im zweiten um eine taxonomische Beziehung (die SALZSTEUER ist ein spezielle STEUER).

Damit ist allerdings nur die synchronische Seite dieser Phänomene beschrieben, zur Erfassung des elliptischen Bedeutungswandels bedarf es einer komplexeren Interpretation: Zunächst kann man festhalten, dass die Teile der komplexen Lexie *gabelle de sel* durch eine syntagmatische Kontiguität verbunden sind und ebenso die einfache Lexie *gabelle* mit der Fügung *gabelle de sel* eine solche Relation unterhält, die man auch als lexikalische Teil-Ganzes-Relation verstehen kann (*gabelle* ist als Wort Teil von *gabelle de sel*). Diese Form der Kontiguität zwischen einer einfachen und einer komplexen Lexie, deren Teil die einfache ist, bildet die assoziative Basis des elliptischen Bedeutungswandels. Die semantische Innovation besteht nun darin, dass der Zeichenausdruck der einfachen Lexie (also z.B. *gabelle*) auf die entsprechende komplexe Lexie (also hier *gabelle de sel*) übertragen wird. Als Ergebnis der Lexikalisierung wird *gabelle* polysem und bedeutet dann 'Steuer' und 'Salzsteuer':

a) Assoziation/Innovation

fr. *gabelle de sel*   fr. *gabelle*
'Salzsteuer'   'Steuer'

```
┌──────────────┐ KONTI-  ┌──────────────┐
│      Z       │ GUITÄT  │      Z       │
│ ZI ──── ZA   │         │ ZA ──── ZI   │
└──────────────┘         └──────────────┘
      ( K )                    ( K )
```

b) Lexikalisierung

fr. *gabelle*
'Steuer'   'Salzsteuer'

```
┌──────────────┐
│      Z       │
│    / ZA \    │
│  ZI      ZI  │
└──────────────┘
  ( K )    ( K )
   KONTI-
   GUITÄT
```

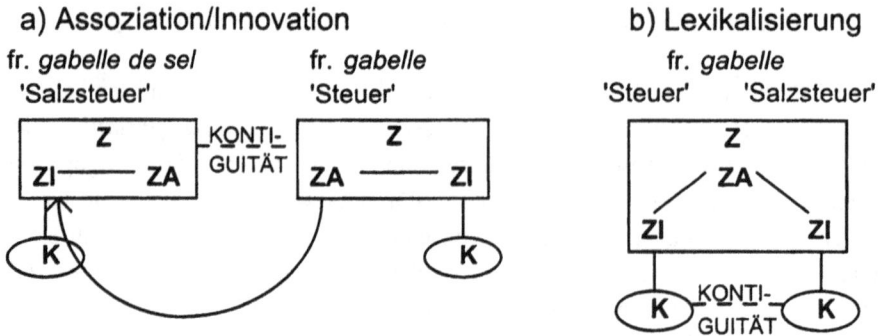

Fig. 5: Lexikalische Absorption

Die wirkende Assoziation ist hier also die Kontiguität zwischen der komplexen Lexie *gabelle de sel* und dem an der Fügung beteiligten Lexem *gabelle*. Dieses Lexem *absorbiert* nun gewissermaßen die Bedeutung der komplexen Lexie und erhält dadurch selbst eine weitere Bedeutung. Der Bedeutungswandel betrifft also nicht die komplexen Lexie, sondern die einfache. Insofern kennzeichnet der Terminus „Ellipse" diesen Typ des Bedeutungswandels nicht zutreffend: Wir sprechen stattdessen von „lexikalischer Absorption".

Das absorbierende Lexem kann in der Fügung die Rolle des Kopfs bzw. Determinatums innehaben (*gabelle*) oder – häufiger – die Rolle des Determinans, des näher bestimmenden Elements (*oloroso, portatile, Weizen*). In den Fällen der Absorption der Fügungsbedeutung durch das Determinans wird der Bedeutungswandel häufig von Wortartwechsel (*un oloroso, un portatile*) oder von Genuswechsel (*das Weizen*) begleitet, weil beim Prozess der Absorption auch die gesamte lexikalische Charakteristik der komplexen Lexie mit übernommen wird. Die lexikalische Absorption dieses Typs erweist sich somit als ein komplexer Fall von Sprachwandel, bei dem der Bedeutungswandel mit anderen Typen des lexikalischen Wandels Hand in Hand geht.

Eine gewisse Sonderrolle spielen Absorptionen beim Verb, wo bestimmte habituelle Aktanten oder Zirkumstanten in den Verbkern, wie Koch (1991, 286-289) es nennt, „inkorporiert" werden. Im Gegensatz zu den Absorptionen auf nominaler Basis kann man hier nicht von der Existenz einer festen lexikalisierten komplexen Lexie sprechen. Jedoch scheint ein gewisser Grad an Habitualisierung einer bestimmten, mitunter nur aus dem Kontext mitzuverstehenden Verbergänzung für den Bedeutungswandel auszureichen:

(30) a. lt. *ponere* 'etw., jdn. legen' > fr. *pondre* 'Eier legen'
    b. fr. *collaborer* 'mit jdm. zusammenarbeiten' > '(während der Besatzung 1940-44)
       mit den Deutschen kollaborieren'

Lexikalische Absorptionen sind ein recht häufiger Typ des Bedeutungswandels und werden nur von Metonymie und Metapher überflügelt; ihre Frequenz verdanken sie vor allem ihrem Beitrag zur Ökonomie des Wortschatzes.

4.4.4.   Volksetymologie und volksetymologischer Bedeutungswandel

Das Wort „Volksetymologie" legt nahe, dass es sich dabei um die falsche Herleitung eines Wortes durch Menschen handelt, die aufgrund mangelnder Bildung und Ausbildung nicht in der Lage sind, die wahre Herkunft eines Wortes (gr. *etymos* 'wahr' + *logos* 'Wort') zu erkennen. Der Unterschied zwischen Volksetymologie und „wirklicher" Etymologie als wissenschaftlicher Disziplin ist jedoch von fundamentaler Natur: Während die Arbeit des Etymologen die Kenntnis um die Entwicklung der Sprache und der dahinterstehenden kognitiven Prozesse fördern kann – mehr aber auch nicht –, können volksetymologische Umdeutungen, wenn sie von der Sprachgemeinschaft übernommen werden, die Sprache selbst verändern. Es mag zunächst paradox klingen (und Sprachhistoriker schmerzen), aber Volksetymologie ist für Sprecher und Sprache wichtiger als die rein metasprachliche wissenschaftliche Etymologie.

Die Volksetymologie als Prozess ist ein Reanalyse-Phänomen:[5] Ein Wort wird aufgrund einer *formalen lautlichen Similarität* auf dieses ähnliche Wort bezogen oder als eine Fügung von lautlich ähnlichen Wörtern interpretiert. In allen Fällen widerspricht diese Reanalyse der eigentlichen Etymologie des betreffenden Wortes:

(31) a. frühnfr. *cussin* 'Stechmücke' > *cousin* (Einfluss von *cousin* 'Vetter')
b. lt. *capitolium* 'Kapitol' > it. *campidoglio* (Einfluss von *campo* 'Feld' und *olio* 'Öl'
c. ahd. *hevianna* 'alte Frau, die das Neugeborene aufnimmt' > nhd. *Hebamme*
(Einfluss von *Amme*)
d. prov. *balar* > asp. *balar* 'tanzen' > *bailar* (Einfluss von *bailar* 'schwanken')

Während für Beispiel (31a) außer der formalen Similarität keinerlei Motivation zu finden ist, kann man bei den Beispielen (31b) und (31c) zunächst festhalten, dass offenbar undurchsichtig gewordene Wortbildungen auf diese Weise wieder als Komposition von zwei im aktuellen Lexikon vorhandenen Wörtern reinterpretiert werden, auch wenn dies, wie im Fall von (31b), semantisch offenkundiger Unsinn ist. Bei (31c) allerdings können wir bereits eine gewisse semantische Motivierung des uminterpretierten Wortes erkennen: Amme und Hebamme stehen in der Tat in einer *konzeptuellen Kontiguitätsrelation*, sie gehören demselben Frame an. Etwas anders liegt der Fall noch in (31d): Auch hier kann man eine konzeptuelle Kontiguität erkennen (Tanzen ist oft mit schwankenden Bewegungen verbunden); als Ergebnis des volksetymologischen Prozesses erhalten wir jedoch hier ein Verb *bailar*, das polysem geworden ist und die Bedeutungen 'tanzen' und 'schwanken' hat (vgl. Blank 1997, 313).

Die Beispiele (31) zeigen also volksetymologische Reanalysen, jedoch keinen Bedeutungswandel im strengen Sinne, auch wenn das Ergebnis bei (31d) einem Bedeutungswandel entspricht. Die konzeptuelle Kontiguität (seltener auch eine Similaritätsrelation) kann aber im Kontext mit der formalen Similarität auch einen echten Bedeutungswandel bei dem volksetymologisch reanalysierten Wort auslösen:

---

[5]   Zum Phänomen der *Reanalyse* generell vgl. Waltereit 1999, Detges/Waltereit, im Druck.

(32) a. fr. *forain* 'auswärtig' > 'zum Markt gehörig' (Einfluss von *foire* 'Markt',
          'Messe')

     b. lt. *minium* 'Zinnober' → it. *miniatura* 'zinnoberfarbener Zierbuchstabe' > 'kleine
          Malerei' (Einfluss von *minimo* 'sehr klein')

     c. kroat. *zdravica* 'Trinkspruch' > it. *stravizio* 'Ausschweifung' (Einfluss von *stra*
          'über' und *vizio* 'Laster')

     d. mhd. *vrîthof* 'eingefriedeter Raum um die Kirche, der als Begräbnisstätte dient' >
          nhd. *Friedhof* 'Begräbnisstätte' (Einfluss von *vride* 'Friede')

In allen diesen Fällen besteht neben der lautlichen Similarität eine Weltwissensbeziehung:
Markthändler kommen von auswärts, Zierbuchstaben in alten Handschriften oder Drucken
sind kleine Malereien, Trinksprüche führen oft zu Ausschweifungen und auf dem einge-
friedeten Kirchhof sollen die Toten ihren Frieden finden.

In vielen Fällen kann man auch beobachten, dass das umgedeutete Wort durch den
volksetymologischen Prozess besser ins Lexikon integriert wird: Es handelt sich nämlich
oft um Wörter, die keiner oder einer sehr kleinen Wortfamilie angehören oder von ihrer
Wortfamilie durch Lautwandel getrennt wurden (z.B. gehört fr. *forain* etymologisch zu
hors), um Entlehnungen (kroat. *zdravica*, prov. *balar*) oder um nicht-alltagssprachliche
Wörter (*capitolium*, *minium*). Bei der Volksetymologie handelt es sich also um ein Verfahren, mit dem schlecht ins Lexikon integrierte, „verwaiste" Wörter durch lautliche Angleichung an eine andere Wortfamilie von dieser Wortfamilie „adoptiert" werden (vgl. Blank
1993a; 1997, 303-308). Die Sprecher reduzieren dadurch die Formenvielfalt im Lexikon
und die Zahl unmotivierter Wörter und gestalten ihren Wortschatz ökonomischer. In einigen Fällen kann es dabei auch zu semantischen Veränderungen kommen. Dieser volksetymologische Bedeutungswandel setzt immer *formale Similarität* sowie eine semantische
Relation (meist *konzeptuelle Kontiguität*) voraus.

4.4.5.   Kontrastbasierter Bedeutungswandel: Antiphrasis und Auto-Antonymie

Bedeutungswandel auf der Basis der beiden in Kap. 3.2.3. definierten Kontrastrelationen
(*kotaxonomischer* bzw. *antiphrastischer Kontrast*) ist so selten, dass die meisten Semantiker ihn schlicht übergehen. Auch hier ist es wieder so, dass im aktuellen Diskurs kontrastive ad-hoc-Bildungen sehr häufig vorkommen, und zwar meist zum Ausdruck von *Ironie*
(„Das ist ja eine schöne Bescherung!") oder als *Euphemismus* (man denke an George Or-
wells stasihaftes „Ministerium der Liebe").

Bei den kontrastbasierten Innovationen wie bei den wenigen daraus folgenden Lexikali-
sierungen kommen beide Kontrastrelationen vor, wobei *antiphrastischer Bedeutungswandel* etwas häufiger ist. Bei diesem Typ beruht der Bedeutungswandel auf einem salienten
Gegensatz im Weltwissen oder bei den Konnotationen:

(33) a. afr. *oste* 'Gast' > 'Geisel'

    b. fr. *bel(l)ette*, ait. *bellola* 'Schönchen', nit. *donnola* 'Frauchen', sp. *comadreja* 'Gevatterin' > 'Wiesel'

    c. sard. *siñaladu* 'berühmt' > 'berüchtigt'

Jemand der berüchtigt ist, hat natürlich auch einen gewissen Berühmtheitsgrad; den Kontrast sehe ich hier zwischen der positiven bzw. der negativen Konnotation der Bedeutungen. Ebenso ist eine Geisel natürlich eine Art „Gast", aber nicht ganz freiwillig, und das als Hühnerdieb gefürchtete Wiesel wird man gerade nicht als „schön" oder „verwandt" empfunden haben. Alle Beispiele haben ihr Motiv wohl in der Suche nach einem Euphemismus.

Beim selteneren zweiten Typ von kontrastbasiertem Bedeutungswandel steht die neue Bedeutung in direkter Antonymie zur alten; wir können also, analog zur *Auto-Konverse*, von *Auto-Antonymie* sprechen:

(34) a. lt. *sacer* 'heilig, geheiligt' > 'verflucht' (fr. *sacré*)

    b. sard. *masetu* 'sanft' > 'aufbrausend'

    c. engl. *bad* 'schlecht' > engl. (slang) 'gut, hervorragend'

Es ist nicht immer ganz leicht, Antiphrasis und Auto-Antonymie von Fällen zu trennen, bei denen auf anderem Wege im Laufe der Sprachgeschichte eine gegensätzliche Bedeutung entstanden ist, wie z.B. bei spätlt. *feria*, das ursprünglich nur 'Feiertag' bedeutete, dann aber in den spätlt. Fügungen *secuna feria* 'Montag', *tertia feria* 'Dienstag' etc. die dem Sonntag folgenden Wochentage bezeichnete (so noch erhalten in pt. *segunda-feira, terça-feira* etc.). Durch lexikalische Absorption der Zahlwörter entstand aus diesen Fügungen *feria* in der Bedeutung 'Wochentag, 'Werktag'. Im Italienischen hat sich *feria* in dieser neuen Bedeutung erhalten, allerdings nur im Singular, denn der Plural *le ferie* setzt die ältere lateinische Bedeutung fort und bedeutet 'Ferien': Das Wort hat also eine durch den Numerus beschränkte auto-antonymische Polysemie.

4.4.6. Analogischer Bedeutungswandel und das Analogieprinzip beim Bedeutungswandel

Bei der Volksetymologie haben wir bereits gesehen, dass die Assoziationsrelationen in Kombination auftreten können. Der Typ von Bedeutungswandel, der wesentlich diese Kombinationsfähigkeit ausnützt, ist der *analogische Bedeutungswandel*, der auch „dérivation synonymique" oder „semantische Angleichung" (Klein 1997, 35-39) genannt wird. Es handelt sich dabei um die Kopie der Polysemie eines Lexems bei einem anderen, wobei die ältere Bedeutung des „kopierenden" Lexems in irgendeiner der in Kap. 2.4. beschriebenen lexikalischen Relationen zum „kopierten" Lexem steht. Diese Entwicklung findet sich v.a. im Substandard (vgl. dt. *Kohle* → *Kies* → *Schotter*), kann aber auch standardsprachlich werden, wie bei folgendem neueren italienischen Beispiel (Fig. 6):

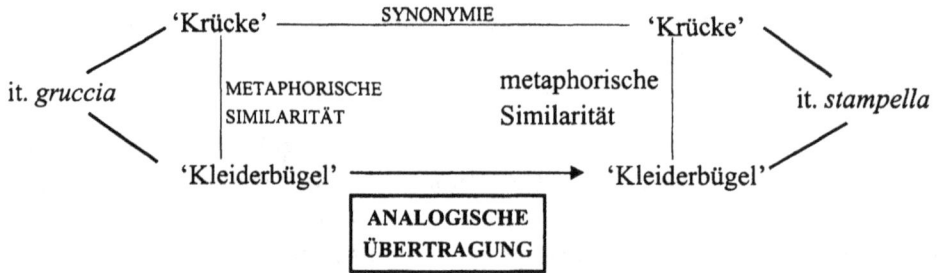

Fig. 6: Analogischer Bedeutungswandel

Hier wurde die Polysemie von *gruccia* bei *stampella* kopiert, das bis vor einigen Jahren nur 'Krücke' bedeutete (von *stampare* 'aufstampfen'). Die beiden Substantive bilden jetzt also ein doppeltes Synonymenpaar.

Das Analogieprinzip steht letztlich hinter allen produktiven Konzeptmetaphern und -metonymien, nämlich dann, wenn die Sprecher ein konventionelles Schema auf andere Lexien übertragen. Die Analogie spielt damit eine zentrale Rolle für die Innovation im Diskurs (vgl. auch Kap. 5.4.).

4.4.7.   Intensivierung (Bedeutungsverstärkung) und Deintensivierung (Bedeutungsabschwächung)

Viele der Bedeutungswandel, die wir im Verlauf dieses Kapitels kennengelernt haben, waren zuerst expressiv oder euphemistisch markiert, d.h. sie fungierten zunächst als markiertes Synonym zu einem Normalwort, welches sie dann häufig im Laufe der Zeit verdrängten. Wenn fr. *tuer* in seiner letzten Entwicklungsstufe (vgl. Kap. 4.1.3.) metaphorisch von 'löschen' auf 'töten' übertragen wird, so ist die Bedeutung 'töten' zunächst nur als euphemistische Variante zum afr. Normalwort *occire* denkbar. Ebenso ist der metaphorische Wandel von spätlt. *trepalium* 'Folter' zu afr. *travail* 'Arbeit' zunächst eine Form des drastisch-expressiven Sprechens: Arbeit wird übertreibend als Folter dargestellt.

Expressive und euphemistische Bezeichnungen unterliegen jedoch durch häufigen Gebrauch einer gewissen Abnutzung, sodass sie im Laufe der Zeit zum einfachen Normalwort für den jeweiligen Sachverhalt werden. Wenn eine euphemistische Markierung verloren geht, können wir von *Intensivierung* oder *Bedeutungsverstärkung* sprechen, da der abschwächende, verhüllende Charakter wegfällt; wenn ein expressiv oder drastisch markiertes Wort zum Normalwort wird, so handelt es sich bei diesem Prozess um eine *Deintensivierung* oder *Bedeutungsabschwächung*. Weitere Beispiele:

(35) a. fr. *décéder* 'weggehen' > [Metapher] 'sterben (euphemistisch)' > [Intensivierung] 'sterben'

b. lt. *infirmus* 'schwach' > [Metonymie] 'krank (euphemistisch)' > [Intensivierung]
   afr. *enferm*, sp. *enfermo* 'krank', it. *infermo* 'sehr krank'

c. it. *casino* 'Häuschen' > [Spezialisierung] 'Bordell (euphemistisch)' >
   [Intensivierung] 'Bordell'

(36) a. afr. *gesne* 'Qual' > [Metapher] 'Unbehagen (expressiv)' > [Deintensivierung]
     'Unbehagen'

b. vlt. *caballus* 'Ackergaul' > [Generalisierung] 'Pferd (expressiv)' >
   [Deintensivierung] 'Pferd'

c. lt. *perna* 'Hinterkeule' > [Metapher] sp. *pierna* 'Bein (expressiv)' >
   [Deintensivierung] 'Bein'

Intensivierung und Deintensivierung sind *Sekundärprozesse des Bedeutungswandels*, insofern ihnen in den meisten Fällen ein anderer (metaphorischer, metonymischer etc.) Bedeutungswandel vorausgeht, bei dem eine abtönend-euphemistisch oder eine drastisch-
expressiv markierte Bedeutung entstanden ist.[6]

4.5. Motive für die semantische Innovation

In den zurückliegenden Abschnitten haben wir oft bereits überlegt, warum die Sprecher zu
einem bestimmten Verfahren des Bedeutungswandels greifen. Grundsätzlich gilt, dass jede
individuelle Innovation ihre individuelle Ursache hat, die sich aus den Absichten des innovierenden Sprechers, der Redesituation sowie den spezifischen Bedingungen des Wortschatzes einer Sprache zusammensetzt. Allerdings kann man diese individuellen Motive zu
Gruppen gleichartiger Motive bündeln, die oft mit bestimmten Verfahren des Bedeutungswandels korrelieren. Allen semantischen Innovationen (und allen sprachlichen Innovationen generell) gemein ist der Wunsch der Sprecher nach erfolgreicher Kommunikation zu
möglichst geringen Kosten (vgl. bereits Coseriu 1958, 116; jetzt Keller 1994).

Von diesem allgemeinen Motiv für Innovationen und den Typen von Motiven für semantische Innovationen muss man noch eine dritte Ebene von Motiven unterscheiden,
nämlich die Motive der Sprecher, die eine Innovation übernehmen und so zu ihrer Lexikalisierung beitragen: Hier kann zum einen das Prestige des innovierenden Sprechers oder
seiner Gruppe eine Rolle spielen, insofern sprachliche Nachahmer sich Anteil an dessen
Sozialprestige versprechen; zum anderen kann eine Innovation auch per se überzeugen,
indem sie von vielen Sprechern als kognitiv besonders prägnant, pragmatisch besonders
relevant oder als besonders ökonomisch eingeschätzt wird. Generell zeigt sich: Motive für
semantische Innovation fallen in den Bereich der Pragmatik: es geht um kommunikativen
Erfolg, um sprachliche Effizienz.

---

[6]   Häufiger als von Intensivierung und Deintensivierung ist in der älteren Literatur zum Bedeutungs-
      wandel von „Bedeutungsverbesserung" und „Bedeutungsverschlechterung" die Rede. Es handelt
      sich jedoch hierbei nicht um echte Verfahren des Bedeutungswandels, sondern um eher subjektive
      Begleiterscheinungen bei einigen Entwicklungen. Vgl. ausführlich Blank1993b; 1997, 333-339.

Zusammenfassend können wir also drei Arten von Motivationen unterscheiden:

1. Die *allgemeine* Motivation für Innovationen: erfolgreiche, effiziente Kommunikation bei geringem sprachlichem und kognitivem Aufwand.
2. Der *spezielle* Motivationstyp hinter einer individuellen Innovation.
3. Die Motivation der Sprecher, welche die Innovation übernehmen.

Im folgenden stellen wir die Typen *spezieller Motivationen* vor.[7]

4.5.1.   Neue Konzepte

Die stärkste Motivation für Innovationen ist das Auftauchen neuer Referenten, die konzeptualisiert und versprachlicht werden müssen. Hier stehen – neben anderen Verfahren der lexikalischen Innovation – theoretisch alle Typen der semantischen Innovation bereit. Häufig wird man aber Metapher und Metonymie sowie seltener kohyponymische Übertragung finden, wie z.B. bei engl. *mouse* 'kleines Nagetier' > 'graphisches Zeigegerät für Computer', lt. *pecunia* 'Vieh (als Tauschobjekt)' > 'Geld' oder sp. *tigre* 'Tiger' > am.sp. (teilw.) 'Jaguar'.

4.5.2.   Abstrakte oder kognitiv „fernliegende" Konzepte

Jene kognitive Konstellation, an die man hier wohl zuerst denkt, ist eng verbunden mit der kognitiven Metapherntheorie: Abstrakte, für unsere Wahrnehmung schlecht fassbare oder auch nur irgendwie „fernliegende" Konzepte werden häufig über die Hervorhebung einer Similarität zu einem Konzept, das uns „näherliegt", konzeptualisiert und dann metaphorisch versprachlicht, wobei sich übereinzelsprachlich zeigt, dass der KÖRPER und mit ihm verbundene Tätigkeiten als kognitive Ausgangsbasis eine große Rolle spielen. Hierher gehören zahlreiche Beispiele für Metaphern aus Kap. 4.2., z.B. *dos d'une montagne, alas de un edificio, baisser les prix, profondo dolore*, die metaphorischen Expansionen der Bezeichnungen des KOPFES, aber auch die Konzeptualisierung ZEITLICHER RELATIONEN vermittels RÄUMLICHER. In selteneren Fällen findet man auch Metonymien:

(37) a. lt. *luna* 'Mond' > rum. *luna* 'Monat'
     b. ahd. *farstan* 'davor stehen (= genau wahrnehmen)' > 'verstehen'

4.5.3.   Sozio-kultureller Wandel

Unsere Wahrnehmung erfasst in der Regel all das, was in unserer Umwelt für uns relevant ist, und unsere Sprachen versprachlichen wiederum dieses konzeptuelle System auf spezifische Weise. Wenn sich nun in unserem Verständnis von der Welt etwas verändert, so kann dies auch auf die Sprache durchschlagen. Ganz besonders gilt dies bei sozialen, rechtlichen oder kulturellen Veränderungen. So hat z.B. ein Wandel des römischen Rechtssystems die

---

[7] Zu einer detaillierten Darstellung vgl. Blank 1997, 375-404, und Blank 1999b.

lateinische Unterscheidung zwischen Verwandtschaft mütterlicher- bzw. väterlicherseits obsolet gemacht. Dies führte nicht nur zum Verschwinden eines der beiden lateinischen Wörter für ONKEL (*avunculus* 'Onkel mütterlicherseits' – *patruus* 'Onkel väterlicherseits') bzw. TANTE (*matertera* 'Tante mütterlicherseits' – *amita* 'Tante väterlicherseits'), sondern entsprechend auch zur Generalisierung der verbleibenden Wörter (fr. *oncle, tante*). Dieselbe Nichtunterscheidung der Verwandtschaftslinie findet sich auch bei it. *zio/zia* und sp. *tío/tía* (Entlehnungen von gr. *thios*) sowie bei allen anderen romanischen Verwandtschaftsbezeichnungen.

4.5.4. Enge konzeptuelle oder sachliche Verbindung

Eine enge konzeptuelle Relation in Frames, wie wir sie schon bei der Volksetymologie dt. *Friedhof* vorfanden, scheint als hinreichende Bedingung von Bedeutungswandel nicht selten zu sein. Wenn die Kontiguitätsrelation zwischen zwei Konzepten besonders prägnant und besonders eng ist, kann die exakte Zuordnung der Zeichenausdrücke für die Sprecher verschwimmen, sodass es zur metonymischen Verschiebung kommt. Dies dürfte der Fall bei lt. *testimonium* 'Zeugnis' > fr. *témoin* 'Zeuge' oder bei asp. *pregón* 'Bote' > 'Botschaft' gewesen sein. Die enge konzeptuelle Relation kann natürlich auch bewusst vom Sprecher in Szene gesetzt werden, mit dem Ziel einer expressiven Versprachlichung. So erklärt sich u.a. der metonymische Bedeutungswandel von it. *spina* 'Dorn' > 'stechender Schmerz'.

Am deutlichsten wird die Rolle enger Frame-Relation beim auto-konversen Bedeutungswandel, also z.B. bei fr. *louer* 'vermieten' > 'mieten': Im entsprechenden Frame werden die Partizipanten MIETER und VERMIETER vor allem unter dem Aspekt ihres aufeinander Bezogenseins gesehen; ein einfacher Perspektivenwechsel kann dann den Bedeutungswandel auslösen, der hier noch dadurch begünstigt wird, dass VERMIETER wie MIETER beide gleichermaßen für die semantische Rolle des AGENS geeignet sind. Interessanterweise muss hier letztlich der Kontext klären, welcher Aktant welche Rolle innehat, denn eine Äußerung wie *Michel a loué un appartement à Bernard* lässt heute beide Lesarten zu, nämlich dass Michel *von* Bernard eine Wohnung gemietet bzw. *an* ihn *ver*mietet hat.

Ein in gewisser Weise analoges Phänomen lässt sich auch innerhalb taxonomischer Strukturen beobachten, wie der Fall der kleinen Nagetiere (Bsp. 26c/d) zeigt: Wo kollektiv eine scharfe konzeptuelle Scheidung von unterschiedlichen Referentenklassen nicht erfolgt, kann es innerhalb einer volkstümlichen (d.h. nicht-biologischen) Taxonomie zu Übertragungen von einem Kohyponym zu einem anderen kommen. Bei den Bezeichnungen für MAUS, RATTE und MAULWURF scheint diese referentielle Unschärfe in der Romania, und besonders in Italien, zu vielfältigen onomasiologischen Wechselspielen geführt zu haben (vgl. Blank 1998d).

Bleiben wir bei Kategorien, die taxonomische Strukturen aufweisen, jedoch solchen mit zusätzlicher prototypischer Organisation: Der Prototyp selbst zeichnet sich durch kognitive Salienz und häufig auch durch Gebrauchshäufigkeit des entsprechenden sprachlichen Zeichens aus. Diese Konstellation kann nun in zweifacher Hinsicht zu Bedeutungswandel führen: Im ersten Fall wird das eigentlich mit dem Prototypen verbundene Zeichen auf-

grund der kognitiven Dominanz des Prototypen beständig zur Referenz auf die gesamte
Kategorie verwendet, wie im Falle von lt. *passer*, das als Wort für den prototypischen
(kleinen) Vogel im Iberoromanischen jetzt eine neue Zwischenkategorie KLEINER VOGEL
bezeichnet (Bsp. 27d). Im zweiten Fall wird gerade umgekehrt das ursprünglich der gesamten Kategorie zugeordnete Wort beständig zur Referenz auf den Prototypen verwendet.
Dies führt zur Spezialisierung, wie wir sie z.B. bei fr. *homme*, it. *uomo*, sp. *hombre* (Bsp.
28a) beobachten können.

In beiden Fällen ist es wichtig zu sehen, dass prototypische Strukturen nur die notwendige Bedingung des Wandels sind. Damit es zum Wandel kommt, muss eine besonders starke
Fixierung auf den Prototypen hinzukommen, möglicherweise auch noch andere einzelfall-
spezifische Begleitumstände. Warum es in einem Fall zu Spezialisierung und im anderen zu
Generalisierung kommt, lässt sich mit einem Blick auf den jeweiligen Ausgangspunkt klären: Wenn die Ausgangskategorie prototypisch strukturierbar ist (wie MENSCH), kann es
nur zur Spezialisierung auf den Prototyp kommen, wenn die Ausgangskategorie hingegen
selbst als Prototyp innerhalb einer höherrangigen Kategorie fungiert (wie SPATZ), ist nur
Generalisierung möglich. Der Wandel geht also im ersten Fall von der Basisebene weg, im
zweiten zu ihr hin.

4.5.5.   Lexikalische Komplexität und Irregularität

Beim Sprechen streben wir in aller Regel nach möglichst hoher Effizienz, also nach erfolgreicher *und* ökonomischer Kommunikation. Mit wenigen Ausnahmen (vgl. Kap. 4.5.6.)
sind diesem Ökonomieprinzip die lexikalischen Absorptionen zuzurechnen, bei denen zum
einen die Versprachlichung dessen, was ohnehin durch den Kontext gegeben ist, wegfällt,
zum anderen erreicht wird, dass anstelle komplexer Lexien einfache verwendet werden,
was wiederum die Komplexität unseres Wortschatzes reduziert.

Zur Reduzierung lexikalischer Irregularität kommt es auch in der Folge volksetymologi-
scher Prozesse, insofern hier isolierte, „verwaiste" Wörter durch Anschluss an eine andere
Wortfamilie besser ins Lexikon integriert werden. Ein besonderer Fall von lexikalischer
Asymmetrie wird schließlich durch den analogischen Bedeutungswandel beseitigt, indem
eine bereits existierende Polysemie bei einem anderen Wort kopiert wird, dessen ältere
Bedeutung in einer lexikalischen Relation zu dem ersten Wort steht.

4.5.6.   Emotionale Markierung eines Konzepts

Viele Bereiche unseres Lebens sind emotional markiert. In unserem Kulturkreis sind dies
z.B. ESSEN, TRINKEN, SEXUALITÄT, AUSSCHEIDUNG, KRANKHEIT und TOD, LIEBE und
HASS, aber auch WETTER, ARBEIT, GELD sowie zahlreiche weitere Konzeptbereiche. Die
zugehörigen Konzepte können nun verhüllend-euphemistisch oder drastisch-expressiv
versprachlicht werden, je nach dem, was in der aktuellen Redesituation als erfolgversprechender beurteilt wird. Als Verfahren kommen neben Metapher (lt. *perna* 'Hinterkeule' >
sp. *pierna* 'Bein (expressiv)') und Metonymie (lt. *infirmus* 'schwach' > 'krank (euphemi-

stisch)') vor allem Antiphrasis (afr. *oste* 'Gast' > 'Geisel (euphemistisch)') und lexikalische Absorption (fr. *cabinet de toilette* > *cabinet* 'Toilette (euphemistisch)') vor.

Semantische Innovationen haben hier einen doppelten Zweck: Zum einen nutzen sich viele Euphemismen und expressiv markierte Wörter im Laufe der Zeit ab und werden per *Intensivierung* bzw. *Deintensivierung* zum Normalwort (vgl. Kap. 4.4.7.); zum anderen kann es kommunikativ durchaus erfolgversprechend sein, eine ungewöhnliche und „unverbrauchte" Neuversprachlichung eines emotional markierten Konzepts in den Diskurs einzubringen.

4.6.   Motive für reduktiven Bedeutungswandel

Im Verlauf dieses Kapitels haben wir uns im wesentlichen mit den Motiven und Verfahren der semantischen Innovation auseinander gesetzt. Dies hatte seinen wichtigsten Grund darin, dass es keine eigentlichen „Verfahren" des reduktiven Bedeutungswandels gibt: Eine lexikalische Einheit fällt aus dem aktuellen Lexikon heraus, wenn die Sprecher sie nicht mehr verwenden. Als Konsequenz wird die Polysemie eines Wortes reduziert bzw. dieses Wort selbst kann verschwinden. Zwischenstufen des Abbaus können die Beschränkung der Verwendung einer Bedeutung eines Wortes auf eine bestimmte Varietät oder Sprechergruppe (z.B. Fachsprachen) sein.

Es lohnt sich jedoch zu überlegen, warum eine Bedeutung „fallen gelassen" wird. Es ergibt sich dabei eine Typologie von Motiven, die genau spiegelverkehrt zur Typologie der Motive für semantische Innovationen ist:

Obsoletes Konzept: Wenn ein Gegenstand oder Sachverhalt aus unserer Lebenswelt verschwindet, wird auch oft das damit verbundene Konzept und dessen Versprachlichung obsolet: So geschah es, nach Durchsetzen der Geldwirtschaft, mit der älteren Bedeutung von lt. *pecunia* 'Vieh als Tauschobjekt' oder mit der älteren Bedeutung 'zinnoberfarbener Zierbuchstabe' bei it. *miniatura* nach Verbreitung des Buchdrucks.

Neues Wort für abstraktes Konzept: Bestimmte abstrakte Sachverhalte, wie z.B. VERSTEHEN, werden im Laufe der Sprachgeschichte immer wieder neu versprachlicht. Damit einher gehen muss nicht unbedingt das völlige Absterben der älteren Versprachlichung, aber doch zumindest eine Einschränkung des Gebrauchs, wie im Falle von it. *comprendere* 'verstehen', das unter der Konkurrenz von *capire* und *afferare* „leidet".

Sozio-kultureller Wandel: Der Wandel gesellschaftlicher Strukturen führt nicht nur dazu, dass einzelne Wörter eine neue Bedeutung erhalten, es verschwinden in vielen Fällen auch Bedeutungen und – in Folge des Abbaus sozialer Strukturen – oft auch ganze Wörter. In unserem Beispiel der Umstrukturierung des lateinischen Systems der Verwandtschaftsnamen, gingen unvermeidlich bei lt. *avunculus* und *amita* die älteren Bedeutungen 'Onkel mütterlicherseits' bzw. 'Tante väterlicherseits' verloren, während die lateinischen Wörter für 'Onkel väterlicherseits' bzw. 'Tante mütterlicherseits', *patruus* bzw. *matertera*, völlig verloren gingen.

Enge konzeptuelle Relation: Das Streben nach geringem kommunikativem Aufwand bringt die Sprecher dazu, in enger Frame-Relation stehende Konzepte mit demselben Wort zu versprachlichen, prototypische Konstellationen sprachlich auszunützen oder ein Wort in der Bedeutung eines Kohyponyms zu verwenden. Jedoch kann sich außerhalb einer bestimmten Redesituation eine solche Polysemie auch als ineffizient erweisen und damit wieder aufgegeben werden: So fiel bei asp. *pregón* 'Bote', 'Botschaft' die erste Bedeutung weg, weil es offenbar doch gelegentlich notwendig war, die beiden Konzepte auch sprachlich auseinander zu halten. Dasselbe gilt für kohyponymische Polysemie, wenn die beiden bezeichneten Konzepte im selben Frame vorkommen. Generell unpraktisch ist die referentielle Ambiguität zwischen alter und neuer Bedeutung bei Generalisierungen und Spezialisierungen, was häufig zum schnellen Absterben der älteren Bedeutung führt.

Lexikalische Irregularität und Komplexität: Die effizientere Strukturierung des Wortschatzes, wie wir sie in Kap. 4.5.5. beschrieben haben, kann unter bestimmten Umständen zum Abbau einer Wortbedeutung führen. So zieht die Inkorporation des Aktanten [Eier] bei fr. *pondre* den Wegfall der Bedeutung 'etw. setzen, stellen, legen' nach sich, da die Gefahr von Missverständnissen offenbar zu hoch war. Auch bei volksetymologischem Bedeutungswandel liegt es nahe, dass jene Bedeutung, die weniger zur adoptierenden Wortfamilie passt, mit der Zeit ungebräuchlich wird, wie z.B. bei fr. *forain* die Bedeutung 'auswärtig' und bei sp. *bailar* die Bedeutung 'schwanken'.[8]

Emotionale Markierung: Wird ein Wort innovativ verwendet, um einen tabuisierten Sachverhalt zu benennen, ist es geradezu notwendig, dass die Sprecher auch die ältere Bedeutung noch kennen, um überhaupt verstehen zu können, dass es sich um einen Euphemismus handelt: afr. *tuer* 'töten (euphemistisch)' war als Euphemismus nur so lange erkennbar, wie die ältere Bedeutung 'Feuer löschen' noch präsent war. Dasselbe gilt für expressiv verwendete Wörter, wie z.B. afr. *gesne* 'Qual' > 'Unbehagen (expressiv)'. Hier zieht der Verlust der älteren Bedeutung automatisch den Abbau des euphemistischen bzw. des expressiven Charakters nach sich. Andererseits führt die Abnutzung des expressiven bzw. abschwächenden Effektes mitunter zu einer etwas problematischen Polysemie, weil dasselbe Wort eine „schwächere" ('Unbehagen') und eine „intensivere" ('Qual') Bedeutung hat. Auch in diesem Fall wird eine der beiden Bedeutung tendenziell abgebaut.

---

[8] Dass dies nicht zwangsläufig der Fall sein muss, zeigt das Portugiesische, das bei *bailar* beide Bedeutungen weiterführt.

Arbeitsaufgaben

1. Beschreiben Sie mithilfe historischer und etymologischer Wörterbücher die semantische Entwicklung von
   a) fr. *déjeuner, dîner, souper, grue, massepain*;
   b) it. *bustarella, tangente, aguzzino, malato*;
   c) sp. *víspera, caber, llegar, muslo*.
   Versuchen Sie jeweils den Motivationstyp der einzelnen Bedeutungswandel zu bestimmen!
2. Vergleichen Sie die vorliegende Typologie des Bedeutungswandels mit anderen (z.B. Stern 1931, Gamillscheg 1951, Kronasser 1952, Ullmann 1962, Geeraerts 1997)!
3. Lesen Sie Coseriu 1964/78 und vergleichen Sie seine Typologie mit der hier vorliegenden und analysieren Sie beide Modelle kritisch! Warum kommt Coseriu zu weit weniger Typen des Bedeutungswandels?

5.   Polysemie und Homonymie

5.1.   Das Problem der Mehrdeutigkeit sprachlicher Zeichen

Die Mehrdeutigkeit sprachlicher Zeichen stellt die Semantiker in mehrfacher Hinsicht vor
Schwierigkeiten: Zunächst einmal begegnen uns Wörter im Normalfall nur in konkreter
Verwendung in der *parole*; Semantiker und Lexikographen müssen jedoch daraus invari-
ante Bedeutungen dieses Wortes ableiten. Damit stellt sich die Frage, wie wir kontextuelle
Varianten *einer* Bedeutung (einer lexikalischen Einheit) von unterschiedlichen Bedeutungen (lexikalischen Einheiten) eines Wortes (= Polysemie) abgrenzen und diese wiederum
von rein laut- und/oder schriftidentischen Wörtern (= Homonymie). Die Strukturelle Semantik Coseriuscher Prägung hat, wie wir bereits gesehen haben, wenig zur Lösung dieser
Frage beigetragen.[1]

Generative Ansätze in der lexikalischen Semantik befassen sich seit jeher mit dem Problem der Mehrdeutigkeit sprachlicher Zeichen und ihrer Desambiguierung. Wir haben
einige dieser Theorien bereits in Kap. 2.3.2. vorgestellt und werden in Kap. 5.4. erneut
darauf zurückkommen. Die Kognitive Semantik gibt sich vom Ansatz her „polysemie-
freundlich", und die gesamte erweiterte Version der Prototypentheorie beruht letztlich auf
der Erkenntnis, dass sprachliche Zeichen mehrere Bedeutungen („prototypische Effekte")
haben (vgl. Kap. 3.3.5.). Wir haben aber bereits gesehen, dass dabei die verschiedenen
Bedeutungen *eines Wortes* als prototypische Effekte *einer kognitiven Kategorie* missinter-
pretiert werden. Hierdurch wird aber eine klare Unterscheidung von Kontextvarianz (engl.
vagueness), Polysemie und Homonymie (engl. *ambiguity*) geradezu unmöglich.[2]

Dass die moderne Semantik ihre Schwierigkeiten mit der theoretischen und praktischen
Beschreibung der Mehrdeutigkeit sprachlicher Zeichen hat, überrascht umso mehr, als
bereits in der älteren Historischen Semantik dieses Problem ausführlich diskutiert wurde.
Der Terminus **Polysemie** selbst stammt von Michel Bréal:[3]

---

[1]   Vgl. Kap. 2.1.3. und Hilty, im Druck, dessen Modell der „Semstruktur" immerhin Lösungsmög-
lichkeiten aufzeigt, wobei allerdings Metonymien und Metaphern als Kontextvarianten eines Semems betrachtet werden müssen, was – nach allem was in Kap. 4 gesagt wurde – unzureichend erscheint.

[2]   Symptomatisch für die Vertreter der erweiterten Prototypentheorie sind die Schlussfolgerungen
Geeraerts' in seinem Aufsatz über Polysemie: „[...] in spite of its vital importance for any theory of
word meaning, lexical semantics does not seem to have arrived at a consistent operational definition of polysemy yet." (1993, 263).

[3]   „Welcher Art die neue Bedeutung auch immer sei, sie setzt der alten kein Ende. Vielmehr leben sie
beide Seite an Seite. Dasselbe Wort kann der Reihe nach in der eigentlichen oder in der metaphorischen Bedeutung verwendet werden, in der engeren oder weiteren Bedeutung, in der abstrakten
oder in der konkreten... In dem Maße, wie dem Wort eine neue Bedeutung hinzugefügt wird,
scheint es sich zu vervielfältigen und neue Exemplare hervorzubringen, die von ähnlicher Gestalt,
aber von unterschiedlichem [semantischen] Wert sind. Wir nennen dieses Phänomen der Verviel-
fältigung *Polysemie*."

> Le sens nouveau, quel qu'il soit, ne met pas fin à l'ancien. Ils existent tous les deux l'un à côté de l'autre. Le même terme peut s'employer tour à tour au sens propre ou au sens métaphorique, au sens restreint ou au sens étendu, au sens abstrait ou au sens concret... A mesure qu'une signification nouvelle est donnée au mot, il a l'air de se multiplier et de produire des exemplaires nouveaux, semblables de forme, mais différents de valeur. Nous appelons ce phénomène de multiplication la *polysémie*.   (Bréal 1897, 154f.)

Polysemie wird hier also als synchronische Konsequenz von Bedeutungswandel gesehen und kann verschiedene Ausprägungen haben, je nach dem zugrunde liegenden Typ des Bedeutungswandels. Damit wäre zunächst auch eine Abgrenzung von der Homonymie möglich, die sich nicht durch Bedeutungswandel, sondern als Folge von Lautwandel ergibt, wie z.B. in fr. *louer*$_1$ 'loben' (< lt. *laudare*) vs. fr. *louer*$_2$ 'mieten', 'vermieten' (< lt. *locare*), das – wie in Kap. 4.3.4. gesehen – selbst wiederum polysem ist. Bréals Erkenntnis ist in jeder Hinsicht fundamental, beruht jedoch auf einer rein *diachronischen* Herangehensweise. Wir können aber aus dieser Definition Kriterien ableiten, die eine *synchronische* Definition der Polysemie (Kap. 5.2.) und die Abgrenzung der Polysemie von Kontextvarianz und Homonymie ermöglichen (Kap. 5.3.). Wie wir in Kap. 5.4. sehen werden, erweist sich Bréals Definition jedoch als zu eng, um allen Fällen von lexikalischer Mehrdeutigkeit gerecht zu werden, sodass wir weitere Kriterien auf der Basis von Diskursregeln entwickeln müssen.

5.2.   Polysemie als Synchronie des Bedeutungswandels

Gängige Einführungen in die Semantik definieren *Polysemie* üblicherweise als die Existenz einer semantischen Relation zwischen verschiedenen lexikalisierten Bedeutungen eines Wortes, ohne jedoch die Art und Weise dieser semantischen Relation näher zu beschreiben (so z.B. Cruse 1986, 80; Taylor 1995, 99; Saeed 1997, 64). Es ist sinnvoll, hier Bréals Definition der Polysemie aufzugreifen und Polysemie in einem ersten Schritt als „Synchronie des Bedeutungswandels" zu verstehen. Hierzu bedarf es natürlich zunächst einer Typologie der Verfahren des Bedeutungswandels, wie wir sie in Kap. 4 vorgestellt haben. Sodann müssen wir prüfen, wie die synchronische Seite dieser Verfahren des Bedeutungswandels aussieht. Dabei stellt man fest, dass es keine völlige Übereinstimmung von Verfahren des Bedeutungswandels und entsprechenden konventionalisierten synchronischen Relationen gibt. Vielmehr entsprechen unseren elf primären Typen des Bedeutungswandels (Auto-Konverse wird als eigener Typ betrachtet, Intensivierung und Deintensivierung bleiben als Sekundärprozesse unberücksichtigt) nur sieben Typen von Polysemie. Die Grenzen der einzelnen diachronischen Prozesse und synchronischen Relationen stimmen ebenfalls nicht völlig überein. Insgesamt ergibt sich folgendes Bild:

Typen des Bedeutungswandels	Arten der lexikalischen Polysemie
1. Metapher fr. *dos* 'Rücken' > 'Bergrücken' it. *afferrare* 'packen' > 'verstehen' sp. *pelado* 'kahl(geschoren)' > 'arm'	A. Metaphorische Polysemie fr. *dos* 'Rücken', 'Bergrücken' it. *afferrare* 'packen', 'verstehen' sp. *pelado* 'kahl(geschoren)', 'arm'
2. Kohyponymischer Bedeutungswandel ? *ratt-* 'rat' > fr. (reg.), it. (reg.) 'Maus' sp. *tigre* 'Tiger' > am.sp. 'Jaguar'	B. Kohyponymische Polysemie fr. (reg.) *rat*, it. (reg.) *rat, ratta/-o* 'Ratte', 'Maus' am.sp. *tigre* 'Tiger', 'Jaguar'
3. Generalisierung mfr. *pigeon* 'zum Verzehr gezüchtete Taube' > 'Tauben aller Art' sp. *tener* 'halten' > 'haben'	C. Taxonomische Polysemie fr. *pigeon* 'zum Verzehr gezüchtete Taube', 'Tauben aller Art' sp. *tener* 'halten', 'haben'
4. Spezialisierung vlt. *homo* 'Mensch' > 'Mann' fr. *blé* 'Getreide' > 'Weizen'	fr. *homme*, it. *uomo*, sp. *hombre* 'Mensch', 'Mann' fr. *blé* 'Getreide', 'Weizen'
5. Lexikalische Absorption a) Absorption ins Determinatum fr. *gabelle* 'Steuer' > 'Salzsteuer' (< *gabelle de sel*) sp. *coche* 'Kutsche' > 'Auto' (< *coche automóvil*)	fr. *gabelle* 'Steuer', 'Salzsteuer' sp. *coche* 'Kutsche', 'Auto'
b) Absorption ins Determinans fr. *diligence* 'Eile' > 'Kutsche' (< *carosse de diligence*) it. *portatile* 'tragbar' > 'Notebook-Computer' (< *computer portatile*)	D. Metonymische Polysemie fr. *diligence* 'Eile', 'Kutsche' (it. *portatile* 'tragbar', 'Notebook-Computer')
6. Metonymie lt. *defendere* 'verteidigen' > fr. *défendre* 'verbieten' it. *vendemmia* 'Weinlese' > 'Zeit der Weinlese' sp. *quebrada* 'Schlucht' > 'Bach'	fr. *défendre* 'verteidigen', 'verbieten' it. *vendemmia* 'Weinlese', 'Zeit der Weinlese' sp. *quebrada* 'Schlucht', 'Bach'
7. Volksetymologischer Bedeutungswandel fr. *forain* 'auswärtig' > 'zum Jahrmarkt gehörig' (< *foire*) lt. *somnium* 'Traum' > sp. *sueño* 'Schlaf' (< *somnus*)	fr. *forain* 'auswärtig', 'zum Jahrmarkt gehörig' sp. *sueño* 'Traum', 'Schlaf'
8. Auto-konverser Bedeutungswandel fr. *louer* 'vermieten' > 'mieten' it. *noleggiare*, sp. *alquilar* 'mieten' > 'vermieten'	E. Auto-konverse Polysemie fr. *louer* 'vermieten', 'mieten' it. *noleggiare*, sp. *alquilar* 'mieten', 'vermieten'

9. Antiphrasis fr. *villa* 'Landhaus' > fr. (argot) 'Gefängnis' sard. *siñaladu* 'berühmt' > 'berüchtigt'	F. Antiphrastische Polysemie fr. *villa* 'Landhaus', (argot) 'Gefängnis' sard. *siñaladu* 'berühmt', 'berüchtigt'
10. Auto-Antonymie engl. *bad* 'schlecht' > engl. (slang) 'hervorragend' lt. *sacer* 'heilig' > 'verflucht'	G. Auto-antonymische Polysemie engl. *bad* 'schlecht', (slang) 'hervorragend' fr. *sacré* 'heilig', 'verflucht'
11. Analogischer Bedeutungswandel fr. *polir* 'polieren', 'stehlen' ⇨ *fourbir* 'polieren' > 'stehlen', *nettoyer* 'säubern' > 'stehlen' etc. lt. *levare* 'aufheben', 'errichten' ⇨ sp. *alzar*, it. *alzare* 'aufheben' > 'errichten'	alle Relationen sind möglich, z.B. Metaphorische Polysemie: fr. *fourbir* 'polieren' > 'stehlen' Metonymische Polysemie: sp. *alzar*, it. *alzare* 'aufheben' > 'errichten'

Fig. 1: Typen des Bedeutungswandels und Arten lexikalischer Polysemie

Betrachten wir die Tabelle genauer:

Metaphorische und **kohyponymische Polysemie** stellen kein Problem dar, insofern sie meist aus Metapher bzw. kohyponymischem Bedeutungswandel hervorgegangen sind (Ausnahme: analogischer Bedeutungswandel). Hier herrscht also weitgehende Isomorphie. Für Generalisierung und Spezialisierung trifft dies nicht zu: Sie ergeben in der Synchronie einen einheitlichen Typ **taxonomische Polysemie**, ohne dass die ursprüngliche Richtung des Wandels (vom Speziellen zum Generellen oder umgekehrt) noch erkennbar wäre. Ebenfalls in diesen Typ von Polysemie münden lexikalische Absorptionen ins Determinatum ein.

Die Notwendigkeit der Unterscheidung der beiden Arten von lexikalischer Absorption wird deutlich, wenn man Absorptionen ins Determinans betrachtet, deren synchronisches Spiegelbild nun gerade die **metonymische Polysemie** ist. Allerdings gilt dies strenggenommen nur für Fälle, bei denen die beiden Bedeutungen nicht durch Wortart- oder Genusunterschiede weiter differenziert werden: Im Falle von it. *portatile* 'tragbar', Notebook-Computer' oder ebenso dt. *(der) Weizen – (das) Weizen* liegen zumindest Grenzfälle von Polysemie vor. Möglicherweise muss man *il portatile* und *das Weizen* auch als eigenständige Lexien betrachten, die durch Bedeutungswandel *und* Wortart- bzw. Genuswechsel entstanden sind.

Eindeutig im Bereich der metonymischen Polysemie liegen die Ergebnisse des metonymischen Bedeutungswandels und der meisten Fälle von volksetymologischem Bedeutungswandel. Die Auto-Konverse haben wir ja als Sonderfall der Metonymie beschrieben, sodass man sie in der Synchronie ebenfalls als Unterart der metonymischen Polysemie oder als eigenen Typ **auto-konverse Polysemie** beschreiben kann.

Noch seltener als kontrastbasierter Bedeutungswandel ist eine kontrastbasierte Polysemie (**antiphrastische** bzw. **auto-antonymische Polysemie**), da diese Relationen in der

Synchronie relativ schwach sind und die Bedeutungen meistens unterschiedlichen Registern angehören oder, wie bei fr. *sacré*, durch spezifische syntaktische Beschränkungen differenziert werden (*un lieu sacré* 'ein heiliger Ort' vs. *un sacré lieu* 'ein verdammter Ort'). Insofern erhalten wir auch hier meist Grenzfälle von Polysemie.

Die Spezialität des analogischen Bedeutungswandel ist gerade die Kopie einer bereits bestehenden anderweitigen (meist metaphorischen oder metonymischen Polysemie) bei einem anderen Wort, das in seiner ursprünglichen Bedeutung in lexikalischer Relation (meist Synonymie) zu jenem Wort steht, dessen Polysemie kopiert wird. Insofern entsteht hier kein eigener Typ von Polysemie, es werden vielmehr – als Kopie eines vorhandenen Musters – neue Polysemien der Typen A–G erzeugt.

Bemerkenswert ist insgesamt, dass einige Typen des Bedeutungswandels in der Synchronie verschmelzen oder ganz verschwinden und, wie die lexikalische Absorption, sogar in mehreren Typen von Polysemie aufgehen. Wir erkennen also, dass die synchronische Beziehung zwischen zwei Bedeutungen nicht exakt den diachronischen Prozess ihrer Entstehung widerspiegeln muss.

Die Bezeichnungen „metaphorische Polysemie", metonymische Polysemie" etc. beziehen sich immer nur auf die Relation zwischen zwei Bedeutungen eines Wortes, sie beschreiben nicht die gesamte Bedeutungsvielfalt eines Wortes. Jede lexikalisierte Bedeutung eines Wortes kann verschiedene Relationen zu anderen Bedeutungen dieses Wortes unterhalten, ohne dass alle Bedeutungen dieses Wortes in semantischen Beziehungen zueinander stehen müssten oder einen gemeinsamen „Kern" haben müssten. Wenn wir von der „Polysemie eines Wortes" sprechen, dann meinen wir, dass seine einzelnen identifizierbaren und lexikalisierten Bedeutungen in Form einer semantischen Kette oder eines semantischen Netzes durch jeweils eine der sieben Arten von Polysemie, wie sie sich aus der Tabelle ergeben, verbunden sind. Wie ein solches Bedeutungsnetz eines polysemen Wortes unter Angabe der synchronischen semantischen Relationen aussehen kann, zeigt Fig. 2 am Beispiel von fr. *parler* (nach PR, s.v.):[4]

---

[4] Da es sich um ein Verb handelt, wird auch die Aktantenstruktur mit angegeben. Folgende Abkürzungen werden verwendet: N = Substantiv, Vb = Verb, Adj = Adjektiv, Inf = Infinitiv, AG = Agens, COAG = Co-Agens. Für die semantischen Relationen gelten folgende Abkürzungen: META = metaphorische Relation, METON= metonymische Relation, TAX = taxonomische Relation.

(1) 'die Laute einer
Sprache artikulieren'   METON   META   (4) 'auf nicht-
N_{AG} – Vb – (Adv)   sprachliche Weise
                                                                                             kommunizieren'
                                                                                             N_{AG} – Vb – de N/à
METON   N/Adv

                           (3) 'durch gesprochene Sprache   METON   (5) 'sagen, was
(2) 'eine bestimmte   kommunizieren'   man bislang
Sprache sprechen' N_{AG} – Vb – pour Inf/Adv/de N/à N   verborgen hielt'
N_{AG} – Vb – Adj/N N_{AG} – Vb

              METON   TAX   METON   (6) 'eine Absicht
                                                                                äußern'
(9) 'sich unterhalten'   (8) 'eine Rede, Anspra- Sb_{AG} – Vb – de Inf
N_{AG} – Vb – avec N_{COAG} che etc. halten'
                                N_{AG} – Vb – de N/à N   META
                                                                                (7) 'sich schriftlich
                           (10) 'zum Thema   METON   ausdrücken'
                           haben (Buch o.ä.)' N_{AG} – Vb – de N/à N
                           N – Vb – de N/à N

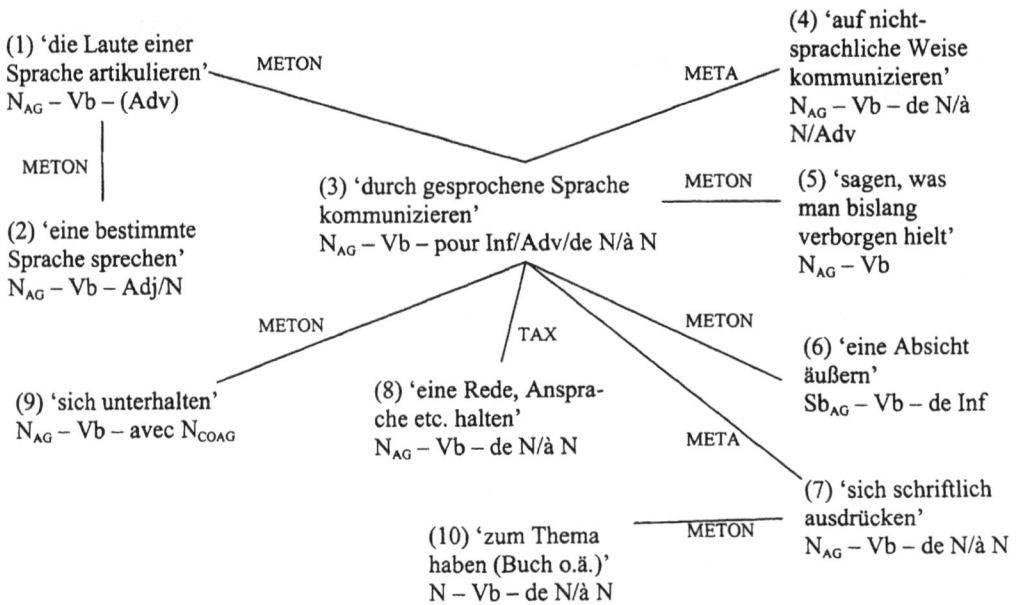

Fig. 2: Bedeutungsnetz von fr. parler

5.3.   Kontextvarianz – Polysemie – Homonymie

5.3.1.   Kontextvarianz und Polysemie

Ein Problem von Bedeutungsnetzen wie in Fig. 2 und eine generelle Schwierigkeit der
lexikalischen Semantik und der Lexikographie ist die Bestimmung dessen, was eine *lexikalisierte Bedeutung* eines Wortes ist. Bedeutungen begegnen uns nämlich im sprachlichen
Alltag immer nur in konkreten Äußerungen, wie z.B. in

(1) a. Der *Wagen* braucht einen Ölwechsel.
    b. Dieser *Wagen* ist mir zu teuer.
    c. Wir konnten mit seinem *Wagen* nicht mithalten. (Bsp. nach Cruse 1986, 53)

In allen Fällen würden wir intuitiv sagen, dass dieselbe Bedeutung von dt. *Wagen* vorliegt,
jedoch bezieht sich der aktuelle Kontext auf verschiedene Aspekte eines Autos: in (1a) auf
den Motor, in (1b) auf den Preis und in (1c) auf die Geschwindigkeit. In (1a-c) werden also
verschiedene Facetten einer Bedeutung hervorgehoben, wobei man nicht einmal sagen
kann, dass der konkrete Referent jedesmal ein anderer wäre (vgl. Cruse 1986, 53). Dabei
bleibt die dahinter stehende Referentenklasse immer dieselbe; es werden lediglich jeweils
unterschiedliche Aspekte betont. Etwas komplizierter verhält es sich mit dt. *Buch*, frz. *livre*
etc., die sich sowohl auf den Behälter (*Ich habe Chomskys neues Buch gekauft*) als auch auf
den Inhalt (*Chomskys neues Buch ist langweilig*) beziehen können. Zwar besteht hier eine
klare metonymische Relation zwischen den Verwendungen, jedoch ist die dahinterstehende

Referentenklasse identisch. Es liegt hier in der Tat ein Grenzfall zwischen Kontextvarianz und Polysemie vor.

Etwas anders sieht es in folgendem Fall aus:

(2) a. Mein linker *Arm* schmerzt.

   b. Der *Arm* der Statue ist aus Marmor.

   c. Weil meine Mutter eine Überdosis LSD hatte, ist mein *Arm* dies kleine Ding auf meinem Bauch.   (Bsp. nach Deane 1988, 347)

Hier handelt es sich zwar jeweils um unterschiedliche Referenten, jedoch können wir sie alle derselben *Klasse* von Referenten MENSCHLICHER ARM zuweisen, wobei (2a) in etwa den Prototypen dieser Klasse beschreibt, während den Referenten in (2b) und (2c) typische Merkmale der Kategorie fehlen ([Belebtheit], [Positionierung an der Schulter]) und somit als periphere Vertreter derselben Kategorie einzustufen sind.

Die in (1) und (2) dargestellten Phänomene werden häufig als „Vagheit" der Bedeutung bezeichnet. Gemeint ist damit offenbar, dass wir ein Wort in einem konkreten Kontext einer bestimmten lexikalisierten Bedeutung dieses Wortes zuordnen, obwohl nicht alle Merkmale dieser Bedeutung aktiviert werden können. Auf der Ebene der Referenten entspricht dies einem randständigen Mitglied einer Kategorie. Die zunächst intuitive Annahme, dass hier dieselbe Kategorie vorliegt und auch dieselbe Bedeutung aktiviert ist, kann objektiviert werden, indem wir auf die im vorigen Abschnitt aufgestellten *Arten der Polysemie* zurückgreifen und prüfen, ob zwischen den verschiedenen Verwendungen von *Wagen* und *Arm* eine der semantischen Relationen A–G besteht. In (1) wäre *metonymische* und in (2) *metaphorische Polysemie* denkbar, jedoch ist es nicht sehr plausibel, dass dt. *Wagen* u.a. die konventionellen Bedeutungen 'Motor' und 'Preis' hat: Es müssten sonst sogar Sätze wie **Das Flugzeug hat einen Wagen* im Sinne von *Das Flugzeug hat einen Motor* möglich sein. Es handelt sich daher eben vielmehr um Aspekte der in (1) aktivierten Bedeutung von *Wagen*, nämlich 'Auto, Kraftfahrzeug'. Ebensowenig stellt der Arm einer nach dem menschlichen Vorbild gefertigten Statue eine völlig andere Kategorie dar, wie es die Definition für Metapher verlangen würde.

Wenn wir also einerseits keine der synchronischen semantischen Relationen A–G zwischen zwei konkreten Verwendungen eines Wortes herstellen können, da die semantische Überlappung zu groß ist, und wir andererseits die in den beiden Äußerungen bezeichneten Referenten ein und derselben Referentenklasse zuweisen, liegen **kontextuelle Varianten** einer Bedeutung vor.

Damit haben wir gleichzeitig auch die Kriterien für die Unterscheidung von Kontextvarianz und Polysemie definiert: **Polysemie** liegt dann vor, wenn die von zwei Verwendungen eines Wortes bezeichneten Referenten unterschiedlichen Referentenklassen zugewiesen werden und wenn die beiden Verwendungen durch eine der sieben Relationen A–G verbunden sind. Dies ist der Fall in den folgenden Beispielen:

(3) a. dt. Mein linker *Arm* schmerzt.

    b. Das Boot bog in einen anderen *Arm* des Flusses ein.

    c. Er setzte den *Arm* behutsam auf die Schallplatte.

(4) a. fr. Tous les *hommes* sont mortels.

      'Alle *Menschen* sind sterblich.'

    b. Au coin de la rue, un *homme* barbu m'attendait.

      'An der Straßenecke wartete ein bärtiger *Mann* auf mich.'

(5) a. it. Le rose hanno delle *spine*.

      'Rosen haben *Dornen*.'

    b. Mi sento una *spina* alla spalla destra.

      'Ich spüre einen *stechenden Schmerz* in der rechten Schulter.'

(6) a. sp. Pablo engancha los caballos al *coche*.

      'Paul spannt die Pferde vor die *Kutsche*.'

    b. Pablo tiene un *coche* de carreras.

      'Paul besitzt einen *Rennwagen*.'

In (3) liegt eine metaphorische, in (4) eine taxonomische und in (5) eine metonymische Polysemie vor. Die unterschiedlichen Bedeutungen in (6) sind ursprünglich durch lexikalische Absorption entstanden (*coche de caballos*, *coche automóvil*), heute stehen sie jeweils in taxonomischer Polysemie zu einer allgemeineren Bedeutung 'mehrspuriges Fahrzeug mit Rädern' (vgl. dt. *Wagen*, fr. *voiture*).

5.3.2.   Polysemie und Homonymie

Im Falle von Polysemie haben wir auf der einen Seite jeweils unterschiedliche Referentenklassen und Konzepte hinter den Verwendungen, auf der anderen Seite aber eine klare semantische Relationen zwischen den konkreten Verwendungen, die Aktualisierungen unterschiedlicher lexikalisierter Bedeutungen *eines* Wortes sind.

Mit diesen rein synchronischen Kriterien können wir nun auch Polysemie und Homonymie voneinander abgrenzen:

(7) a. fr. Le propriétaire a *loué* cette chambre à Paul.

      'Der Vermieter hat dieses Zimmer an Paul *vermietet*.'

    b. Le professeur a *loué* Paul pour son application.

      'Der Lehrer hat Paul für seinen Fleiß *gelobt*.'

(8) a. it. Il *riso* è ampiamente usato nell'alimentazione umana.

      '*Reis* ist in der menschlichen Ernährung weit verbreitet.'

    b. Con sì dolce parlar e con un *riso* da far inammorar un uom selvaggio. (Petrarca)

'Mit solch sanfter Rede und einem *Lachen*, das einen Wilden verliebt machen würde.'

(9) a. sp. La *llama* de la pasión quemó Pablo.
'Die *Flamme* der Leidenschaft verzehrte Paul.'
  b. La *llama* es un animal proprio de América Meridional.
'Das *Lama* ist ein typisches Tier Südamerikas.'

In allen Beispielen muss man den einzelnen Verwendungen nicht nur unterschiedliche Referentenklassen zuweisen, im Unterschied zur Polysemie ist es auch nicht möglich, eine semantische Relation zwischen den beiden Verwendungen herzustellen: fr. *louer*₁ '(ver)mieten' – *louer*₂ 'loben', it. *riso*₁ 'Reis' – *riso*₂ 'Lachen' und sp. *llama*₁ 'Flamme' – *llama*₂ 'Lama' sind **Homonyme**, d.h. jeweils zwei unterschiedliche Lexien, die lediglich eine identische Wortform (*signifiant* und Schreibweise) sowie identische grammatische Informationen (Wortart, Genus) haben.

Mit den beiden Kriterien der Zuordnung der konkreten Referenten zu ihrer Referentenklasse sowie der Herstellung einer der sieben synchronischen semantischen Relationen können wir also – in aller Regel – Homonymie von Polysemie und diese von einfachen Varianten einer Bedeutung abgrenzen:

	Wortform	Referentenklasse	Semantische Relation A – G
Kontextvarianz	identisch	identisch	nein (zu geringer semantischer Abstand)
Polysemie	identisch	verschieden	ja
Homoynymie	identisch	verschieden	nein (zu großer semantischer Abstand)

Fig. 3: Abgrenzung von Kontextvarianz, Polysemie und Homonymie

Polysemie und Homonymie *im engeren Sinne* liegt nur vor, wenn Wortart und ggf. Genus des Paars identisch sind. In einem weiteren Sinne kann man aber auch Fälle von unterschiedlicher Wortart oder Genus zur Polysemie rechnen, wenn die semantische Relation vorhanden ist, wie z.B. im Falle von it. *portatile* 'tragbar', 'Notebook-Computer' oder dt. *Weizen* 'Getreide', 'Biersorte'.

Zur Homonymie im weiteren Sinne rechnet man neben Wortart- (sp. *oso*₁ 'Bär' – *oso*₂ 'ich wage') und Genusverschiedenheit (dt. *der Leiter* 'Vorgesetzter' – *die Leiter* 'durch Sprossen verbundene Balken zum Hinaufsteigen') auch die reine *signifiant*-Identität, die sogenannte **Homophonie** bei unterschiedlicher Schreibung (fr. /so / = *saut* 'Sprung' – *seau* 'Eimer' – *sceau* 'Siegel' – *sot* 'Dummkopf', dt. /la p/ = *Laib* 'rund geformte, feste Masse' – *Leib* 'Körper'), sowie die reine graphische Identität, die **Homografie** bei unterschiedlicher Lautung (it. *pesca* = /peska/ 'Fischfang' – /pɛska/ 'Pfirsich'; dt. *Weg* = /veːk/ 'Pfad' – / vek / 'entfernt'). Während wir im Deutschen meist nur entweder homografe oder homophone Paare finden, seltener jedoch beides, gibt es im Italienischen einige Fälle von Homografie ohne Homophonie (im wesentlichen die durch die phonologische Opposition von /e/ : /ɛ/ und /o/ : /ɔ/ unterschiedenen Wörter), jedoch keine Homophonie ohne gleichzeitige Homografie. Im Spanischen kommt Homophonie ohne Homografie nicht selten vor (z.B. *baca* 'Beere' – *vaca* 'Kuh', *hojear* 'durchblättern' – *ojear* 'beäugen'), der umgekehrte Fall, Homografie ohne Homophonie, jedoch offenbar überhaupt nicht (Dietrich/Geckeler 1990, 107). Im Französischen ist Homografie ohne Homophonie selten (z.B. fr. *fils* = /fis/ 'Söhne' – /fil/ 'Fäden'), Homophonie ohne Homografie (s.o.) ist hingegen extrem häufig und Anlass unzähliger Kalauer.

5.3.3.   Sekundäre Homonymie und sekundäre Polysemie

Polysemie, so lautete unsere erste Definition, beruht auf Bedeutungswandel, Homonymie hingegen auf Lautwandel. Inzwischen haben wir diesen diachronischen Aspekt durch klare synchronische Kriterien ergänzt, sodass wir auch ohne etymologisches Hintergrundwissen konkrete Einzelfälle unterscheiden können. Und dies ist gut so, denn gar nicht so selten widerspricht der synchronische Befund der diachronischen Entwicklung: So hatte z.B. afr. *voler* 'fliegen' per Metonymie die Bedeutungen 'mit Falken im Fluge jagen' und 'die Beute ergreifen' entwickelt, aus welcher dann per Metapher die zunächst sicher euphemistische Bedeutung 'stehlen' gebildet wurde. Mit dem Ende der mittelalterlichen Falkenjagd wurden die beiden Zwischenbedeutungen unüblich, sodass seitdem zwischen 'fliegen' und 'stehlen' keine semantische Brücke mehr besteht und wir *voler*₁ 'fliegen' – *voler*₂ 'stehlen' synchronisch als Homonymenpaar einstufen müssen. It. *fioretto* 'Florett' verdankt seinen Namen einer kleinen stilisierten Blume (*fioretto* 'Blümchen') auf einer Kugel, die bei Fechtübungen über die Klingenspitze gestülpt wurde. Seit diese Verzierung weggelassen wurde, ist die metonymische Brücke zwischen 'Blümchen' und 'Florett' zerbrochen. In beiden Fällen hat sich also aus ursprünglicher Polysemie **sekundäre Homonymie** entwickelt.

Auch der umgekehrte Fall lässt sich belegen: Durch völlig lautgesetzlichen Wandel sind im Spanischen lt. *somnus* 'Schlaf' und *somnium* 'Traum' zu *sueño* zusammengefallen. Hier wird nun die ursprüngliche Homonymie in eine metonymische Polysemie uminterpretiert, da das Konzept TRAUM ja Bestandteil des Frames „SCHLAF" ist. In eine metaphorische Polysemie scheint engl. *corn*₁ 'Korn' (< aengl. *corn*) und *corn*₂ 'Hühnerauge' (< afr. *corn*) umgedeutet worden zu sein (vgl. Ullmann 1962, 164). Besonders schön ist die Umdeutung der Homonymie von dt. *Krug*₁ 'Gefäß' (mhd. *kruoc*) und *Krug*₂ 'Schenke, Wirtshaus' (wohl aus mnd. *krūch* 'Kehle, Kragen'), in eine metonymische Polysemie. In diesen Fällen sprechen wir von **sekundärer Polysemie**.

5.4.   Diskurstraditionen, Diskursregeln und regelbasierte Mehrdeutigkeit

Die zuletzt behandelten Beispiele zeigen, wie wichtig es ist, die diachronische Entwicklung von der synchronischen Struktur zu trennen. Nun haben wir bislang zwar Kriterien für die rein synchronische Bestimmung von Polysemie entwickelt, ohne jedoch grundsätzlich

Bréals Dogma in Frage zu stellen, demzufolge Polysemie die Synchronie des Bedeutungswandels ist (den Sonderfall der sekundären Polysemie ausgenommen). Zwar ist dies sicher für viele Fälle von Bedeutungswandel zutreffend, jedoch stoßen wir auch bei zahlreichen Wörtern auf so regelmäßige und geradezu parallel strukturierte Polysemien, dass die Annahme, sie wären alle das Ergebnis einzelner selbständiger Bedeutungswandel, kaum plausibel erscheint. Sicher auch auf dieser Erkenntnis gründete Bierwischs monosemisch konzipierte „Zwei-Ebenen-Semantik" (vgl. Kap. 2.3.2.). Hier nochmals einige Beispiele:

(10) a. dt. Die *Schule* spendet einen größeren Betrag. [*INSTITUTION*]
   b. Die *Schule* hat ein Flachdach. [*GEBÄUDE*]
   c. Die *Schule* macht ihm großen Spaß. [*ENSEMBLE VON PROZESSEN*]

(11) a.it. Maria ha fatto un *triste* annuncio a Paolo. [*URSACHE*]
   'Maria hat Paul eine *traurige* Mitteilung gemacht.'
   b. Paolo è *triste*. [*ZUSTAND* (als *FOLGE* von a)]
   'Paul ist *traurig*.'

(12) a. sp. Maria cría dos *cerdos* en la porqueriza. [*TIER*]
   'Maria mästet zwei *Schweine* im Stall.'
   b. Maria come una chuleta de *cerdo*. [*FLEISCH*]
   'Maria isst ein *Schweinekotelett*.'

Bereits in Kap. 2.3.2. wurde gezeigt, dass eine monosemische Konzeption dieser Beispiele nicht zu halten ist, weil die konzeptuellen Verschiebungen zwar weit verbreitet, aber nicht universell möglich sind und weil letztlich doch jedes Wort einzelsprachlich strukturiert ist, sodass zwar z.B. dt. *Schule* auf die dort verbrachte Zeit referieren kann (*Nach der Schule rannten die Kinder nach Hause*), nicht jedoch das semantisch ansonsten sehr ähnlich strukturierte Wort *Parlament* (**Nach dem Parlament rannten die Abgeordneten nach Hause*). In neueren Darstellungen werden die Beispiele in (10)–(13) als Sonderfall von Polysemie (Pustejovsky 1995: „logical polysemy") oder gar als Sonderfall von Kontextvarianz eingestuft.[5]

Hier ergibt sich wie schon bei Bierwisch die Problematik der nicht universellen Übertragung auf andere Sprachen und auf parallel strukturierte Wörter derselben Sprache: Während sp. *cerdo* sowohl 'Schwein (als Tier)' als auch 'Schweinefleisch' bedeutet, gilt diese Metonymie nicht für *pez* 'Fisch (als Tier)', dem *pescado* 'Fisch (zum Verzehr)' gegenübersteht. Eine Semantik, die relativ abstrakte, monosemisch orientierte Bedeutungsbeschreibungen vornimmt und von mehr oder weniger universellen Regeln der Anwendung dieser Wörter in konkreten Kontexten ausgeht, müsste solche idiosynkratischen Beschränkungen jeweils einzeln erklären, was wiederum der angestrebten Eleganz der Bedeutungsbeschrei-

---

[5] Vgl. Cruse 1996, der von „facets" spricht, sowie Kleiber 1999, der seine Konzeption der „facettes" oder „métonymie intégrée" mit fortschreitender Argumentation allerdings selbst weitgehend in Frage stellt.

bung zuwiderläuft. Einer tendenziell monosemischen Interpretation dieser Fälle steht überdies die Tatsache entgegen, dass in allen zitierten Fällen eine semantische Relation (*konzeptuelle Kontiguität*) besteht.

Dennoch: es ist nicht zu leugnen, dass viele Wörter sehr generelle Polysemien zulassen. Kognitiv betrachtet, beruhen diese Polysemien auf der Profilierung stereotyper Konzepte vor einem klaren, ebenfalls typischen Hintergrund, mit anderen Worten: hier werden typische, analog strukturierte Frames und Konzeptkonstellationen ausgenutzt. Die URSACHE-FOLGE-Konstellation z.B. ist in der Regel so klar profiliert, dass quasi alle Frames, die sie aufweisen, eine metonymische Versprachlichung dieser Konstellation ermöglichen. Wo die konzeptuelle Konstellation weniger klar profiliert ist, kann der Transfer hingegen blockiert sein.

Im Spiel sind hier also typische Kontiguitäts-Schemata oder Konzeptmetonymien, wie wir sie in Kap. 4.3. definiert haben, deren Transferpotenzial so groß ist, dass man nicht mehr von einzelnen metonymischen Bedeutungswandeln sprechen kann. Dieselbe Wirkung können, wie bereits Lakoff/Johnson (1980) gezeigt haben, auch Konzeptmetaphern entfalten: Wenn ein Schema einmal konventionell ist, kann es gefahrlos angewendet werden. So baut z.B. die Fachsprache der kognitiv orientierten Linguistik in starkem Maße auf der Raummetaphorik auf: Ein Konzept *profiliert* sich *vor* einem *Hintergrund*, *Frames* oder mentale *Räume* werden *eröffnet*, Kategorien *strahlen* in verschiedene *Richtungen aus*, haben ein *Zentrum* und eine *Peripherie*, etc.

Wenn man diese Übertragungen als Bedeutungswandel verstehen wollte, müsste man sie ausnahmslos dem analogischen Bedeutungswandel zuweisen, der sich bekanntlich der anderen Verfahren bedient (vgl. Kap. 4.4.6.). Oft jedoch ist ein Schema produktiv, ohne dass es zur Lexikalisierung der Metapher oder Metonymie als *Sprachregel* kommt. In der einschlägigen linguistischen Literatur viel strapazierte Beispiele hierfür sind jene von den Kellnern, die auf Gäste mit der von diesen bestellten Speise referieren, und von den Krankenschwestern, die Patienten mit deren Krankheit bezeichnen:

(13) a. Das *Wiener Schnitzel* ist gegangen, ohne zu bezahlen.
     b. Der *Blinddarm* in Zimmer 4 will ein Schlafmittel.

Die Geläufigkeit dieser Muster steht außer Zweifel, jedoch ist es unwahrscheinlich, dass eines Tages dt. *Wiener Schnitzel* in der Bedeutung 'Gast' lexikalisiert würde. Die beiden Konzeptmetonymien sind überhaupt nur in der Rede von Kellnern (evtl. auch zwischen Kellner und Gast) bzw. Krankenhauspersonal anwendbar, dort aber ohne Beschränkungen. Es handelt sich also um Regeln, die im Rahmen einer bestimmten **Diskurstradition** funktionieren, dort aber nicht an eine bestimmte Einzelsprache, sondern an eine Sprechergruppe gebunden sind, die diese Regeln in ihren Diskursen anwendet. Diskurstraditionen sind Regelsysteme, die ein Sprecher zur korrekten Produktion bestimmter Diskurse oder Texte kennen muss, also z.B. die Metaphorik der Renaissance-Dichtung, die typischen Argumentationstechniken, Wendungen und Ausdrücke, die beim Gebrauchtwagenkauf oder beim Halten eines Referats üblicherweise benutzt werden. Diskurstraditionen sind nicht an Sprachgemeinschaften gebunden, sondern an bestimmte Gruppen innerhalb einer Sprachgemeinschaft oder über diese hinaus (vgl. ausführlich Koch 1997). In der europäischen

Dichtung existiert z.B. seit dem Mittelalter ein metaphorisches Schema, in dem *April* 'Jugend' bedeutete und das analog auf andere Monate – mit entsprechender Referenz auf andere Lebensalter – übertragen werden konnte, wie das italienische (14b) und das englische Beispiel (14c) zeigen:

(14) a. fr. Je paragonne à ta jeune beaulté, Qui toujours dure en son printemps nouvelle, Ce moys *d'Avril*, qui ses fleurs renouvelle [...] (Ronsard, *Les amours* CIII [1552])

    b. it. Il bell'*Aprile* della mia vita è passato da molto tempo, e son già presso al *Decembre*. (Monti, zit. nach GDLI, s.v. „aprile")

    c. sp. Ay años *abriles* mios! Expiraron ya mis glorias. (Cienfuegos, zit. nach DHLE)

    d. engl. Thou art thy mother's glass and she in thee Calls back the lovely *April* of her prime. (Shakespeare, *Sonnets* III)

    e. For since mad *March* great promise made of me; If now the *May* of my years much decline, What can be hoped my harvest time will be?
(Sidney, *Astrophel and Stella* [~ 1580]; zitiert in: Shakespeare, *Sonnets*, hrsg. v. C. Knox, London: Methuen 1918: 6A.)

Konzeptuelle Schemata dieser Art sind also generell an eine oder an mehrere Diskurstraditionen gebunden: Wir lernen sie als Regeln zur Produktion bestimmter Diskurstypen, und umgekehrt aktiviert die Wahl eines bestimmten Diskurstyps beim kompetenten Sprecher die dazugehörigen Konzeptmetaphern und -metonymien (vgl. Waltereit 1998, 14-19). Einige Konzeptmetaphern und -metonymien, wie z.B *URSACHE – FOLGE* in Bsp. (11), sind sehr weit verbreitet, mit anderen Worten: sie funktionieren in vielen Diskurstypen; andere sind auf einen oder sehr wenige Diskurstypen beschränkt, wie z.B. *BESTELLTE SPEISE – GAST* oder *JAHRESZEIT – LEBENSALTER* in den Bsp. (13) und (14).

Solche **Diskursregeln** erzeugen nun einen Typ von semantischer Mehrdeutigkeit, der nicht den üblichen Kriterien der Lexikalisierung entspricht, aber unter den genannten Bedingungen eben doch sehr regelmäßige semantische Variation zulässt. Wir können hier nicht wirklich von Polysemie sprechen, da keine Lexikalisierung vorausgeht. Dennoch gibt es eine Art von regelbasierter Mehrdeutigkeit auf Diskursebene. Innerhalb eines Diskurstyps können die Schemata produktiv verwendet werden, wo jedoch keine usuelle Diskursregel vorliegt, ist der Transfer blockiert, selbst wenn das Schema selbst kognitiv gut profiliert ist: So ist es eher unüblich, wenngleich nicht völlig ausgeschlossen, dass Gäste eines Restaurants auf andere Gäste mit der von diesen bestellten Speise referieren (*Das Wiener Schnitzel am Nebentisch ist völlig betrunken.*)

Wo andererseits eine spezifische Diskursregel für viele Diskurstraditionen usuell ist, kann es zu einer Lexikalisierung auf der Ebene der entsprechenden Einzelsprache kommen, d.h. die konkrete Metapher oder Metonymie (ggf. auch andere Relationen) wird zu einer Bedeutung des entsprechenden Wortes. Dies ist der Fall bei den verschiedenen Bedeutungen von *Schule, livre, triste* und *cerdo* in den Bsp. (10)-(12), die nicht mehr auf bestimmte Diskurstraditionen beschränkt sind, aber sicher aus Diskursregeln hervorgegangen sind. Es sind also lexikalisierte Polysemien entstanden. Es ist dabei zu beachten, dass an diesem Punkt einzelsprachliche Beschränkungen die Universalität der Diskursregel einschränken.

5.5.   Zusammenfassung: regelbasierte Mehrdeutigkeit und lexikalisierte Polysemie

Damit eröffnet sich uns nun auch ein komplexerer Blick auf die semantische Innovation und auf die verschiedenen Formen von Polysemie, die daraus entstehen können: Innovationen können sich einerseits idiosynkratisch auf der Grundlage unseres enzyklopädischen Wissens und entsprechender kognitiver Schemata und Assoziationen bilden und dann direkt als *Sprachregel* einer Einzelsprache *lexikalisiert* werden: Es kommt zu einer idiosynkratischen **lexikalisierten Polysemie** (vgl. die Bsp. in Fig. 1). Der häufigere Weg führt aber wohl über analoge Bildungen auf der Basis vorhandener *Diskursregeln*, die dann in jener Diskurstradition, in deren Rahmen sie entstanden sind, als **regelbasierte Mehrdeutigkeit** *usualisiert* werden. Von dort kann es zu einer Lexikalisierung als idiosynkratische Sprachregel kommen, diese Entwicklung muss aber nicht eintreten. Umgekehrt bilden sich konkrete Diskurse auf der Basis allgemeiner Sprachregeln einer Einzelsprache sowie spezifischer Diskursregeln der gewählten Diskurstradition.

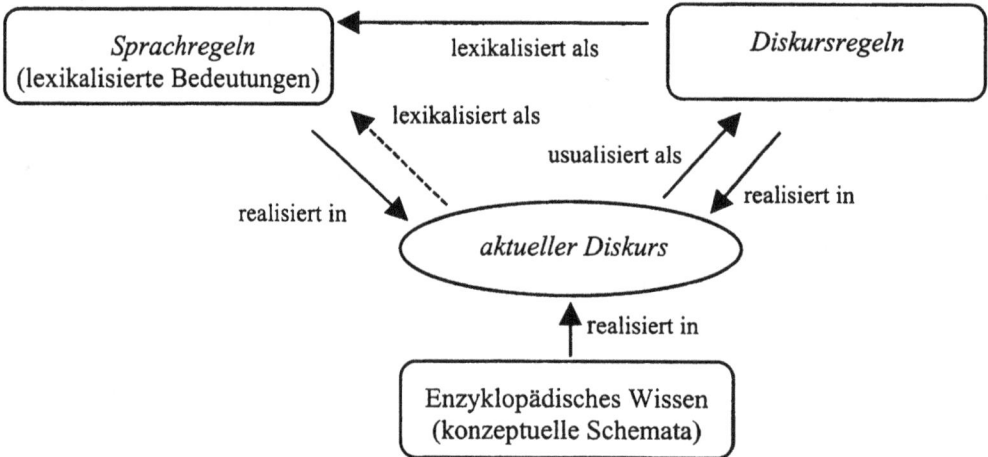

Fig. 4: Wege der semantischen Innovation

Es ergibt sich somit das in Fig. 4 dargestellte komplexe Schema der Interaktion von aktuellem Diskurs, kognitiven Schemata, Diskursregeln und Sprachregeln (vgl. Blank 1997, 116-125; Blank 2000, 22ff.) und folgendes Spektrum der Polysemie:

Am einen Ende stehen die *regelbasierten, nicht lexikalisierten Variationen* des Typs BESTELLTE SPEISE – GAST oder JAHRESZEIT – LEBENSALTER, die auf eine oder wenige Diskurstraditionen beschränkt sind, innerhalb dieser aber völlig produktiv verwendet werden können. Sie sind nicht Folge eines Bedeutungswandels, insofern gar keine neue einzelsprachliche Bedeutung (z.B. *Schnitzel* 'Gast') vorliegt, haben jedoch im Rahmen bestimmter Diskurse eine klare Realität für die Sprecher. Daher können hier auch nicht einzelne Wörter, sondern nur die Regeln als solche angegeben werden.

Koinzidieren relativ unspezifische diskursive Beschränkungen einer konkreten regelbasierten Polysemie mit guter kognitiver Profilierung kann es zur Lexikalisierung der regelbasierten Polysemie kommen. Hier kann man nun weiter unterscheiden zwischen *regelba-siert-lexikalisierter Polysemie ohne oder mit geringen idiosynkratischen Beschränkungen*, wie im Falle von fr. *livre* oder it. *triste*, und *regelbasiert-lexikalisierter Polysemie mit idio-synkratischen Beschränkungen*, wie im Falle von dt. *Schule* oder *Parlament* und sp. *cerdo*. Im ersten Fall ist eine Übertragung auf andere Wörter, die dieselbe konzeptuelle Struktur aufweisen, relativ unbeschränkt möglich, im zweiten Fall muss man von Wort zu Wort die jeweilige semantische Struktur erlernen. Beide Typen scheinen vor allem auf der analogi-schen Übertragung konzeptueller Metaphern und Metonymien zu beruhen.

Am anderen Ende der Skala schließlich stehen *idiosynkratische lexikalisierte Polyse-mien*. Es handelt sich um die synchronische Folge individueller Bedeutungswandel. Diese Entwicklungen können ebenfalls über die Zwischenstufe einer Diskursregel laufen, können aber auch direkt aus dem aktuellen Diskurs heraus als Sprachregel lexikalisiert worden sein. Konventionelle Kontiguitäts- oder Similaritätsschemata können bei ihrem Zustandekom-men mit im Spiel gewesen sein, stehen aber nicht im Vordergrund. Vor allem aber ist dies der Bereich der anderen Typen des Bedeutungswandels und der entsprechenden Arten von Polysemie, wie sie sich aus Fig. 1 ergeben. Im Hintergrund dieser Wandel stehen also nicht so sehr analoge Muster als vielmehr allgemeine Prinzipien der Kommunikation wie Expres-sivität und Sprachökonomie.

Zusammenfassend können wir festhalten, dass Polysemie nicht vollständig auf Bedeu-tungswandel reduzierbar ist, sondern dass wir die analoge Anwendung vorhandener kon-ventionalisierter Diskursregeln ebenfalls miteinbeziehen müssen. Damit ist auch klar, dass sich weder die Polysemie als solche noch die Abgrenzung von Polysemie und Kontextvari-anz in diachronischer Perspektive erfassen lassen. Durch die Anwendung rein synchronisch funktionierender Kriterien, nämlich der Zuordnung zweier konkreter Referenten zu ihrer Referentenklasse sowie der Existenz einer semantischen Relation zwischen zwei konkreten Verwendungen eines Wortes, können wir mit den Phänomenen – von problematischen Einzelfällen einmal abgesehen – jedoch relativ einfach und präzise umgehen. Dies ist nicht nur im Sinne einer modernen lexikalischen Semantik von enormem Vorteil, auch die Lexi-kografie kann hiervon profitieren.

Arbeitsaufgaben

1. Erstellen Sie die Bedeutungsnetze von dt. *sprechen*, it. *parlare* und sp. *hablar* mit Hilfe einschlägiger einsprachiger Wörterbücher!
2. Überlegen Sie selbst, inwieweit es sinnvoll ist, die Ergebnisse von lexikalischer Absorption mit Wortart- bzw. Genuswechsel als Bedeutungswandel und somit der Polysemie des entsprechenden absorbierenden Wortes zuzurechnen. Diskutieren Sie verschiedene Lösungsansätze im Seminar!
3. Sammeln Sie weitere Beispiele für regelbasierte Polysemie im Französischen bzw. Italienischen oder Spanischen und bestimmen Sie evtl. Idiosynkrasien!
4. Analysieren Sie die Sprachwitze in Koch/Krefeld/Oesterreicher 1997 (bes. Kap. II, XIV sowie Nr. 243) unter der Fragestellung, ob der Witz auf Homonymie oder Polysemie beruht! Was unterscheidet die Witze in Kap. II von denen in den Kap. III u. IV?
5. Vertiefen Sie die theoretische Diskussion um die Polysemie durch Lektüre folgender Texte: Lakoff 1987, 416-461; Geeraerts 1993; Pustejovsky 1995, 27–38; Kleiber 1999, 53–101. Diskutieren Sie die verschiedenen Ansätze im Seminar!

6. Semasiologie und Onomasiologie

6.1. Von der semasiologischen zur onomasiologischen Perspektive

Ein wichtiges Ziel der Kognitionsforschung und der Kognitiven Semantik, wie wir sie in Kap. 3 definiert haben, ist die Entdeckung von Grundmustern der menschlichen Wahrnehmung im Wortschatz. In diese Richtung zielen die allgemeinen Erkenntnisse, dass Konzepte prototypisch strukturiert und in Ober-/Unterbegriffs-Hierarchien angeordnet sind, dass sprachliches Wissen in Frames und Scenarios organisiert ist und dass neue Bedeutungen aufgrund von dominanten Similaritäts- und Kontiguitätsassoziationen (seltener Kontrast) entstehen.

In den Kapiteln zum Bedeutungswandel und zur Polysemie konnten wir bereits bestimmte semantische „Einzelschicksale" auf dem Hintergrund einer Frame-Relation oder einer prototypischen Struktur der entsprechenden Kategorie besser verstehen lernen. Wir konnten oft wiederkehrende Prozesse zu Typen von Konzeptmetaphern und -metonymien zusammenfassen und deren psychologische Substanz erkunden. Ferner gelang uns eine Typologie der Motivationen für semantische Innovationen. Generell ließen sich auch einige typische „Tendenzen" des semantischen Wandels erkennen, wie z.B. vom Konkreten zum Abstrakten, vom „objektiven" Wissen zum inferierten, vom expressiven Synonym zum Normalwort etc.

Unser Blick auf die Phänomene ging dabei bisher vom sprachlichen Zeichen als konstantem Element aus. Wir haben beobachtet, welche Bedeutung(en) es hat, wie die Sprecher ihm neue Bedeutungen „verschaffen" und wie seine synchronische Bedeutungsstruktur beschrieben werden kann. Eine solche Herangehensweise nennt man **semasiologisch** (von gr. *séma* 'Zeichen'). Ein Beispiel für eine bereits systematische semasiologische Analyse war in Kap. 4.2.2. unsere Beschreibung einiger metaphorischer Übertragungen auf Basis der jeweiligen romanischen Wörter für KOPF, wie z.B. fr. *tête*, it. *capo*, sp. *cabeza* 'oberes Ende eines Objekts', 'Vorgebirge', 'runder Gegenstand', 'Leiter, Anführer'.

Eine semasiologische Beschreibung kann auch über die lexikalische Semantik hinausreichen und die verschiedenen Ableitungen, Komposita und Fügungen auf der Basis eines bestimmten Wortes umfassen, wie dies (semasiologische) etymologische und historische Wörterbücher meist tun: Der *Dictionnaire historique de la langue française* (DHLF) führt z.B. unter dem Stichwort „chef" nicht nur die Bedeutungsentwicklung von fr. *chef* auf ('Kopf', 'Leiter, Anführer', '(oberes) Ende', 'wichtigstes Element einer bestimmten Menge'), sondern auch davon abgeleitete Bildungen, wie z.B. *couvre-chef* 'Kopfbedeckung', *sous-chef* 'stellvertretender Leiter', *achever* 'vollenden', *chef-lieu* 'Hauptort', *chef-d'œuvre* 'Meisterwerk'. Die semasiologische Perspektive bestimmt also nicht nur die lexikalische Semantik, sondern auch die anderen Disziplinen der Lexikologie, wie z.B. Wortbildung, Phraseologie, Theorie und Praxis der Entlehnung sowie die Beschreibung einiger eher formaler Prozesse, wie Akronymbildung, Wortkürzung oder Lautmalerei.

Diese semasiologische Perspektive reicht jedoch nur ein Stück weit: Wir können nämlich auf diese Weise nicht systematisch erkennen, wie denn nun bestimmte Sachverhalte
und Konzepte typischerweise konzeptualisiert und versprachlicht werden. Dies gelang uns
bisher nur dort, wo wir bei der Metapher die Blickrichtung gewissermaßen umgedreht und
z.B. festgestellt haben, dass ZEIT generell auf der Basis von RAUM-Metaphern ausgedrückt
wird, VERSTEHEN häufig über PHYSISCHES ERFASSEN, GELÄNDEFORMEN über KÖR-
PERTEIL-Metaphern etc. (vgl. Kap. 4.2.2.). Dies sind wichtige Hinweise auf generelle Versprachlichungsstrategien, die durch den Vergleich parallel laufender *semasiologischer
Entwicklungen* in einer Sprache oder sogar in mehreren Sprachen entdeckt werden konnten.

Aus der Sicht der Kognitiven Semantik wird es an diesem Punkt erst wirklich interessant. Folgende Fragen stellen sich und hier:

1. Wie wird ein bestimmter Sachverhalt, ein bestimmtes Konzept in einer Sprache oder in
   einer Gruppe verwandter und sogar nicht-verwandter Sprachen bezeichnet?
2. Existieren mehrere Versprachlichungen und, wenn ja, wie verhalten sie sich zueinander
   in geographischer, stilistischer und quantitativer Hinsicht?
3. Woher kommen die Versprachlichungen? Gibt es typische Quellkonzepte, aus denen sie
   sich speisen (wie z.B. RAUM für Zielkonzepte der ZEIT).

Dahinter steht natürlich das Interesse für die Art und Weise, wie wir Menschen die Welt
um uns herum wahrnehmen und wie wir diese Wahrnehmung in Sprache umsetzen: Gibt es
für bestimmte Konzepte und Konzeptfelder universelle Strategien, d.h. können wir als
Menschen diese Konzepte nur auf eine bestimmte Weise wahrnehmen? Oder ist die Wahrnehmung eines Sachverhaltes von Sprache zu Sprache oder von Kulturgruppe zu Kulturgruppe unterschiedlich und ist seine Konzeptualisierung daher eher kulturspezifisch-
einzelsprachlich? Wird ein Sachverhalt von einer bestimmten Sprachgemeinschaft überhaupt konzeptualisiert und versprachlicht oder fällt er durch die Maschen ihres Wahrneh-
mungsnetzes?

Fragen dieser Art setzen eine andere Herangehensweise voraus, nämlich die onomasiologische Perspektive. Die **Onomasiologie** (von gr. *ónoma* 'Name') geht vom Konzept, evtl.
sogar vom Referenten, zu den Bezeichnungen dieses Konzepts in einer bestimmten Sprache. Die Konstante ist also das Konzept, die Variable ist die Bezeichnung. Es handelt sich
bei Semasiologie und Onomasiologie nicht wirklich um verschiedene Disziplinen, sondern
um unterschiedliche *Herangehensweisen* an den Gegenstand, die zu jeweils eigenständigen
Ergebnissen führen. Folgendes Schema verdeutlicht diese unterschiedliche Perspektivie-
rung:

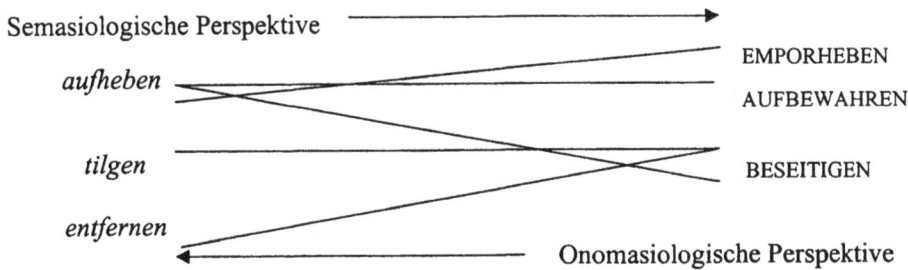

Fig. 1: Semasiologische und onomasiologische Perspektive (nach Quadri 1952, 168)

In semasiologischer Sicht fragt man nach den *Bedeutungen* und erfährt aus der Figur etwas über die Polysemie des philosophiegeschichtlich bedeutsamen dt. Verbs *aufheben*; in onomasiologischer Perspektive fragt man nach den *Bezeichnungen* und lernt, dass das Konzept BESEITIGEN im Deutschen u.a. mit den Verben *aufheben, tilgen* und *entfernen* ausgedrückt werden kann.[1]

Die Onomasiologie ist eine „altehrwürdige" Methode der Sprachwissenschaft und insbesondere der Romanistik. Sie erlebte ihre Hochblüte in einer sprachwissenschaftlichen Forschungsrichtung, die zu Beginn des 20. Jahrhunderts unter dem Schlagwort „Wörter und Sachen" bekannt wurde und die sich vermehrt der ländlichen Sachkultur zuwandte. Die Wörter- und Sachen-Forschung ist eng verbunden mit der Sprachgeographie, deren wissenschaftliche Höhepunkte die Sprachatlanten darstellen. Die Karten eines Sprachatlasses zeigen immer dasselbe Gebiet (einen Nationalstaat oder eine Region); die einzelnen Karten geben in den meisten Fällen die dialektalen Bezeichnungen für jeweils ein Konzept an, das der Einfachheit halber mit dem Wort der jeweiligen Standardsprache belegt wird.[2] Besonders deutlich wird die onomasiologische Ausrichtung im *Sprach- und Sachatlas Italiens und der Südschweiz (AIS*, 1928-40 in 8 Bänden erschienen), der nach Sachgruppen geordnet ist und bei dem Karten mit Begriffen aus der bäuerlichen Sachwelt häufig von einer kleinen Zeichnung begleitet sind. Die onomasiologische Wortforschung war, wie auch die ältere semasiologische Semantik psychologisch ausgerichtet und hat viele Gedanken explizit vorweggenommen, die in der aktuell dominierenden Kognitiven Semantik neu formuliert werden.

---

[1] Beide Möglichkeiten bestehen natürlich auch in der Grammatik, wo sie vielleicht noch mehr Tradition haben als in der Lexikologie: man kann also als Semasiologe die verschiedenen Funktionen der französischen Futurform *tu chanteras* untersuchen, und wird dabei entdecken, dass sie nicht nur zum Ausdruck der ZUKUNFT verwendet werden kann; als Onomasiologe fragt man nach den Ausdrucksmöglichkeiten von FUTURITÄT im Französischen und wird dabei das einfache Futur finden, aber eben nicht nur dieses, sondern auch das *futur composé*, das *présent*, Temporaladverbien etc.

[2] Daneben existieren Karten, welche die dialektale Form von Syntagmen und kleinen Sätzen wiedergeben: Hier lassen sich u.a. bestimmte grammatikalische Konzepte (z.B. die Realisierung von PERSON und NUMERUS) überprüfen.

6.2.   Lexikalische und assoziative Grundlagen einer kognitiven diachronischen
            Onomasiologie

Onomasiologische Studien suchen also nach den verschiedenen „Pfaden" der Versprachlichung eines Konzeptes und zeichnen dabei häufig den Weg zu den etymologischen Quellen
einer Bezeichnung nach. Sie legen besonderes Augenmerk auf den fortgesetzten Bezeichnungswandel, dem einige Konzepte und Konzeptbereiche unterliegen und ermöglichen die
Entdeckung rekurrenter Schemata in der Versprachlichung dieser Konzepte. Der onomasiologische Ansatz führt automatisch aus dem engeren Bereich der lexikalischen Semantik
hinaus, da ein Konzept ja nicht nur per Bedeutungswandel, sondern auch durch andere
lexikalische Verfahren, wie Wortbildung, Bildung syntagmatischer Fügungen, Phraseologie, Entlehnung etc. neu versprachlicht werden kann.

Ein einfaches Beispiel für die Vielfalt der Bezeichnungsmöglichkeiten bietet uns das
Konzept KOPF im Romanischen, das wir bereits als metaphorisches Quellkonzept kennen.
Als Zielkonzept wird KOPF (in der Bedeutung 'oberer bzw. vorderer Köperteil des Menschen und vieler Tiere') in der Romania u.a. folgendermaßen versprachlicht (vgl. Blank
1998c):
1. Fortsetzung von lt. *caput* (bzw. vlt. **capum*), z.B. in engd. *cheu*, gask. *cap*, it. *capo*, rum.
   cap.
2. Durch Bedeutungswandel von Wörtern, die ursprünglich 'rundes Gefäß', 'Schüssel',
   'Muschel' etc. bedeuten: z.B. lt. *testa* 'Schüssel' > [Metapher] vlt. *testa* 'Schädel' >
   [Metonymie] fr. *tête*, okz. *testa* (von dort entlehnt ins Italienische), lt. *concha* 'Muschel'
   > [Metapher] sd. *konka*.
3. Durch Bedeutungswandel von Wörtern, die ursprünglich 'große, runde Frucht', 'Kugel'
   bedeuten: z.B. sp. *calabaza* 'Kürbis' > [Metapher] 'Kopf (expressiv)', it. *melone* '(Ho-
   nig)melone' > [Metapher] 'Kopf (expressiv)', fr. *citrouille* 'Kürbis' > [Metapher] 'Kopf
   (expressiv)' etc.
4. Durch Derivation und Bedeutungswandel: lt. *caput* 'Kopf' → *capitium* 'Kapuze' >
   [Metonymie] sp. *cabeza*, pt. *cabeça* 'Kopf'; vom Spanischen wiederum entlehnt als
   cabèche ins Französische und von dort als *kabèch* ins Kreol von Guyana und Guadelou-
   pe.

Die Vielfalt der romanischen Bezeichnungen für den KOPF reduziert sich also auf wenige
Versprachlichungsstrategien, wobei das Quellkonzept GROSSE, RUNDE FRUCHT offenbar
typischerweise zur Schaffung expressiver Synonyme verwendet wird (vgl. dt. *Rübe, Birne*
etc.). Dieser Befund ist umso interessanter, als sich das Quellkonzept RUNDES GEFÄSS
auch in nicht-romanischen Sprachen mit einer gewissen Häufigkeit findet: Schon lt. *caput*
und die urverwandten dt. *Haupt*, engl. *head* gehen auf eine idg. Wurzel **kap-* 'fassen' zurück; das neuere dt. *Kopf* wiederum geht auf lt. *cuppa* 'Becher' zurück (vgl. Blank 1998c,
21-24).

Interessant ist auch die Geschichte der spanischen und portugiesischen Bezeichnungen
für den KOPF, und zwar nicht nur, weil sie über einen Umweg wieder auf lt. *caput* zurück-

gehen, sondern weil hier neben einem metonymischen Bedeutungswandel auch ein Derivationsprozess vorliegt. Die Suffigierung *caput* → *capitium* ist nun nicht nur ein formales Verfahren der Anreicherung des Wortschatzes, es findet auch ein semantischer Prozess von einem Quellkonzept KOPF zu einem Zielkonzept KAPUZE statt, der eindeutig auf der *konzeptuellen Kontiguität* der beiden Konzepte beruht. Genau genommen müssen wir den Wandel daher als Kombination eines formalen Verfahrens (*Suffigierung*) und einer bestimmten semantischen Assoziationsrelation (*konzeptuelle Kontiguität*) beschreiben (zu den Assoziationsrelationen vgl. Kap. 3.2.3.). Und diese Zerlegung muss nun folgerichtig auch auf die anderen lexikalischen Prozesse übertragen werden: eine „Metapher" ist demzufolge die Kombination von *Bedeutungswandel* und *metaphorischer Similarität*, eine Metonymie die Kombination von *Bedeutungswandel* und *konzeptueller Kontiguität*. Hinzu kann die Kenntlichmachung von Lehnprozessen kommen, wie bei it. *testa*, das aus dem Okzitanischen entlehnt wurde.

Die Nützlichkeit der Zerlegung lexikalischer Wandelphänomene in einen formalen Prozess und eine oder mehrere Assoziationsrelationen zeigt sich freilich weniger beim Bedeutungswandel, wo es eine traditionelle Terminologie gibt, sondern gerade bei den anderen lexikalischen Verfahren, wie Suffigierung, Präfigierung, Komposition, Konversion, Phraseologie etc. Einige Beispiele:

(1) a. it. *ragazzo* 'Junge' + *-ino* → *ragazzino* 'kleiner Junge'
formaler Prozess: *Suffigierung (Diminutivbildung)*
Assoziationsrelation: *taxonomische Unterordnung*
b. it. *ragazzo* 'Junge' + *-one* → *ragazzone* 'großer Junge'
formaler Prozess: *Suffigierung (Augmentativbildung)*
Assoziationsrelation: *taxonomische Unterordnung*

(2) sp. *bien* 'gut (Adv.)' → *(el) bien* 'das Gute'
formaler Prozess: *Konversion*
Assoziationsrelation: *konzeptuelle Identität*

(3) dt. *Wüste + Schiff* → *Wüstenschiff* 'Kamel'
formaler Prozess: *Komposition*
Assoziationsrelationen: *konzeptuelle Kontiguität + metaphorische Similarität*

(4) fr. *mener qn. en bateau* 'jdn. betrügen'
formaler Prozess: verbaler Phraseologismus
Assoziationsrelation: *metaphorische Similarität*

(5) engl. *motor + hotel* → *motel*
formaler Prozess: *Wortkreuzung*
Assoziationsrelationen: *konzeptuelle Kontiguität + taxonomische Unterordnung + formale Similarität*

Gerade bei den komplexeren Verfahren zeigt sich der Vorteil: Ein Kompositum wie dt. *Wüstenschiff* enthält nämlich eine metaphorische Komponente (das Kamel wird *als* Schiff gesehen) und eine metonymische (das Kamel lebt in der Wüste). Bei der Wortkreuzung kommt zur konzeptuellen Kontiguität (vor einem *Motel* stehen „Motoren") und der taxonomischen Unterordnung (ein MOTEL ist ein Typ von HOTEL) auch noch lautliche Similarität (das Wort *Motel* ähnelt sowohl *Motor* als auch *Hotel*).

Damit ergibt sich für die Lexikologie die nicht ganz selbstverständliche Erkenntnis, dass alle lexikalischen Verfahren, mit denen Sachverhalte versprachlicht werden können, eine semantische Komponente besitzen. Diese semantische Komponente beschreibt die Relation zwischen dem zu versprachlichenden Konzept (dem Zielkonzept) und dem Konzept oder den Konzepten, die hinter den Wörtern oder Affixen stehen, welche an der Bildung beteiligt sind (den Quellkonzepten). Im Beispiel dt. *Wüstenschiff* ist das Quellkonzept KAMEL, die Quellkonzepte sind WÜSTE und SCHIFF: Daraus ergibt sich eine doppelte assoziative Relation: einerseits *konzeptuelle Kontiguität* zwischen KAMEL und WÜSTE, andererseits *metaphorische Similarität* zwischen KAMEL und SCHIFF. Bei it. *ragazzino* drückt das Suffix *-ino* den Aspekt der Kleinheit aus; die Relation ist die der *taxonomischen Unterordnung* zwischen dem Zielkonzept KLEINER JUNGE und dem Konzept JUNGE hinter der Basis *ragazzo*: KLEINER JUNGE ist eine Unterart von JUNGE (ebenso GROSSER JUNGE). Beim Verfahren der Konversion ist die Assoziationsrelation häufig die der *konzeptuellen Identität*, da – wie bei sp. *bien* – oft lediglich die Wortart gewechselt wird, das Konzept aber dasselbe bleibt (zu anderen Fällen von Konversion vgl. Blank, im Druck a).

Mit dieser Kreuzklassifikation aus lexikalischen Prozessen und Assoziationsrelationen, zu denen sich ggf. noch Lehnprozesse gesellen, sind wir nun in der Lage, den Bezeichnungswandel von Konzepten systematisch und mit einer neuen semantischen Exaktheit zu beschreiben. Angewandt auf unser Beispiel KOPF ergibt sich die Darstellung in Fig. 2:[3]

Eine auf diese Weise die lexikalischen Verfahren und die assoziativen Prozesse systematisierende diachronische kognitive Onomasiologie versetzt uns nun in die Lage, konsequent rekurrente Versprachlichungsstrategien im Wortschatz (und ebenso in der Grammatik) aufzuzeigen. Bei den untersuchten Idiomen kann es sich dabei um eine Gruppe von Dialekten handeln, wie sie sich z.B. aus der Karte eines Sprachatlasses erschließen lassen: Dann wird man erfahren, wie in diesem Gebiet ein bestimmter Ausschnitt der Wirklichkeit erfasst wird (vgl. z.B. Blank 1998d zur Versprachlichung von MAUS, RATTE und MAULWURF in der Italoromania). Ebensogut kann eine gesamte Sprachfamilie, wie z.B. die romanischen Sprachen, untersucht werden: Wenn auf diese Weise eine entsprechend große Zahl von Konzeptbereichen mitsamt der Geschichte der jeweiligen Bezeichnungen erfasst wird, kann daraus ein onomasiologisches etymologisches Wörterbuch der romanischen Sprachen entstehen, dem man u.a. entnehmen kann, wie in der Romania Wahrnehmung und kulturelle Prägung bei der Versprachlichung der Welt interagieren (vgl. Blank/Koch 2000; Blank/Koch/Gévaudan 2000).

---

[3] Die Tabelle muss für jede aktuelle Bezeichnung von oben nach unten gelesen werden. Dabei kann das Quellkonzept$_i$ selbst wieder Zielkonzept$_{i-1}$ eines weiter zurückliegenden Prozesses sein.

⊕ ZIELKONZEPT$_i$	**KOPF**	'oberer Körperteil des Menschen und vieler Tiere'		
☞ ZIELFORM$_i$	afr. *chief*; kat. *cap*; engd. *cheu*, it. *capo*; okz. *cap*; rum. *cap*	sd. *konka*	kat. *testa*; engd. *testa*; fr. *tête*; okz. *testa* (⇒ it. *testa* ⇒ esp. *testa*); sard. *testa*	pt. *cabeça*; sp. *cabeza* (⇒ fr.pop. *cabèche* ⇒ kr.guy., gua. *kabèch*)
☒ PROZESS$_i$ (= Verfahren und Relation)	KEINES / KEINE (= FORTSETZUNG)	BEDEUTUNGSWANDEL / METAPHORISCHE SIMILARITÄT	BEDEUTUNGSWANDEL / KONZEPTUELLE KONTIGUITÄT	BEDEUTUNGSWANDEL / KONZEPTUELLE KONTIGUITÄT
♦ QUELLFORM$_i$	lt. *caput*, lt.v. **capum*	lt. *concha*	lt.v. *testa*	lt. *capitium*
▭ QUELLKONZEPT$_i$ = ⊕ ZIELKONZEPT$_{i-1}$	KOPF	MUSCHEL	SCHÄDEL	KAPUZE
☞ ZIELFORM$_{i-1}$			vlt. *testa*	lt. *capitium*
☒ PROZESS$_{i-1}$			BEDEUTUNGSWANDEL / METAPHORISCHE SIMILARITÄT	SUFFIGIERUNG / KONZEPTUELLE KONTIGUITÄT
♦ QUELLFORM$_{i-1}$			lt. *testa*	lt. *caput*
▭ QUELLKONZEPT$_{i-1}$ = ⊕ ZIELKONZEPT$_{i-2}$			RUNDES GEFÄSS	KOPF

Fig. 2: Der KOPF in den romanischen Sprachen (nach Blank/Koch 2000, 55)

Will man jedoch die universell vorherrschenden Versprachlichungsstrategien für ein Konzept oder einen Konzeptbereich kennenlernen, so bedarf es der Anwendung unserer onomasiologisch-diachronischen Methode auf eine Vielzahl nicht miteinander verwandter Sprachen. Wenn sich dann polygenetisch, d.h. unabhängig voneinander in verschiedenen Sprachen oder zu verschiedenen Zeitpunkten in einer Sprache, immer wieder dasselbe Versprachlichungsmuster oder eine geringe Zahl solcher Muster herauskristallisiert, dann kann man in der Tat davon sprechen, dass hier Basisstrukturen unserer Wahrnehmung gegeben sind.

Eine in jeder Hinsicht exemplarische Studie hat, lange bevor es die Kognitive Linguistik gab, Carlo Tagliavini (1949/82) mit seiner Untersuchung zu den Wörtern für das Konzept PUPILLE in weit mehr als 100 Sprachen der Welt vorgelegt. Tagliavini kommt zu acht Hauptstrategien der

Versprachlichung: Am häufigsten findet sich als Quellkonzept KLEINER MANN/JUNGE/KLEINES MÄDCHEN/KLEINE PUPPE (44 Sprachen, z.B. lt. *pupilla* 'Püppchen', arab. *sbi-il 'aïin* 'kleiner Junge des Auges'), gefolgt von NUSS/KERN/PERLE/STEIN (36 Sprachen, z.B. chin. *yèn tchoū* 'Perle des Auges'), SCHWARZ (24 Sprachen, z.B. ung. *szemfeketéje* 'das Schwarze des Auges'), AUGAPFEL (21 Sprachen, z.B. ir. *uball na suile* 'Augapfel'), SEHEN (16 Sprachen, z.B. bantu *mboni* 'sehen'), STERN/LICHT (14 Sprachen, z.B. engd. *stailina* 'kleiner Stern'), MITTELPUNKT (7 Sprachen, z.B. assyrisch *libbu* 'Mitte des Auges') und SPIEGEL (4 Sprachen, z.B. thai *këo ta* 'Spiegel').
Diese Quellkonzepte kommen universell vor, wobei sich interessante diachronische Drifts ergeben: So lassen sich alle Wörter, welche die Bedeutung 'Pupille' metonymisch über 'Augapfel' entwickelt haben, weiter auf die Quellkonzepte BALL/EI/APFEL zurückführen, wie z.B. irisch *uball na suile*, das in der Tat ein Kompositum aus *uball* 'Apfel' und *suile* 'Auge' ist. Bemerkenswert ist auch der häufigste Versprachlichungstyp, KLEINER MANN/JUNGE/KLEINES MÄDCHEN/KLEINE PUPPE, der auf das Bild des Betrachters im Auge des anderen beruht: Hier liegt im Prozess der Assoziation eine unauflösliche Verbindung von Similarität (man selbst – das kleine Bild von einem selbst) und Kontiguität (das kleine Bild – das Organ) vor.

Tagliavinis Studie behandelt nicht alle Sprachräume der Welt in gleichem Maße; auch kann man einzelne methodische Schwächen bemängeln (vgl. Blank, im Druck b). Insgesamt aber wird klar, dass die PUPILLE weltweit von den Menschen auf eine dieser acht Weisen konzeptualisiert und versprachlicht wird und dass eine Neuschöpfung sich mit hoher Wahrscheinlichkeit einer dieser Versprachlichungsstrategien bedienen wird. Diese Strategien herauszufinden und für jedes einzelne Konzept jene Grenzen nachzeichnen zu können, welche der lexikalischen Innovation, und somit unserer sprachlichen Kreativität, von unserer spezifisch menschlichen Wahrnehmung selbst gesetzt werden, ist das Ziel der kognitiven diachronischen Onomasiologie. Sie will damit einen Beitrag leisten zum besseren Verständnis unserer Wahrnehmung der Welt und gegebenenfalls Erklärungen anbieten, warum wir etwas so oder so sehen. Damit kombiniert sie die allgemeinen Erkenntnisse und Erkenntnisziele der Kognitiven Linguistik mit denen der traditionellen Onomasiologie.

Arbeitsaufgaben

1. Stellen Sie alle im Text gegebenen Beispiele für das Konzept PUPILLE nach dem Muster von KOPF in Fig 2 dar! Versuchen Sie dabei die lexikalischen Verfahren möglichst genau zu beschreiben, u.a. auch unter Zuhilfenahme entsprechender Wörterbücher.

2. Vertiefen Sie Ihr Verständnis der assoziativen Relation bei verschiedenen lexikalischen Verfahren anhand von Blank 1998a und Blank 1999c!

3. Studieren Sie die Versprachlichungsstrategien für BIRNE / BIRNBAUM und BUCHE / BUCHECKER anhand der Darstellung in Koch 1999c und beschreiben Sie im Detail die lateinisch-romanischen Entwicklungen!

4. Informieren Sie sich anhand von Blank/Koch 2000 und Blank/Koch/Gévaudan 2000 über das Projekt DECOLAR!

5. Unternehmen Sie selbständig weitere diachronisch-onomasiologische Erkundungen an romanischem Material auf der Basis von Sprachatlanten u.o. Wörterbücher! Gehen Sie dabei wie folgt vor: Konzept(e) festlegen; Versprachlichungen in zweisprachigen Wörterbüchern suchen und möglichst an einsprachigen Wörterbüchern überprüfen; die Etymologie und die lexikalisch-semantische Entwicklung anhand sprachspezifischer etymologischer Wörterbücher sowie mit Hilfe des REW und des FEW (letzter Absatz eines Artikels) möglichst genau bestimmen.

Diskutieren Sie auf der Basis Ihrer Erfahrungen im Seminar Schwierigkeiten und Möglichkeiten der kognitiven romanischen Onomasiologie!

7. Eine komplexe Bedeutungstheorie: die Drei-Ebenen-Semantik

7.1. Zur Problematik eindimensionaler Bedeutungstheorien

In den vorangegangenen Kapiteln haben wir verschiedene Aspekte und Dimensionen der lexikalischen Semantik und dabei vor allem auch immer wieder verschiedene Theorien der sprachlichen Bedeutung kennengelernt. Sollen wir „Bedeutung" rein enzyklopädisch konzipieren, wie die Kognitivisten vorschlagen, oder soll eine einzelsprachlich-sememische von einer enzyklopädischen Ebene unterschieden werden, wie etwa bei Bierwisch?

Die Hauptschwierigkeit rein einzelsprachlich-sememischer Konzeptionen, wie sie in der europäischen Strukturellen Semantik gelten, haben wir bereits in Kap. 2.1. angesprochen: Sie schließen alles nicht-einzelsprachlich relevante Wissen aus und sind methodisch weder in der Lage, das so wichtige Phänomen der Polysemie noch den Bedeutungswandel adäquat zu beschreiben. In beiden Fällen spielen konzeptuelle, außersprachliche Relationen und das rein enzyklopädische Wissen bekanntlich eine wichtige Rolle.

Eine auf der anderen Seite *rein* enzyklopädische Konzeption der Bedeutung, wie sie in der Kognitiven Semantik (und z.T. auch in der Generativen Semantik) vorherrscht, ist ebenfalls nicht frei von Schwierigkeiten (vgl. Kap. 3.5.): Sie muss alle relevanten semantischen Information als substanziell gleich verstehen, d.h. sowohl das Wissen um das Konzept, das, wenngleich es nicht universell sein muss, doch von Sprechern verschiedener Sprachen geteilt werden kann, als auch das Wissen um das Wort selbst, das eine genuin einzelsprachliche Größe darstellt. Dies wäre nur legitim, wenn man alles Wissen zu einem *Wort* als „enzyklopädisch" betrachtete. „Enzyklopädisch" kann aber strenggenommen nur das Wissen zu einem Konzept bzw. zu einer Referentenklasse sein (Croft 1993, 336). Es handelt sich hier offensichtlich um eine Inkonsistenz der Theorie der Kognitiven Semantik, an der erneut die gravierenden Folgen der „semasiologischen Wende" in der Prototypentheorie zu Tage treten (vgl. Kap. 3.3.5. und 3.3.6.). Die Prototypentheorie hat letztlich nur als Modell der Kategorisierung von Referenten einen Sinn, als Theorie und Modell der Struktur von Wortbedeutungen erweist sie sich als mehr als problematisch. Die Frame- und Netzwerkmodelle auf der anderen Seite sind Modellierungen des mentalen Lexikons und keine Modelle der lexikalischen Bedeutung oder der Bedeutungsstruktur von Wörtern (vgl. Kap. 3.4.3.). Das kognitive Bedeutungsmodell, wie wir es in Kap. 3.5. darzustellen versucht haben, ist eine nach „oben" offene Weltwissenstruktur mit einem „stereotypen" Kern, evtl. ergänzt um ein Netzwerk konzeptueller Relationen und Assoziationen.

7.2. Die „Drei-Ebenen-Semantik"

Aus dem bisher Gesagten und aus der Erfahrung der zurückliegenden Kapitel ergibt sich, dass ein eindimensionaler Bedeutungsbegriff nicht aufrecht erhalten werden kann. Damit erweist sich das diadische Zeichenmodell des europäischen Strukturalismus mit einzelsprachlichem Signifikant und Signifikat als ebenso inadäquat wie das ebenfalls diadische Modell Langackers mit Signifikant und einer die konzeptuelle Struktur abbildenden semantischen Struktur. Im folgenden soll nun eine Konzeption der lexikalischen Bedeutung entwickelt werden, die dieser Tatsache Rechnung trägt und gleichzeitig versucht, die Erkenntnisse der Strukturellen und der Kognitiven Semantik zu integrieren. Diese Konzeption nennen wir „Drei-Ebenen-Semantik", weil sie drei Arten semantisch relevanten Wissens enthält. Diese Ebenen beziehen sich, im Unterschied zu Bierwischs Theorie, nicht auf eine Lexie, sondern auf jeweils *eine* Bedeutung dieser Lexie, also auf die semantische Seite einer lexikalischen Einheit.

Die jeweilige Bedeutungskonzeption wird entscheidend vom zugrunde liegenden semiotischen Modell beeinflusst. Nun haben wir bereits in Kap. 1.2. ein komplexes semiotisches Modell kennen gelernt, welches das diadische Modell Saussures und das triadische Modell von Ogden/Richards miteinander kombiniert und dessen Vorteile sich vor allem bei der Beschäftigung mit Bedeutungswandel und Polysemie erwiesen haben. Den einzelnen Ebenen dieses Modells wurden bestimmte Arten von sprachlich relevantem Wissen zugewiesen: das *phonologische Wissen* (Zeichenausdruck), das *lexikalische Wissen* (Zeichen), das *einzelsprachlich-sememische Wissen* (Zeicheninhalt) und das *enzyklopädische Wissen* (Konzept). Abgesehen vom phonologischen Wissen sind alle anderen Arten von Wissen für die lexikalische Semantik relevant. Wie können wir dies begründen?

Zunächst einmal können wir unterscheiden zwischen den sprachlichen Zeichen als formalen und einzelsprachlich-inhaltlichen Phänomenen und dem Wissen um die Gegenstände, Sachverhalte, Vorgänge, Qualitäten etc., auf die wir mit diesen Zeichen referieren. Das „Wissen um ein mit einem gegebenen Wort bezeichnetes Konzept" und das „Wissen um dieses Wort" sind zwei *substanziell* verschiedene Entitäten (vgl. bereits Gauger 1970, 80-84). Das erste Wissen ist prinzipiell außersprachlicher Natur, das zweite kann einzelsprachlich-lexikalisch genannt werden; es gehört zum sprachlichen Zeichen als Ganzem und enthält Angaben zu dem mit einer Bedeutung verbundenen sprachlichen Zeichen, seine Verwendungs- und Kombinationsmöglichkeiten, Polysemie, lautliche Ähnlichkeit, Wortart und Wortfamilie.

Auf der Ebene des sprachlichen Zeichens müssen wir nun das Wissen um das Wort vom rein einzelsprachlich relevanten semantischen Wissen trennen. Die Annahme einer einzelsprachlich-sememischen Ebene war eine der zentralen Thesen der Strukturellen Semantik (vgl. Kap. 2.1.). Begründet wurde diese Unterscheidung mit dem unterschiedlich dichten und unterschiedlich strukturierten sprachlichen Netz, das die einzelnen Sprachgemeinschaften über die Welt werfen. Zum Beweis für dieses Faktum werden im Strukturalismus u.a. interlinguale Beispielpaare bzw. -tripel herangezogen, wie z.B. engl. *sheep* 'Schaf' – *mutton* 'Hammelfleisch' vs. fr. *mouton* 'Schaf', 'Hammelfleisch' (Saussure), oder dän. *træ* – *skov* vs. dt. *Baum* – *Holz* – *Wald* vs. fr. *arbre* – *bois* – *forêt* (Hjemslev). Im ersten Fall handelt es sich allerdings um eine metonymische Polysemie im Französischen, die im Englischen durch zwei Lexeme versprachlicht wird; im zweiten Fall weisen dän. *træ* 'Baum', 'Holz (als Materie)', dt. *Holz* 'Holz (als Materie)', 'kleines Wäldchen' sowie fr. *bois* 'Holz (als Materie)', 'kleiner Wald' jeweils unterschiedliche metonymische Polysemien auf (vgl.

Koch 1998, 115-118). Man kann hieraus nicht unbedingt auf eine unterschiedliche konzeptuelle Gliederung durch die Sprachgemeinschaften schließen, jedoch ist klar, dass unterschiedliche Polysemien bereits eine unterschiedliche Struktur des Wortschatzes selbst zur Folge haben.

Um einen „echten" Fall unterschiedlicher Konzeptualisierung und daraus resultierender Versprachlichung handelt es sich im folgenden Fall:

fr. *poil*, it. *pelo*, sp. *pelo* 'Körperhaar'	dt. *Haar*, rum. *par*
fr. *cheveu*, it. *capello*, sp. *cabello* 'Kopfhaar'	

Fig. 1: Unterschiedliche Konzeptualisierung von HAAR

Den Inhaltsbereich von dt. *Haar* teilen sich fr. *poil* – *cheveu*, it. *pelo* – *capello*, sp. *pelo* – *cabello*. Im Rumänischen existiert wie im Deutschen ein Wort für ein beide Konzepte übergreifendes Konzept. Man kann sicher sein, dass Deutsche und Rumänen kein anderes Sachwissen haben als Spanier, Italiener und Franzosen; auch im Deutschen kann man schließlich den *konzeptuellen* Unterschied versprachlichen (*Kopfhaar* – *Körperhaar*). Im Unterschied zum Deutschen (und Rumänischen) *muss* der konzeptuelle Unterschied im Französischen, Italienischen und Spanischen aber versprachlicht werden.

Die unterschiedliche Weise der Versprachlichung lässt auf eine andere Profilierung und Gewichtung der Konzepte durch die Angehörigen der jeweiligen Sprachgemeinschaften schließen. In semantischer Sicht entscheidend ist, dass sich für die jeweiligen einfachen Sprachzeichen eine andere semantische Struktur ergibt: Für fr. *cheveu* ist das semantische Merkmal [bedeckt den Schädel] distinktiv gegenüber fr. *poil*, das dieses Merkmal nicht hat, bzw. stattdessen ein Merkmal [auf Körper und Gesicht]. Die spezifische Lokalisierung gehört im Französischen also zum Sprachwissen, zum Wissen um das Wort *cheveu*. Für dt. *Haar* und rum. *par* existiert kein solches Merkmal auf einzelsprachlicher Ebene. Natürlich wissen Deutsche trotzdem um die Unterschiede zwischen Körper- und Kopfhaaren (unterschiedliche Dichte, Länge, Prägnanz etc.), jedoch ist dies bereits Wissen um das Konzept HAAR, also außersprachliches, enzyklopädisches Wissen. Auch Franzosen haben dieses enzyklopädische Wissen, ein Element daraus, die Lokalisierung am Körper, ist für sie jedoch auch auf der einzelsprachlichen Ebene der Sememe selbst relevant. Mit anderen Worten: Seme sind als Wissensaspekte aus dem enzyklopädischen Wissen abstrahiert, unterscheiden sich also von daher *nicht* substanziell von anderen Wissensaspekten, sie sind jedoch darüberhinaus auch einzelsprachlich distinktiv und haben somit – als Beschreibungsinstrumente des einzelsprachlich-lexikalischen Wissens – einen *kategoriell* anderen Status.[1]

Wir erhalten also zwei Ebenen des einzelsprachlichen Wissens (*sememisches* und *lexikalisches Wissen*), denen eine außersprachliche Ebene, das *enzyklopädische Wissen*, gegenübersteht: Dies ist ein *kategorieller* Unterschied. Auf der anderen Seite stehen zwei Ebenen des reinen Bedeutungswissens, nämlich *sememisches* und *enzyklopädisches Wissen*, einer Ebene des *lexikalischen Wissens* gegenüber: Dies ist ein Unterschied der *Substanz*, der Beschaffenheit des Wissens selbst, insofern die Ebenen des Bedeutungswissens etwas über die bezeichneten Gegenstände und Sachverhalte aussagen, das lexikalische Wissen aber über die Art, wie wir auf diese Gegenstände und Sachverhalte referieren und über Beschaffenheit und Struktur der verwendeten Zeichen (vgl. genauer in Kap. 7.3.2.). Grafisch können wir diese gegenseitige Überschneidung wie in Fig. 2 fassen, wobei die prinzipielle Offenheit der einzelnen Wissensbestände durch die gestrichelten Linien angedeutet wird.

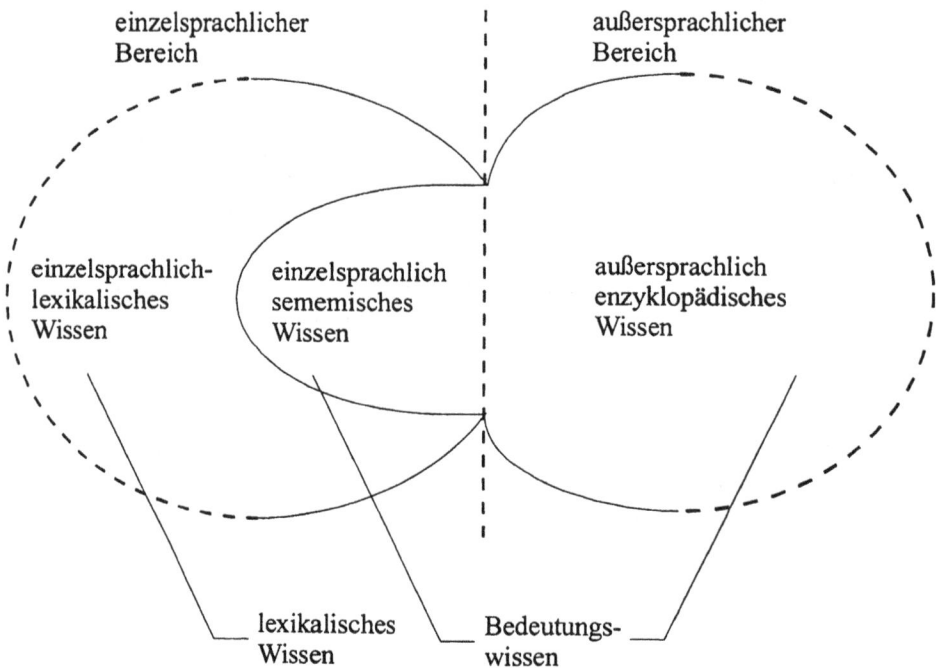

Fig. 2: Einzelsprachliches, außersprachliches, lexikalisches und Bedeutungswissen

Die Grafik unterstreicht die substanzielle Verschiedenheit des lexikalischen Wissens vom „Bedeutungswissen" im engeren Sinne. Die Offenheit der Bereiche deutet an, dass ein

---

[1] Die beiden Termini *substanziell* und *kategoriell* in diesem Zusammenhang verdanke ich einem Hinweis Peter Kochs.

Bedeutungswandel auch „schleichend" z.B. durch Hinzukommen neuer Weltwissensbestände erfolgen kann, was unserer Definition aus Kap. 4.1. ein Stück weit widersprechen würde. Solche Veränderungen betreffen jedoch in aller Regel nur periphere Bereiche der Bedeutung; wenn es zu einer grundsätzlich anderen Verwendung eines Wortes kommt, dann referiert dieses Wort auf ein neues bzw. anderes Konzept und führt so zur Schöpfung einer neuen Bedeutung, die dann ihrerseits obige Struktur aufweist.

7.3.   Ebenen des semantisch relevanten Wissens und Ebenen der Bedeutung

Die drei Ebenen des semantisch relevanten Wissens konzipieren wir als neuropsychologische Einheiten, da sie verschiedenen Dimensionen unseres „mentalen Lexikons" entsprechen. Eine weitere Unterteilung auf der Ebene des sprachlichen Gedächtnisses ist nicht sinnvoll. Hingegen können wir *als rein linguistische Abstraktion* diesen drei Ebenen insgesamt sechs Ebenen der „Wortbedeutung" zuordnen:

Ebenen des semantisch relevanten Wissens   Ebenen der Bedeutung

I. Einzelsprachlich-sememisches Wissen   1. *Semem*

II. Einzelsprachlich-lexikalisches Wissen   2a. *Externe Wortvorstellung*
(diasystematische Markierung)

2b. *Interne Wortvorstellung*
(Wortart, Genus, Polysemie,
Paronymien, Homonymien,
Wortfamilie)

2c. *Syntagmatische Relationen*
(Kollokationen, Wortbildungen,
Phraseologismen)

III. Außersprachlich-enzyklopädisches Wissen   3a. *Enzyklopädische*
Weltwissensbestände

3b. *Konnotationen* (intersubjektiv
nachvollziehbare Gefühle)

Fig. 3: Ebenen des semantisch relevanten Wissens und Ebenen der Bedeutung

Die sechs Ebenen der Wortbedeutung sind insofern eine Abstraktion, weil wir sie lediglich zur besseren Unterscheidung verwenden, wenn wir über Wortbedeutungen sprechen, ohne dass ihnen deshalb eine eigene Kategorie im mentalen Lexikon entsprechen müsste. Mit anderen Worten: wir können und müssen aufgrund der oben gemachten Überlegungen annehmen, dass im mentalen Lexikon drei unterschiedliche Arten von semantisch relevantem Wissen existieren und interagieren, denen wir auf der Beschreibungsebene verschiedene Kategorien gegenüberstellen. Im folgenden werden wir die drei Ebenen des semantisch relevanten Wissens und die ihnen entsprechenden Ebenen der Wortbedeutung darstellen und dabei auch ihre spezifische Relevanz für die Bedeutung einer lexikalischen Einheit erläutern.[2]

7.3.1.   Einzelsprachlich-sememisches Wissen: das Semem

Das Semem wurde in Kap. 2.1.2. als die Summe der Seme einer lexikalischen Einheit definiert; Semstatus haben genau jene semantischen Merkmale, die in einem bestimmten Sprachsystem (d.h. in einer bestimmten Varietät) zur semantischen Abgrenzung einer lexikalischen Einheit von anderen lexikalischen Einheiten dienen, die mit ihm ein Wortfeld teilen. Das Semem ist also die spezifische Merkmalssumme, die eine Wortbedeutung von den Bedeutungen der anderen im Wortfeld vertretenen lexikalischen Einheiten und von den anderen Bedeutungen eines Wortes unterscheidet. Es entspricht dem, was in Kap. 1.2. in unserem semiotischen Modell „Zeicheninhalt" genannt wurde. Da die Gestalt des Wortfeldes essenziell von den in einem bestimmten Sprachsystem realisierten Lexien abhängt, kann auch die sich durch die vorhandenen oppositiven Strukturen ergebende Merkmalssumme einer lexikalischen Einheit immer nur eine einzelsprachliche Größe sein, keinesfalls jedoch ein Bündel universeller kognitiver Minimaleinheiten. Ebenfalls einzelsprachlicher Natur sind bestimmte lexikalische Relationen (Synonymie, Antonymie und Hyponymie), die ein Wortfeld strukturieren und zu übergeordneten und untergeordneten Feldern abgrenzen.

Die strikt einzelsprachliche Herangehensweise der Strukturellen Semantik liefert uns einen Blick auf die in dieser Sprache wirklich funktionellen und unabdingbaren semantischen Aspekte, gewissermaßen auf den „harten Kern". Umfang und Gestalt dieses semantischen Kerns einer Bedeutung sind genuin einzelsprachlicher Natur: Das Merkmal [bedeckt den Schädel] gehört für fr. *cheveu*, it. *capello*, sp. *cabello* zum semantischen Kern, für dt. *Haar*, rum. *p r* nicht. Es darf jedoch nicht übersehen werden, dass die Bedeutungsseite einer lexikalischen Einheit nicht komplett mit semantischen Merkmalen erfasst werden kann und dass wir vom Inhalt vieler Wörter eine mehr oder weniger bildhafte „holistische" Vorstellung haben, die nur begrenzt in Merkmale zerlegbar ist. Sofern, wie bei Konkreta, eine bildhafte Repräsentation möglich ist, können wir annehmen, dass Merkmalsebene und Bildebene in einem Wechselverhältnis stehen, oder anders ausgedrückt: prototypische und sememische Konzeption schließen einander nicht aus, sie sind nur Darstellungen unterschiedlichen Abstraktionsgrads. Wo die völlige bildhafte Repräsentation nicht möglich ist, z.B. bei Adjektiven und Verben, kommt man um eine begriffliche Zerlegung gar nicht

---

[2] Fig. 3 wie der gesamte Abschnitt wirft das Problem der Reihenfolge der drei Bereiche auf: Die Ebenen 1 und 3 gehören eng zusammen, aber ebenso 1 und 2. Wir haben uns hier für eine Reihenfolge entschieden, die vom Sprachlichen zum Außersprachlichen geht.

herum. Dies gilt insbesondere für wortartspezifische semantische Merkmale, wie Aktanten- und Zirkumstantenrollen bei Verben oder die spezifischen Selektionsbeschränkungen bei Adjektiven (vgl. Kap. 2.2.).

Die einzelsprachlich-sememische Ebene bleibt eine relativ abstrakte Ebene, deren jeweiligen Merkmale auch von kompetenten Sprechern nicht ohne weiteres benannt werden können (dies muss vielmehr die Merkmalsanalyse leisten). Jedoch zeigen Untersuchungen zum Spracherwerb und zur Aphasie, dass der semantische Kern einer lexikalischen Einheit eine neuropsychologische Relevanz besitzt:

Das Kind muss zunächst einmal lernen, was ein „Gegenstand" überhaupt ist, nämlich das, was *gestalthaft* konstant zusammen auftritt und verschwindet. Dieser Phase der eher holistischen bildhaften Vorstellung folgt eine Phase der instabilen Merkmale: In dieser Phase kann es bei einigen Wörtern – nicht bei allen – zu prototypischen Überdehnungen aufgrund identischer oder ähnlicher perzeptueller Merkmale kommen: Ein Kind kann in dieser Phase z.B. alle runden Gegenstände *Ball* oder *Mond* nennen. Parallel dazu entwickelt das Kind langsam einen merkmalsorientierten Begriff von einem Gegenstand, der aus einer bestimmten Situation, mit der zusammen das Wort zunächst ganzheitlich wahrgenommen wurde, herausgelöst und somit auf andere Kontexte transferierbar wird. Auf dieser Entwicklungsstufe kann das Kind einen Baum korrekt bezeichnen und z.B. von einer Blume unterscheiden. Ist diese erste Begriffsbildung abgeschlossen, folgt die Einbettung in einen ständig wachsenden „Zusammenhang des Wissens". Dies führt zu einem immer dichter werdenden Begriffsnetz beim heranwachsenden Kind, das neben den ursprünglich erfassten Merkmalen auch solche Kenntnisse erwirbt, wie z.B. „man kann auf Bäume klettern", „die grünen Blätter von Laubbäumen verfärben sich im Herbst" etc. Der Bedeutungserwerb geht also vom Global-Konzeptuellen, Außersprachlichen zu einer einzelsprachlich-sememischen Bedeutungsbildung, zu welcher schließlich mit zunehmender Erfahrung Konnotationen und Weltwissen hinzutreten. Es entsteht auf diese Weise ein komplexes Wissen um die Welt, wobei sich das zu den verschiedenen Wörtern akkumulierte Wissen zu einem neuen Ganzen vereint.[3]

Umgekehrt bleibt – schwerste Fälle ausgenommen – bei Aphasikern die Erfahrung um die Welt erhalten: Sie wissen, wie man einen Rasierapparat benutzt, können ihn aber bei der Zuordnung des Wortes *Rasierapparat* zu Bildkarten nicht von einem Stück Seife unterscheiden. Die enzyklopädischen Elemente des Wissens bleiben also erhalten, während das einzelsprachliche Wissen mehr oder weniger stark beeinträchtigt ist (Stachowiak 1979, 267f.). Die zentraleren semantischen Merkmale sind dem übrigen semantischen Wissen also vorgängig, oder, um unser Beispiel vom Restaurant aus Kap. 3.4.2. wieder aufzunehmen: Wir lernen zuerst, dass man in einem Restaurant essen kann und später erst, in welchen Restaurants man sich wie benimmt und was, sagen wir, einen amerikanischen Schnellimbiss von einem Drei-Sterne-Lokal unterscheidet. Umgekehrt bleibt dieses Sachwissen erhalten, wenn das rein einzelsprachliche untergegangen ist.

---

[3] Vgl. zur Bedeutungsbildung im Spracherwerb Piaget 1969; Bowerman 1978; Szagun 1983, 233-250; Hörmann 1987, 31ff.; Kielhöfer 1997, 55-60.

7.3.2.   Einzelsprachlich-lexikalisches Wissen: externe und interne Wortvorstellung,
           syntagmatische Relationen

Die einzelsprachlich relevanten semantischen Merkmale machen nur einen, wenn auch
zentralen Teil der Bedeutung lexikalischer Einheiten aus. In älteren Semantiktheorien und
auch in der Strukturellen Semantik wird gelegentlich alles, was darüber hinaus noch semantisch relevant ist, unter dem Sammelbegriff „Konnotation" vereint, hinter dem sich
dann, je nach Autor, u.a. „stilistische Markierung", „lexikalische Relationen", „assoziierte
Gefühle" verbergen. Für eine moderne Bedeutungstheorie ist dies natürlich zu ungenau. Im
vorigen Abschnitt haben wir bereits gesehen, dass hier zunächst zwischen einzelsprachlichen Aspekten, die nicht Semstatus haben, und Außersprachlich-Enzyklopädischem unterschieden werden muss (zu letzterem vgl. Kap. 7.2.3.).

Jede lexikalische Einheit einer Lexie liefert uns eine Reihe von lexikalischen Informationen, die zwar nicht zur semantischen Kerninformation gehören, jedoch bei der Äußerung
eines Wortes aktiviert werden und für die korrekte Verwendung der lexikalischen Einheit
und ihre Positionierung im Wortschatz einer Sprache wesentliche Informationen liefern.
Diese lexikalischen Informationen lassen sich drei Ebenen zuordnen:[4]

1. Externe Wortvorstellung (diasystematische Markierung)

Eine historisch gewachsene Sprache wie das Französische, das Italienische oder das Spanische ist niemals ein einziges Sprachsystem, sondern immer ein Gefüge von Systemen, ein
„Diasystem", das in mindestens drei Dimensionen sprachliche Variation aufweist: in räumlicher Hinsicht („diatopische Variation"), in sozialer („diaphasische Variation") und in
stilistisch-situativer („diaphasische Variation"). Diese **diasystematische Markierung** von
Wörtern ist eine eminent wichtige Information für ihren korrekten Gebrauch: z.B. wäre es
sehr wahrscheinlich fatal, im Gespräch mit einem französischen Polizisten, diesen als *pou-
let* anzusprechen, weil dies ein Argot-Wort ist (entspricht etwa dt. *Bulle*) und als Beleidi-
gung verstanden werden würde. Ebenfalls inadäquat wäre es, in Italien eine Todesnachricht
den Angehörigen unter Verwendung der Wendung *tirare le cuoia* 'abkratzen' zu überbrin-
gen, weil dies ein drastisch-vulgäres Synonym zu *morire* ist. Angemessener wäre hingegen
z.B. der Euphemismus *scomparire*. Ganz andere kommunikative Schwierigkeiten hätte ein
Südamerikaner in Spanien, der das Verb *recordar* ('sich erinnern') im Sinne von 'aufwek-
ken' verwendet, wie er es in seiner Heimat gewöhnt ist; *recordar* in dieser Bedeutung trägt
heute die diatopische Markierung „Lateinamerika".

Die diasystematische Markierung einer lexikalischen Einheit beschreibt also die Stellung
dieser Einheit im gesamten Wortschatz einer Sprache, insbesondere im Bezug auf jene
Wörter, die denselben Sachverhalt ausdrücken können. Von den meisten Wörtern unserer
Sprache kennen wir ihre Stellung im Diasystem, wir wissen, wie wir es gebrauchen können

---

[4] Als vierte Ebene könnte man in der Tat noch das in unserem Modell dem Zeichenausdruck zuge-
     ordnete *phonologische Wissen* zum Wissen um die lexikalische Einheit rechnen (vgl. Handke
     1995, 72-77).

und sollen. Gauger (1976, 130f.) nennt dieses Wissen um das Wort selbst die *Wortvorstellung*. Insofern es sich bei der diasystematischen Markierung um die „Außenbeziehungen" eines Wortes bzw. einer lexikalischen Einheit zum übrigen Wortschatz handelt, können wir präziser von der **externen Wortvorstellung** sprechen.

2. Interne Wortvorstellung

Mit der externen Wortvorstellung sind wir bereits im Bereich des mehr oder weniger ausgeprägten Wissens oder Bewusstseins, das ein Sprecher vom Wortschatz seiner Sprache hat. Während die externe Wortvorstellung die Relation zu anderen Einheiten des Wortschatzes betrifft, umfasst die interne Wortvorstellung unser Wissen um das betreffende Wort bzw. die lexikalische Einheit selbst, also um die innere Konstitution eines Wortes. Zu diesem Wissen gehört zunächst die Kenntnis von Wortart und ggf. Genus, Deklinationsbzw. Konjugationsklasse („Stammformen"). Dieses morphologisch-syntaktische Wissen gehört insofern zur Wortbedeutung, als gerade mit der Wortart bereits gewisse semantische Beschränkungen und Spezifizierungen verbunden sind (vgl. Kap. 2.2.).

Ebenfalls hierher gehört auch das intuitive Wissen der Sprecher um die *Polysemie* einer Lexie, also um die anderen Bedeutungen der zur Debatte stehenden lexikalischen Einheit; ferner aber auch die Kenntnis formal identischer Wörter (*Homonyme*) und formal ähnlicher Wörter (die sogenannten *Paronyme*). Homonymie und Paronymie spielen im Sprachbewusstsein eine wichtige Rolle, wie sich einerseits an Sprachspielen und Kalauern zeigt, andererseits an volksetymologischen Prozessen, die ja auf der lautlichen Ähnlichkeit zweier Wörter beruhen (vgl. Kap. 4.4.4.). Andere Bedeutungen eines Wortes schwingen häufig mit, wenn wir ein Wort in einer bestimmten Bedeutung gebrauchen. Bei lebendigen Metaphern, bei euphemistisch und drastisch gebrauchten Wörtern ist das Bewusstsein um die andere Bedeutung (also z.B. 'verschwinden' bei it. *scomparire* 'sterben (euph.)') geradezu die Bedingung ihres kommunikativen Funktionierens. In anderen Fällen jedoch wird die Polysemie als störend empfunden und kann letztlich sogar zum Abbau einer Bedeutung führen: So vermeidet man in Lateinamerika den Gebrauch von *coger* 'greifen', weil das Wort dort noch die Bedeutung 'Geschlechtsverkehr haben' mit der zusätzlichen diaphasischen Markierung „vulgär" hat.

Schließlich zählen wir zur internen Wortvorstellung noch das Wissen um die **Wortfamilie**, der eine Lexie angehört. Die Wortfamilie ist ein wesentliches Strukturmerkmal des Sprachbewusstseins, deren Relevanz sich z.B. in der Wortbildung zeigt. Meist empfinden wir eine gewisse semantische Gemeinsamkeit zwischen allen Ableitungen und Bildungen auf der Basis eines Wortes, die auch dazu führen kann, dass ein Bedeutungswandel bei einem Mitglied der Wortfamilie auf andere übertragen wird (z.B. hat der Wandel fr. *ennuyer* 'ärgern' > 'langweilen' zur analogen Entwicklung bei *ennui* und *ennuyeux* geführt). Wo keine „genealogischen" Beziehungen bestehen, werden über volksetymologische Prozesse bisweilen solche hergestellt: So wird fr. *forain* heute von den Sprechern des Französischen als Adjektivableitung von *foire* (< lt. *feria*) betrachtet, obwohl es etymologisch auf *foris* zurückgeht.

3. Syntagmatische Relationen

Mit der Wortfamilie begeben wir uns bereits in den dritten Bereich des lexikalischen Wissens, den der syntagmatischen Beziehungen. Hier geht es um die usuell gewordenen Bindungen, die eine Lexie zu anderen Lexien eingegangen ist und deren Relevanz für die Semantik sich z.B. im Falle der lexikalischen Absorption zeigt (vgl. Kap. 4.4.3.). Neben den Wortbildungen gehören hierher Phraseologismen, die das entsprechende Wort enthalten, vor allem jedoch die sogenannten **Kollokationen**. Kollokationen sind Verbindungen, die ein Wort traditionell mit anderen eingeht, ohne dass es sich um eine Komposition oder eine Redewendung handelt. Der häufigste Typ von Kollokationen sind Verben und ihre typischen Ergänzungen, wie z.B. fr. *accorder de l'importance à*, it. *lavorare con fretta*, sp. *proseguir un viaje*. Im Unterschied zu Phraseologismen und Wortbildungen haben Kollokationen keine spezifische eigene Bedeutung, sondern bedeuten in der Regel genau das, was man in Kenntnis der einzelnen Wortbedeutungen und der syntaktischen Regeln verstehen kann. Kollokationen sind ein wichtiger Bestandteil des lexikalischen Wissens, weil wir sie als größere sprachliche Einheiten abspeichern und abrufen können.

7.3.3.   Außersprachlich-enzyklopädisches Wissen: Weltwissen und Konnotationen

Die Relevanz des enzyklopädischen Wissens für die Bedeutung einer lexikalischen Einheit konnte im Laufe dieses Buchs mehrfach gezeigt werden. Dieses Wissen ist essenziell mit dem Konzept als mentaler Vorstellung von einer Referentenklasse verbunden und ist nicht einzelsprachlich geprägt, auch wenn häufig kulturspezifische Unterschiede im Weltwissen verschiedener Sprach- bzw. Kulturgemeinschaften festgestellt werden können. Das enzyklopädische Wissen umfasst alles, was zu einem bestimmten Konzept als Information gespeichert wurde und nicht auf individuellen Erfahrungen und Assoziationen (dem sogenannten *episodischen* oder *idiolektalen Wissen*) beruht. Es muss sich also um Wissen handeln, das entweder universell erfahr- und vermittelbar (wie z.B. die Erfahrung, dass prototypische Vögel fliegen können) oder zumindest kultur- bzw. gruppenspezifisch ist.

Im Gegensatz zum lexikalischen Wissen, das neben bestimmten grammatischen Informationen v.a. die Beziehungen einer lexikalischen Einheit im Wortschatz angibt, ist das enzyklopädische Wissen wiederum reines „Bedeutungswissen". Als solches umfasst es auch jene Bedeutungsmerkmale, die einzelsprachlich relevant sind. Das einzelsprachlich-sememische Wissen ist also von der semantischen Substanz her identisch mit dem enzyklopädischen Wissen, es gliedert sich aus diesem jedoch durch seine besondere Relevanz im Lexikon einer Sprache aus und erhält dadurch seinen besonderen Status als semantisches „Kernwissen". So können wir z.B. dt. *Autobahn* als 'durch Mittelstreifen in zwei Fahrbahnen getrennte, mehrspurige, kreuzungsfreie Schnellstraße' definieren und mit diesen essenziellen Merkmalen in einem Wortfeld von *Landstraße*, *Feldweg*, *Allee* etc. abgrenzen. Das enzyklopädische Wissen ergänzt diesen semantischen Kern um Informationen zur Gestalt und Benutzung von Autobahnausfahrten und -kreuzungen, zur Farbe der Schilder, zu Raststätten, Geschwindigkeitsbegrenzungen, Unterschieden zu ausländischen Autobahnen etc.; mit anderen Worten: es eröffnet den gesamten kognitiven Frame „AUTOBAHN".

Zu diesen eher „objektiven" Kenntnissen um die Beschaffenheit des Gegegnstandes kommen nun noch Aspekte, die mehr im Assoziativ-Intuitiven liegen: Während man z.B. zu *Autobahn* in den 60er Jahren des 20. Jahrhunderts mehrheitlich „fortschrittlich" und „modern" assoziierte, ist es heute eher „Lärm", „Raserei" und „Stau". Den ersten Bereich der objektiv gegebenen Wissensbestände soll **Weltwissen** genannt werden, die kollektiv üblichen Assoziationen und Stimmungen, die ein Konzept auslöst, nennen wir **Konnotationen**. Beide Bereiche können nicht immer klar voneinander getrennt werden.

Jedes Wort führt die Geschichte der Kontexte und Texte, innerhalb derer es bisher verwendet wurde, immer mit sich. So gehören zum Weltwissen um die – einzelsprachlich-sememisch unauffälligen – deutschen Wörter *entartet, Entartung* die Nazizeit mit ihrer primitiven Kunstauffassung; das ebenfalls einzelsprachlich ganz harmlose Wort *Rampe* weckt unweigerlich Assoziationen an den Bahnhof in Auschwitz und die dort stattfindende Selektion der Menschen zum Tode. Es wäre geradezu fahrlässig, dieses Wissen aus der Bedeutungsbeschreibung auszuschließen, da es unser Sprechen mit prägt. Wie groß unser Weltwissen ist, bestimmt nicht zuletzt auch unsere soziale Position und unsere Fähigkeit, jeweils den Sinn von Texten und Diskursen mit ihren möglichen Anspielungen auf bestimmte andere Texte, historische Gegebenheiten etc. zu verstehen.

Auf den ersten Blick verwirrend mag dabei erscheinen, dass einzelne Weltwissensaspekte und Konnotationen durchaus in Widerspruch zueinander stehen können: So assoziiert man z.B. zu *Taube* u.a. „Frieden" und „Liebe", aber auch „Dreck" und „Papageienkrankheit"; manche Menschen kennen Tauben nur als scheußliche Großstadtplage, andere schätzen ihr wohlschmeckendes Fleisch, wieder andere halten und züchten Brieftauben. Hier zeigt sich erneut, wie wichtig der jeweilige Kontext, in dem ein Wort verwendet wird, für die Aktivierung dieser unterschiedlichen Weltwissensbestände ist. Auch müssen nicht alle typischen Aspekte bei jedem konkreten Referenten realisiert sein: So assoziieren wir zwar mit prototypischen Sesseln Bequemlichkeit, aber eine Äußerung wie „Dieser Sessel ist schrecklich unbequem" ist dennoch – bzw. gerade deswegen – völlig adäquat.

7.4.   Zusammenfassung

Im letzten Kapitel dieses Buchs haben wir einen sehr weit gefassten Bedeutungsbegriff erarbeitet, der sich aus den Erkenntnissen speist, die wir im Verlauf der zurückliegenden Kapitel gemacht haben. Die Bedeutung einer lexikalischen Einheit wird als prinzipiell offene Kategorie gesehen, die sich um einen Kern von Merkmalen anordnet, der einzelsprachlich-distinktive Funktion hat. Zum weiteren Bereich der Bedeutung zählen auch die morphosyntaktischen und lexikalischen Informationen.

Mit diesem sehr weiten Verständnis der lexikalischen Bedeutung soll einmal der Entwicklung der Semantiktheorie in den letzten vierzig Jahren Rechnung getragen werden, vor allem aber versteht sich die hier vorgestellte Konzeption als ein Modell, mit dem sowohl in der Historischen Semantik wie in der Lexikographie sinnvoll gearbeitet werden kann. Die lexikalische Semantik ist ja kein esoterischer Selbstzweck: Sie soll uns vielmehr helfen, Wörter zu beschreiben, zu verstehen und anzuwenden; mit ihrer Hilfe sollen wir den Wortschatz einer Sprache besser erschließen und seinen formalen, lexikalischen und semantischen Aufbau analysieren können; schließlich soll die lexikalische Semantik zu einem besseren Verständnis unserer Wahrnehmung der Welt und deren Versprachlichung beitragen.

Arbeitsaufgaben

1. Beschreiben Sie die Bedeutung von fr. *chien*, it. *cane*, sp. *perro* nach dem Modell der Drei-Ebenen-Semantik! Zur weiteren Orientierung können Sie das Beispiel in Blank 1997, 95f., heranziehen.
2. Suchen Sie selbständig weitere Beispielpaare für unterschiedliche semantische Gliederung in den romanischen Sprachen bzw. im romanisch-deutschen Vergleich!
3. Vertiefen Sie Ihr Verständnis von den diasystematischen Merkmalen durch die Lektüre von Coseriu 1988, 280-291, und Koch/Oesterreicher 1990, 12-16.
4. Lesen Sie Gauger 1976, 108-140, und Keller 1995, 71-112, und vergleichen Sie die dort vorgestellten Bedeutungstheorien mit der hier vorgestellten! Diskutieren Sie den jeweiligen Nutzen der einzelnen Modelle im Seminar!

8. Bibliografie

AIS = Jaberg, Karl / Jud, Jakob: *Sprach- und Sachatlas Italiens und der Südschweiz*. 8 Bde. Zofingen: Ringier 1928-1940.

Archiv für Begriffsgeschichte 1–(1955ff.)

Aristoteles: *Lehre vom Beweis oder Zweite Analytik*. In: *Philosophische Schriften*. Bd. 1. Darmstadt: Wissenschaftliche Buchgesellschaft 1995.

– : *De memoria et reminiscentia*. In: Sorabij, Richard: *Aristotle on Memory*. London: Duckworth 1972, 47-60.

Baldinger, Kurt (1957): *Die Semasiologie. Versuch eines Überblicks*. Berlin: Akademie.

– (1993): Ist die unsichtbare Hand wirklich unsichtbar? Kritische Betrachtungen zum Bedeutungswandel. In: Schmidt-Radefeldt, Jürgen / Harder, Andreas (Hgg.): *Sprachwandel und Sprachgeschichte. Festschrift für Helmut Lüdtke zum 65. Geburtstag*. Tübingen: Narr, 1–8.

Berlin, Brent / Kay, Paul (1969): *Basic Color Terms: Their Universality and Evolution*. Berkeley: Univ. Press.

Bierwisch, Manfred (1983a): Semantische und konzeptuelle Repräsentation lexikalischer Einheiten. In: Růžička, Rudolf / Motsch, Wolfgang (Hgg.): *Untersuchungen zur Semantik*. Berlin: Akademie 1983, 61–99.

– (1983b): Psychologische Aspekte der Semantik natürlicher Sprachen. In: Motsch, Wolfgang / Viehweger, Dieter (Hgg.): *Richtungen der modernen Semantikforschung*. Berlin: Akademie, 15–64.

Black, Max (1983): Die Metapher. In: Haverkamp, Anselm (Hg.): *Theorie der Metapher*. Darmstadt: Wissenschaftliche Buchgesellschaft, 55–79 (Original: „Metaphor." In: *Proceedings of the Aristotelian Society* 55 (1954), 273–294).

Blank, Andreas (1993a): Das verwaiste Wort. Zum Bedeutungswandel durch Volksetymologie. In: Foltys, Christian / Kotschi, Thomas (Hgg.): *Berliner Romanistische Studien. Für Horst Ochse*. Berlin: Freie Universität, 43–61.

– (1993b): Zwei Phantome der Historischen Semantik: Bedeutungsverbesserung und Bedeutungsverschlechterung. In: *Romanistisches Jahrbuch* 44, 57–85.

– (1997): *Prinzipien des lexikalischen Bedeutungswandels am Beispiel der romanischen Sprachen*. Tübingen: Niemeyer.

– (1998a): Kognitive italienische Wortbildungslehre. In: *Italienische Studien* 19, 5–27.

– (1998b): Ausgerechnet Bananen! Zur Bezeichnungsgeschichte einer Frucht im Portugiesischen, im Spanischen sowie in Kreols mit französischer lexikalischer Basis. In: Hummel, Martin/Ossenkopp, Christina (Hgg.): *Romanica et Lusitanica. Festschrift für Dieter Woll*. Hamburg: Buske 1998, 1–18 (auch: http://www.fu-berlin.de/phin).

– (1998c): Der Kopf in der Romania und anderswo – Ein metaphorisches (und metonymisches) Expansions- und Attraktionszentrum. In: Gil, Alberto / Schmitt, Christian (Hgg.): *Kognitive und kommunikative Dimensionen der Metaphorik in den romanischen Sprachen*. Bonn: Romanistischer Verlag, 11–32.

– (1998d): *Topo* et al. – Onomasiologie, Semasiologie und Kognition am Beispiel der Bezeichnungen von MAUS, RATTE und MAULWURF in der Italoromania. In: *Zeitschrift für romanische Philologie* 114, 505–531.

– (1999a): Co–presence and Succession: A Cognitive Typology of Metonymy. In: Panther / Radden 1999, 169–191.

– (1999b): Why Do New Meanings Occur? A Cognitive Typology of the Motivations for Semantic Change. In: Blank / Koch 1999, 61–89

– (1999c): Les principes d'association et la structure du lexique. In: *Studi di Linguistica Teorica ed Applicata* 28 („Semantica lessicale"), 199–223.

– (2000): Polysemy in the Lexicon. In: Eckardt, Regine / v. Heusinger, Klaus (Hgg.): *Meaning Change – Meaning Variation*. Konstanz: FB Sprachwissenschaft, 11–29 (http://www.ling.uni–konstanz.de/pages/publ/abstracts/ap106.html).

– (im Druck a): Cambio semantico (metafora, metonimia, ellissi) e formazione delle parole. In: Grossmann, Maria/Rainer, Franz (Hgg.): *La formazione delle parole in italiano*.

– (im Druck b): Words and Concepts in Time: Towards Diachronic Cognitive Onomasiology. In: Schwarze, Christoph/Eckard, Regine (Hgg.): *Words in Time*. Stanford: CSLI.

Blank, Andreas / Koch, Peter (Hgg.) (1999): *Historical Semantics and Cognition*. Berlin / New York: Mouton de Gruyter.

– (2000): La conceptualisation du corps humain et la lexicologie diachronique romane. In: Dupuy–Engelhardt, Hiltraud / Montibus, Marie–Jeanne (Hgg.): *La lexicalisation des structures conceptuelles. Actes du colloque international EUROSEM 1998*. Reims: Presses Universitaires, 43–62.

Blank, Andreas / Koch, Peter / Gévaudan, Paul (2000): Onomasiologie, sémasiologie et l'étymologie des langues romanes: esquisse d'un projet. In: *Actes du XXIIe Congrès international de Linguistique et Philologie romanes, Bruxelles, 23–29 juillet 1998*, Tübingen: Niemeyer, vol. IV, 103–114.

Bonhomme, Marc (1987): *Linguistique de la métonymie*. Bern / Frankfurt / New York: Lang.

Bowerman, Melissa (1978): The Acquisition of Word Meaning: An Investigation into some Current Conflicts. In: Waterson, Natalie / Snow, Catherine (Hgg.): *The Development of Communication*. Chichester usw.: Wiley, 263–287.

Bréal, Michel (1897): *Essai de sémantique*. Paris: Hachette.

Brunner, Otto / Conze, Werner / Kosellek, Reinhart (Hgg.) (1972ff.): *Geschichtliche Grundbegriffe. Historisches Lexikon zur politisch–sozialen Sprache in Deutschland*. 9 Bde. Stuttgart: Klett.

Bowerman, Melissa (1978): The Acquisition of Word Meaning: An Investigation into some Current Conflicts. In: Waterson, Natalie / Snow, Catherine (Hgg.): *The Development of Communication*. Chichester: Wiley, 263–287.

Bühler, Karl (1934/65): *Sprachtheorie*. Stuttgart: Fischer.

Busse, Dietrich (1987): *Historische Semantik*. Stuttgart: Klett–Cotta.

Chaudenson, Robert (1974): *Le léxique du parler créole de la Réunion*. 2 Bde. Paris: Champion.

Chierchia, Gennaro (1997): *Semantica*. Bologna: il Mulino.

Chomsky, Noam (1957): *Syntactic structures*. 's–Gravenhage: Mouton.

Collins, Allen M. / Quillian, M.R. (1969): Retrieval Time from Semantic Memory. In: *Journal of Verbal Learning and Verbal Behavior* 8, 240–248.

Collins, Allen M. / Loftus, Elizabeth F. (1975): A Spreading–Activation Theory of Semantic Processing. In: *Psychological Review* 82, 407–428.

Cordier, Françoise (1993): *Les représentations cognitives privilégiées. Typicalité et niveau de base.* Lille: Presses Universitaires.

Coseriu, Eugenio (1956): Determinación y entorno. Dos problemas de una lingüística del hablar. In: *Romanistisches Jahrbuch* 7, 29–54.

– (1958): *Sincronía, diacronía e historia. El problema del cambio lingüístico.* Montevideo: Universidad de la República.

– (1964/78): Für eine strukturelle diachrone Semantik." In: Geckeler (1978), 90–163 (Original: „Pour une sémantique diachronique structurale." In: *Travaux de linguistique et de littérature* II/1).

– (1977): Strukturelle Wortbildungslehre (am Beispiel des Typs *coupe–papier*). In: Brekle, Herbert E./Kastovsky, Dieter (Hgg.): *Perspektiven der Wortbildungsforschung.* Bonn: Bouvier, 48–61.

– (1988): *Einführung in die Allgemeine Sprachwissenschaft.* Tübingen: Francke.

– (1990): Semántica estructural y semántica 'cognitiva'. In: *Profesor Francisco Marsá. Jornadas de filología.* Barcelona: Universitat de Barcelona, 239–282.

Costa, Claudio F. (1990): *Wittgensteins Beitrag zu einer sprachphilosophischen Semantik.* Konstanz: Hartung–Gorre.

Croft, William (1993): The Role of Domains in the Interpretation of Metaphors and Metonymies. In: *Cognitive Linguistics* 4, 335–370.

Cruse, D. Alan (1986): *Lexical Semantics.* Cambridge: Cambridge University Press.

– (1996): La signification des noms propres de pays en anglais. In: Rémi–Giraud, Sylvianne / Rétat, Pierre (Hgg.): *Les mots de la nation.* Lyon: Presses Universitaires de Lyon, 93–102.

DHLE = Real Academia Española (1972–): *Diccionario histórico de la lengua española.* Bd. 1–. Madrid.

Deane, Paul D. (1988): Polysemy and Cognition. In: *Lingua* 75, 325–361.

Detges, Ulrich / Waltereit, Richard (im Druck): Grammaticalization vs. Reanalysis: A Simplest Systematics of Functional Change in Grammar.

Dietrich, Wolf / Geckeler, Horst (1990): *Einführung in die spanische Sprachwissenschaft.* Berlin: Schmidt.

Dubois, Jean / Giacomo, Mathée, Guespin, Louis / Marcellesi, Christiane / Marcellesi, Jean–Baptiste / Mével, Jean–Pierre (1994): *Dictionnaire de linguistique et des sciences du langage.* Paris: Larousse.

Eckard, Rolf (1992): Gibt es so etwas wie eine 'Gebrauchstheorie der Bedeutung'? In: *Münstersches Loogbuch zur Linguistik* 1. Herausgegeben von Susanne Beckmann, 49–64.

Fauconnier, Gilles (1984): *Espaces mentaux. Aspects de la construction du sens dans les langues naturelles.* Paris: Éditions de Minuit.

Fillmore, Charles (1968): The Case for Case. In: Bach, Emmon / Harms, Robert T. (Hgg.): *Universals in Linguistic Theory.* New York: Holt, Rinehart & Winston, 1–90.

– (1975): An Alternative to Checklist Theories of Meaning. In: *Proceedings of the 1st Annual Meeting of the Berkeley Linguistic Society*. Berkeley: Berkeley Linguistic Society, 123–131.

– (1977): Scenes–and–Frames Semantics. In: Zampolli, Antonio (Hg.): *Linguistic structures processing*. Amsterdam: Benjamins, 55–81.

– (1985): Frames and the Semantics of Understanding. In: *Quaderni di semantica* 6, 222–254.

Fritz, Gerd (1998): *Historische Semantik*. Stuttgart / Weimar: Metzler.

GDLI = Battaglia, Salvatore (1961–): *Grande dizionario della lingua italiana*. Bd. 1–. Turin: UTET.

Gamillscheg, Ernst (1951): *Französische Bedeutungslehre*. Tübingen: Niemeyer.

Gauger, Hans–Martin (1970): *Wort und Sprache*. Tübingen: Niemeyer.

– (1971): *Durchsichtige Wörter. Zur Theorie der Wortbildung*, Heidelberg: Winter.

– (1976): *Sprachbewußtsein und Sprachwissenschaft*. München: Piper.

Geckeler, Horst (1971): *Zur Wortfelddiskussion. Untersuchungen zur Gliederung des Wortfeldes „alt – jung – neu" im heutigen Französisch*. München: Fink.

– (1973): *Strukturelle Semantik des Französischen*. Tübingen: Niemeyer.

– (Hg.) (1978): *Strukturelle Bedeutungslehre*. Darmstadt: Wissenschaftliche Buchgesellschaft.

Geeraerts, Dirk (1988a): Cognitive Grammar and the History of Lexical Semantics. In: Rudzka–Ostyn, Brygida (Hg.): *Topics in Cognitive Linguistics*. Amsterdam usw.: Benjamins, 647–677.

– (1988b): *Prototypicality as a prototypical notion*, in: *Communication and Cognition* 21, 343–355.

– (1993): Vagueness's Puzzles, Polysemy's Vagaries. In: *Cognitive Linguistics* 4, 223–272.

– (1997): *Diachronic Prototype Semantics*. Oxford: Clarendon.

Gévaudan, Paul (1997): La polysémie verticale: hypothèses, analyses et interprétations. In: *PhiN – Philologie im Netz* 2, 1–22 (http://www.phin.de).

Gordon, W. Terrence (1982): *A History of Semantics*. Amsterdam / Philadelphia: Benjamins.

Greimas, Algirdas (1966): *Sémantique structurale*. Paris: Larousse.

Grewendorf, Günther / Hamm, Fritz / Sternefeld, Wolfgang (1987): *Sprachliches Wissen. Eine Einführung in moderne Theorien der grammatischen Beschreibung*. Frankfurt: Suhrkamp.

Handke, Jürgen (1995): *The Structure of the Lexicon. Human versus Machine*. Berlin / New York: Mouton de Gruyter.

Heger, Klaus (1969): Die Semantik und die Dichotomie von Langue und Parole. In: *Zeitschrift für romanische Philologie* 85, 144–215.

Heim, Irene / Kratzer, Angelika (1998): *Semantics in Generative Grammar*. Malden / Oxford: Blackwell.

Helbig, Gerhard (1992): *Probleme der Valenz– und Kasustheorie*. Tübingen: Niemeyer.

Herrmann, Theo (1976): Ganzheitspsychologie und Gestalttheorie. In: Balmer, Heinrich (Hg.): *Die Psychologie des 20. Jahrhunderts*. Bd. 1: *Die euopäische Tradition. Tendenzen. Schulen. Entwicklungslinien*. Zürich: Kindler, 573–658.

Hilty, Gerold (im Druck): Strukturelle Semantik. In: *Lexikon der Romanistischen Linguistik*. Tübingen: Niemeyer. Bd. I, Art. 34a.

Hönigsperger, Astrid (1994): *Die Metapher in der gesprochenen Sprache. Analysiert anhand französischer und italienischer Corpora*. Bonn: Romanistischer Verlag.

Hopper, Paul J. / Thompson, Sandra A. (1980): Transitivity in Grammar and Discourse. In: *Language* 56, 251–299.

Hörmann, Hans (²1987): *Einführung in die Psycholinguistik*. Darmstadt: Wissenschaftliche Buchgesellschaft.

Jackendoff, Ray (1983): *Semantics and Cognition*. Cambridge / London: MIT Press.

– (1990): *Semantic Structures*. Cambridge/London: MIT Press.

Jakobson, Roman (1974): Zwei Seiten der Sprache und zwei Typen aphatischer Störungen. In: Ders.: *Aufsätze zur Linguistik und Poetik*. Herausgegeben und eingeleitet von Wolfgang Raible. München: Nymphenburger Verlagsbuchhandlung, 117–141.

Jongen, René (1985): Polysemy, Tropes and Cognition or the Non–Magrittian Art of Closing Curtains Whilst Opening them. In: Paprotté, Wolf / Dirven, René (Hgg.): *The Ubiquity of Metaphor*. Amsterdam usw.: Benjamins, 121–139.

Katz, Jerrold J. / Fodor, Jerry A. (1963): The Structure of a Semantic Theory. In: *Language* 39, 170–210.

Keller, Rudi (²1994): *Sprachwandel. Von der unsichtbaren Hand in der Sprache*. Tübingen: Francke.

– (1995): *Zeichentheorie. Zu einer Theorie semiotischen Wissens*. Tübingen: Francke.

Kielhöfer, Bernd (1997): *Französische Kindersprache*. Tübingen: Stauffenburg.

Kleiber, Georges (1990): *La sémantique du prototype*. Paris: Presses Universitaires de France. (dt. Übersetzung: *Prototypensemantik. Eine Einführung*. Tübingen: Narr 1993)

– (1999): *Problèmes de sémantique. La polysémie en questions*. Villeneuve d'Asque: Presses universitaires du Septentrion.

Klein, Franz–Josef (1997): *Bedeutungswandel und Sprachendifferenzierung. Die Entstehung der romanischen Sprachen aus wortsemantischer Sicht*. Tübingen: Niemeyer.

Klix, Friedhart (1976): Strukturelle und funktionelle Komponenten des menschlichen Gedächtnisses. In: Ders. (Hg.): *Psychologische Beiträge zur Analyse kognitiver Prozesse*. Berlin: VEB Wissenschaft, 57–98.

Klix, Friedhart / Kukla, Friedrich / Klein, Rosemarie (1976): „Über die Unterscheidbarkeit von Klassen semantischer Relationen im menschlichen Gedächtnis." In: Klix, Friedhart (Hg.): *Psychologische Beiträge zur Analyse kognitiver Prozesse*. Berlin: VEB Wissenschaft, 302–314.

Koch, Peter (1981): *Verb – Valenz – Verfügung. Zur Satzsemantik und Valenz französischer Verben am Beispiel der Verfügungs–Verben*. Heidelberg: Winter.

– (1991): Semantische Valenz, Polysemie und Bedeutungswandel bei romanischen Verben. In: Ders. / Krefeld, Thomas (Hgg.): *Connexiones Romanicae. Dependenz und Valenz in romanischen Sprachen*. Tübingen: Niemeyer, 279–306.

– (1994): 1994: Gedanken zur Metapher – und zu ihrer Alltäglichkeit. In: Sabban, Annette / Schmitt, Christian (Hgg.): *Sprachlicher Alltag. Linguistik – Rhetorik – Literaturwissenschaft. Festschrift für Wolf–Dieter Stempel*. Tübingen: Niemeyer, 201–225.

\- (1995): Der Beitrag der Prototypentheorie zur Historischen Semantik: Eine kritische Bestandsaufnahme. In: *Romanistisches Jahrbuch* 46, 27–46.

\- (1996a): La sémantique du prototype: sémasiologie ou onomasiologie? In: *Zeitschrift für französische Sprache und Literatur* 106, 223–240.

\- (1996b): Le prototype entre signifié, désigné et référent. In: Dupuy–Engelhardt, Hiltraud (Hg.): *Questions de méthode et de délimitation en sémantique lexicale. Actes d'EUROSEM 1994*. Reims: Presses universitaires, 113–135.

\- (1997): Diskurstraditionen: zu ihrem sprachtheoretischen Status und ihrer Dynamik. In: Frank, Barbara / Haye, Thomas / Tophinke, Doris (Hgg.): *Gattungen mittelalterlicher Schriftlichkeit*. Tübingen: Narr, 43–79.

\- (1998a): Prototypikalität: konzeptuell – grammatisch – linguistisch. In: Figge, Udo L. / Klein, Franz–Josef / Martinez Moreno, Annette (Hgg.): *Grammatische Strukturen und grammatischer Wandel im Französischen. Festschrift für Klaus Hunnius zum 65. Geburtstag*. Bonn: Romanistischer Verlag, 281–308.

\- (1998b): Saussures *mouton* und Hjelmslevs *træ*: zwei Schulbeispiele zwischen Semstruktur und Polysemie. In: *et multum et multa. Festschrift für Peter Wunderli zum 60. Geburtstag*. Tübingen: Narr, 113–136.

\- (1999a): Frame and Contiguity: On the Cognitive Bases of Metonymy and Certain Types of Word Formation. In: Panthere / Radden 1999, 139–167.

\- (1999b): Cognitive Aspects of Semantic Change and Polysemy: The Semantic Space HAVE/BE. In: Blank / Koch 1999, 279–305.

\- (1999c): TREE and FRUIT: A Cognitive–Onomasiological Approach. In: *Studi italiani d linguistica teorica e applicata* 28 („Semantica lessicale"), 331–347.

\- (2000): Metonymy: Unity in Diversity. In: Eckardt, Regine / v. Heusinger, Klaus (Hgg.): *Meaning Change – Meaning Variation*. Konstanz: FB Sprachwissenschaft (http://www.ling.uni–konstanz.de/pages/publ/abstracts/ap106.html).

Koch, Peter / Krefeld, Thomas / Oesterreicher, Wulf (1997): *Neues aus Sankt Eiermark. Das kleine Buch der Sprachwitze*. München: Beck.

Koch, Peter / Oesterreicher, Wulf (1990): *Gesprochene Sprache in der Romania: Französisch, Italienisch, Spanisch*. Tübingen: Niemeyer.

Konerding, Klaus–Peter (1993): Wortfeld und das Problem einer sprachwissenschaftlichen Fundierung der Frametheorie. In: Lutzeier, Peter R. (Hg.): *Studien zur Wortfeldtheorie – Studies in Lexical Fields*. Tübingen: Niemeyer, 163–173.

König, Ekkehard / Traugott, Elizabeth C. (1988): Pragmatic Strengthening and Semantic Change: the Conventionalizing of Conversational Implicature. In: Hüllen, Werner / Schulze, Rainer (Hgg.): *Understanding the Lexicon. Meaning, Sense and World Knowledge in Lexical Semantics*. Tübingen: Niemeyer, 110–124.

Koselleck, Reinhart (Hg.) (1978): *Historische Semantik und Begriffsgeschichte*. Stuttgart: Klett–Cotta.

Kotschi, Thomas (1981): Verbvalenz im Französischen. In: Ders. (Hg.): *Beiträge zur Linguistik des Französischen*. Tübingen: Narr, 80–122.

Krefeld, Thomas (1999): Cognitive Ease and Lexical Borrowing: The Recategorization of Body Parts in Romance. In: Blank / Koch 1999, 259–277.

Kronasser, Heinz (1952): *Handbuch der Semasiologie*. Heidelberg: Winter.

Labov, William (1973): The Boundaries of Words and Their Meanings. In: Bailey, Charles–James N. / Shuy, Roger W. (Hgg.): *New Ways of Analyzing Variation in English*. Washington D.C.: Georgetown Univ. Press, 340–373.

Lakoff, George (1972): Hedges: A Study in Meaning Criteria and the Logic of Fuzzy Concepts. In: *Proceedings of the Chicago Linguistic Society* 8, 183–228.

–   (1987): *Women, Fire and Dangerous Things. What Categories Reveal about the Mind*. Chicago: University of Chicago Press.

Lakoff, George / Johnson, Mark (1980): *Metaphors We Live By*. Chicago: University of Chicago Press.

Langacker, Ronald W. (1984): Active Zones. In: *Proceedings of the 10th Annual Meeting of the Linguistic Society*. Berkeley: Univ. of California, 172–188.

–   (1987/1990): *Foundations of Cognitive Grammar*. 2 Bde. Stanford: University Press.

–   (1988a): An Overview of Cognitive Grammar. In: Rudzka–Ostyn, Brygida (Hg.): *Topics in Cognitive Linguistics*. Amsterdam/Philadelphia: Benjamins, 3–48.

–   (1988b): A View of Linguistic Semantics. In: An Overview of Cognitive Grammar. In: Rudzka–Ostyn, Brygida (Hg.): *Topics in Cognitive Linguistics*. Amsterdam/Philadelphia: Benjamins, 49–90.

–   (1990): *Concept, Image, and Symbol. The Cognitive Basis of Grammar*. Berlin / New York: Mouton de Gruyter.

–   (1993): Reference–Point Constructions. In: *Cognitive Linguistics* 4, 1–38.

Liebert, Wolf–Andreas (1992): *Metaphernbereiche der deutschen Alltagssprache. Kognitive Linguistik und die Perspektiven einer Kognitiven Lexikographie*. Frankfurt usw: Lang.

Linke, Angelika / Nussbaumer, Markus / Portmann, Paul R. (1991): *Studienbuch Linguistik*. Tübingen: Niemeyer.

Ludwig, Ralph (1988): *Korpus: Texte des gesprochenen Französisch. Materialien I*. Tübingen: Narr.

Lyons, John (1977): *Semantics*. 2 Bde. Cambridge: Cambridge University Press.

Metzger, Wolfgang (1986): Gestaltwahrnehmung. In: Ders.: *Gestaltpsychologie. Ausgewählte Werke aus den Jahren 1950–1982*. Herausgegeben von Michael Stadler und Heinrich Crabus. Frankfurt: Kramer, 322–345.

Minsky, Marvin (1975): A Framework for Representing Knowledge. In: Winston, Patrick H. (Hg.): *The Psychology of Computer Vision*. New York: McGraw–Hill, 211–277.

Nerlich, Brigitte (1992): *Semantic Theories in Europe 1830 – 1930*. Amsterdam / Philadelphia: Benjamins.

Nerlich, Brigitte / Clarke, David D. (1999): Synecdoche as a Cognitive and Communicative Strategy. In: Blank / Koch 1999, 197–213.

Nyrop, Kristoffer (1913): *Grammaire historique de la langue française*. Bd. 4 „Sémantique". Kopenhagen usw.: Gyldendal u.a.

Ogden, Charles K. / Richards, Ivor A. (1923): *The Meaning of Meaning*. London: Routledge & Kegan Paul

Otman, G. (1998): "De l'informatique a [sic!] la cyberculture." In: *Semantique des textes* 4/9 (b.pincemin@der.edfgdf.fr)

PR = *Le Petit Robert 1. Dictionnaire alphabétique et analogique de la langue française*. Paris: Robert 1990.

Paul, Hermann (^{9}1975): *Prinzipien der Sprachgeschichte.* Tübingen: Niemeyer (unveränderte Neuauflage der 5. Aufl. 1920).

Panther, Klaus–Uwe / Radden, Günter (Hgg.) (1999): *Metonymy in Language and Thought.* Amsterdam / Philadelphia: Benjamins.

Piaget, Jean (1969): *Nachahmung, Spiel und Traum.* Stuttgart: Klett (französisches Original: 1945).

Polenz, Peter v. (^{2}1988): *Deutsche Satzsemantik. Grundbegriffe des Zwischen–den–Zeilen–Lesens.* Berlin: de Gruyter.

Pottier, Bernard (1963): *Recherches sur l'analyse sémantique en linguistique et en traduction mécanique.* Nancy.

Pustejovsky, James (Hg.) (1993): *Semantics and the Lexicon.* Dordrecht / Boston / London: Kluwer.

–   (1995): *The Generative Lexicon.* Cambridge / London: MIT Press.

Putnam, Hilary (^{2}1990): *Die Bedeutung von „Bedeutung".* Frankfurt: Klostermann.

Quadri, Bruno (1952): *Aufgaben und Methoden der onomasiologischen Forschung. Eine entwicklungsgeschichtliche Darstellung.* Bern: Francke.

Radden, Günter / Kövecses, Zoltán (1999): Towards a Theory of Metonymy. In: Panther / Radden, 17–59.

Raible, Wolfgang (1981): Von der Allgegenwart des Gegensinns. In: *Zeitschrift für romanische Philologie 97,* 1–40.

–   (1983): Zur Einleitung. In: Stimm, Helmut / Raible, Wolfgang (Hgg.) (1983): *Zur Semantik des Französischen.* Wiesbaden: Steiner, 1–24.

Rosch, Eleanor (1973): Natural Categories. In: *Cognitive Psychology* 4, 328–350.

–   (1977): Human Categorization. In: Warren, Elizabeth (Hg.): *Advances in Cross–Cultural Psychology.* Bd. 1, London, 3–49.

–   (1978): Principles of Categorization, in: Dies. / Lloyd, Barbara B. (Hgg.): *Cognition and Categorization.* Hillsdale: Erlbaum, 27–48.

Rosch, Eleanor / Gray, Wayne D. / Johnson, David M. / Boyes–Braem, Penny (1976): „Basic objects in natural categories." In: *Cognitive Psychology* 8, 382–439.

Rosch, Eleanor / Mervis, Carolyn B. (1975): Family Resemblances. In: *Cognitive Psychology* 7, 573–605.

Saeed, John I. (1997): *Semantics.* Oxford: Blackwell.

Saussure, Ferdinand de (1972): *Cours de linguistique générale.* Paris: Payot.

Schank, Roger C. / Abelson, Robert P. (1977): *Scripts, Plans, Goals, and Understanding. An Inquiry into Human Knowledge Structures.* Hillsdale: Erlbaum.

Schifko, Peter (1975): *Bedeutungstheorie. Einführung in die linguistische Semantik.* Stuttgart: Frommann–Holzboog.

Schwarz, Monika/Chur, Jeannette (1993): *Semantik. Ein Arbeitsbuch.* Tübingen: Narr.

Schwarze, Christoph (1995): *Grammatik der italienischen Sprache.* Tübingen: Niemeyer.

Schwarze, Christoph / Schepping, Marie–Theres (1995): „Polysemy in a Two–Level–Semantics." In: Egli, Urs u.a. (Hgg.): *Lexical Knowledge in the Organization of Language.* Amsterdam / Philadelphia: Benjamins, 283–300.

Sperber, Hans (^{2}1965): *Einführung in die Bedeutungslehre.* Bonn: Schroeder.

Stachowiak, Franz Josef (1979): *Zur semantischen Struktur des subjektiven Lexikons.* München: Fink.

Stechow, Arnim v. (1991): Syntax und Semantik. In: Ders. / Wunderlich, Dieter (Hgg.) (1991): *Semantik. Ein internationales Handbuch der zeitgenössischen Forschung.* Berlin / New York: De Gruyter, 99–148.

Stern, Gustaf (1931): *Meaning and change of meaning.* Bloomington: Indiana University Press.

Szagun, Gisela (1983): *Bedeutungsentwicklung beim Kind. Wie Kinder Wörter entdecken.* München usw.: Urban & Schwarzenberg.

Tagliavini, Carlo (1982): De alcuni denominazioni della ´pupilla` (studio di onomasiologia, con speciale riguardo alle lingue camito–semitiche e negro–africane). In: Ders.: *Scritti minori.* Herausgegeben von Manlio Cortelazzo. Bologna: Patron, 529–568 (zuerst in: *Annuali dell' Istituto Universitario Orientale di Napoli*, Nuova Serie III (1949), 341–378).

Tamba–Mecz, Irène (1988): *La sémantique.* Paris: Presses Universitaires de France.

Taylor, John R. (^{2}1995): *Linguistic Categorization.* Oxford: Clarendon.

Tesnière, Lucien (1959): *Éléments de syntaxe structurale.* Paris. Klincksieck.

Traugott, Elizabeth C. (1985): On Regularity in Semantic Change. In: *Journal of Literary Semantics* 14, 155–173.

– (1999): The Rhetoric of Counter–Expectation in Semantic Change: A Study in Subjectification. In: Blank / Koch 1999, 177–196.

Trier, Jost (1931): *Der deutsche Wortschatz im Sinnbezirk des Verstandes. Die Geschichte eines sprachlichen Feldes.* Bd. 1 „Von den Anfängen bis zum Beginn des 13. Jahrhunderts". Heidelberg: Winter.

Ullmann, Stephen (^{2}1957): *Principles of Semantics.* Oxford: Blackwell.

– (1962): *Semantics. An Introduction to the Science of Meaning.* Oxford: Blackwell.

Ungerer, Friedrich / Schmid, Hans–Jörg (1996): *An Introduction to Cognitive Linguistics.* London / New York: Longman.

Waltereit, Richard (1998): *Metonymie und Grammatik. Kontiguitätsphänomene in der französischen Satzsemantik.* Tübingen: Niemeyer.

– (1999): Reanalyse als metonymischer Prozeß. In: Lang, Jürgen / Neumann–Holzschuh, Ingrid (Hgg.): *Reanalyse und Grammatikalisierung in den romanischen Sprachen.* Tübingen: Niemeyer, 19–29.

Weinrich, Harald (1976): *Sprache in Texten.* Stuttgart: Klett.

Wierzbicka, Anna (1990): 'Prototypes Save': On the Uses and Abuses of the Notion of 'Prototype' in Linguistics and Related Fields. In: Tsohatzidis, Savas L. (Hg.): *Meanings and Prototypes. Studies in Linguistic Categorization.* London usw.: Routledge, 347–367.

– (1992): *Semantics, Culture, and Cognition. Human Concepts in Culture–Specific Configurations,* New York / Oxford: University Press.

– (1996): *Semantics. Primitives and Universals.* Oxford: University Press.

– (1997): Lexical and Grammatical Universals as a Key to Conceptual Structures. In: *Proceedings of the 16th International Congress of Linguists.* Oxford: Pergamon [1998] (CD–Rom).

– (2000): Emotions across Languages and Cultures: Diversity and Universals. Cambridge: University Press.

Wittgenstein, Ludwig (1997): Philosophische Untersuchungen. In: Ders.: *Tractatus logico-philosophicus. Werkausgabe Bd. 1.* Frankfurt: Suhrkamp, 225–580.

–   (2000): Emotions across Languages and Cultures: Diversity and Universals. Cambridge: University Press.

Wittgenstein, Ludwig (1997): Philosophische Untersuchungen. In: Ders.: *Tractatus logico-philosophicus. Werkausgabe Bd. 1.* Frankfurt: Suhrkamp, 225–580.

Wunderli, Peter (1989): *Französische Lexikologie. Einführung in die Theorie und Geschichte des französischen Wortschatzes.* Tübingen: Niemeyer.

ZI = Il Nuovo Zingarelli. Vocabolario della lingua italiana. Bologna: Zanichelli [12]1993 (= Lo Zingarelli 1994).

9. Glossar

Antiphrastische Polysemie: Seltener Typ synchronischer Bedeutungsrelation, der auf kontrastbasiertem Bedeutungswandel beruht. Die Bedeutungen gehören meistens unterschiedlichen Registern an oder werden durch spezifische syntaktische Beschränkungen differenziert.

Aktanten: Primäre Argumente des Verbs, wie Subjekt, direktes Objekt und indirektes Objekt

Archilexem: Hyperonym der im Wortfeld versammelten Einheiten; konkrete Realisierung eines Archisemems.

Archisemem: Menge der Seme, die allen Lexien eines Wortfeldes gemeinsam ist.

Assoziationsrelationen: Semantische Relationen, die im Wortschatz unserer Sprache Konzepte, Wörter, Bedeutungen eines Wortes oder Teile von komplexen Lexien auf eine bestimmte Weise verknüpfen.

Auto-antonymische Polysemie: sehr seltener Typ einer synchronischen Bedeutungsrelation, bei der die beiden Bedeutungen eine antonymische Opposition bilden.

Auto-konverse Polysemie: Semantische Mehrdeutigkeit einer Lexie, deren Bedeutungen Gegensätze darstellen, insofern sie spiegelbildlich aufeinander bezogen sind.

Autosemantika: „Selbstbedeutende Wörter", die auf einen außerhalb der Rede liegenden Gegenstand oder Sachverhalt verweisen: Sie bilden den Kernbereich des Wortschatzes, z.B. dt. *Wort, Briefträger*.

Begriffsgeschichte: Besondere Form der diachronischen Wortbetrachtung, bei der es um die Beschreibung der Entwicklung, Besetzung und Veränderung historischer, politischer und ideologischer Begriffe oder Schlagwörter geht.

Cue validity: Begriff der Prototypensemantik, der den „Wiedererkennungswert" eines Merkmals bezeichnet, dessen Vorhandensein für eine bestimmte Kategorie besonders typisch ist. Der cue validity trägt entscheidend zu einer schnellen Kategorisierung von Referenten bei. Für die Kategorie VOGEL wäre dies z.B. das Merkmal [flugfähig].

Deiktika: Wörter, deren Funktion darin liegt, kataphorische („vorausweisende") oder anaphorische („rückbezügliche") Beziehungen zwischen Teilen der Rede herzustellen oder eine Äußerung raumzeitlich in Bezug zum Sprecher, zum Kontext oder zu anderen Teilen der Äußerung zu setzen.

Diasystematische Markierung: Jede historisch gewachsene Sprache besteht aus einem Gefüge von Systemen, dem „Diasystem". So sind alle Lexien durch mindestens drei Dimensionen sprachlicher Variation markiert: in räumlicher Hinsicht („diatopische Variation"), in sozialer („diastratische Variation") und in stilistisch-situativer („diaphasische Variation"). Diese Markierung stellt eine eminent wichtige Information für den korrekten Gebrauch der Wörter dar.

Diskursregeln: Regeln, die im Rahmen einer bestimmten Diskurstradition funktionieren, dort aber nicht an eine bestimmte Einzelsprache, sondern an eine Sprechergruppe gebunden sind, die diese Regeln in ihren Diskursen anwendet.

Diskurstraditionen: Regelsysteme, die ein Sprecher zur korrekten Produktion bestimmter Diskurse oder Texte kennen muss. Sie sind nicht an Sprachgemeinschaften gebunden, sondern an bestimmte Gruppen innerhalb einer Sprachgemeinschaft oder über diese hinaus.

Distinguisher: Begriff aus der Komponentiellen Semantik von Katz und Fodor, der dasjenige Merkmal einer Wortbedeutung bezeichnet, welches diese von einer anderen unterscheidet.

Durchsichtig: Wörter sind semantisch durchsichtig, wenn sie aus der Bedeutung ihrer Bestandteile heraus interpretiert werden können, z.B. dt. *Brief-träger*, it. *post-ino*, sp. *cart-ero*.

Externe Wortvorstellung: Unser Wissen um die diasystematische Markierung eines Wortes.

Expert categories: Begriff der Prototypensemantik, der die Art von Kategorisierung bezeichnet, die aus der Sicht der Experten erfolgt. Sie können mit *folk categories* in Konflikt geraten, z.B. bei der Kategorisierung von WAL, der in einer volkstümlichen Kategorisierung als

FISCH bezeichnet würde, in einer Expertenkategorisierung als MEERESSÄUGETIER.

Figur-Grund-Prinzip: Wahrnehmungsprinzip aus dem Bereich der Gestaltpsychologie, das für die Bewältigung von alltäglichen und nicht-alltäglichen Lebenssituationen entscheidend ist. Es besagt, dass in einem komplexen Bild zuerst die Gestalten mit der größten Prägnanz wahrgenommen werden, während alle anderen Figuren in den Hintergrund treten.

Folk categories: Begriff der Prototypensemantik, der die volkstümliche Kategorisierung bezeichnet, die nach nicht-wissenschaftlichen Kriterien erfolgt. Sie können mit *expert categories* in Konflikt geraten, z.B. bei der Kategorisierung von WAL, der in einer Expertenkategorisierung nicht als MEERESSÄUGETIER bezeichnet würde, und nicht als FISCH.

Frame: Begriff aus der kognitiven Semantik von Minsky, der sich auf die Struktur des menschlichen mentalen Lexikons bezieht. Minsky versteht unter Frame „a data structure for representing a stereotyped situation", die aus dem Gedächtnis ausgewählt wird, wenn man in die entsprechende Situation gerät.

Grammatical marker: In einer generativen Semantik, Teil des mentalen Lexikons, der sogenannten *dictionary component*, der jedem Sprachzeichen im mentalen Lexikon zugeordnet wird, und der die Wortart angibt.

Gute Gestalt: Begriff aus der Gestaltpsychologie, der in sich geschlossene, klar abgegrenzte und möglichst einfache Figuren, Formen, Gestalten und Situationen mit großer Prägnanz bezeichnet.

Homographie: Besondere Art der Homonymie, bei der zwei oder mehrere Lexien graphisch identisch sind, sich aber lautlich voneinander unterscheiden können.

Homonymie: Semantische Relation, bei der zwei unterschiedliche Lexien bei gänzlich unterschiedlicher Bedeutung dieselbe Wortform (hinsichtlich Orthographie und Aussprache) aufweisen.

Homophonie: Besondere Art der Homonymie, bei der zwei oder mehrere Lexien lautlich identisch sind, sich aber graphisch voneinander unterscheiden.

Hyperonym: Oberbegriff, der zwei oder mehrere Unterbegriffe umschließt, z.B. dt. *Haustiere.*

Hyponymie: Semantische Relation der Unterordnung. Wörter, die denselben Oberbegriff haben werden Kohyponyme genannt, z.B. dt. *Hund* und *Katze.*

Idealized Cognitive Models (ICM): Modell der erweiterten Prototypentheorie von Lakoff, in dem er alle Bedeutungen eines Wortes und alle Ausdrücke für ein Konzept als radiale („strahlenartige") oder verkettete Kategorien faßt. Lakoff spricht dabei nicht mehr von Prototypen, sondern von „prototypischen Effekten", die in einer Kategorie nicht mehr gleichwertig sind.

Inklusionsrelation: „Enthaltenseinsrelation", die z.B. die Hyponymie kennzeichnet. Alle Hyponyme sind im Hyperonym enthalten.

Inkompatibilität: Unverträglichkeit zweier Wörter aus demselben semantischen Bereich. Kohymponyme sind z.B. inkompatible Ausdrükke, da sie in demselben Kontext nicht gegeneinander ausgetauscht werden können, ohne dass sich der Sinn ändert.

Innovativer Bedeutungswandel: Vorgang der historischen Semantik, bei dem zu der oder den vorhandenen Bedeutung(en) eines Wortes eine weitere hinzukommt und lexikalisiert wird.

Kohyponymische Polysemie: Typ des synchronischen Bedeutungswandels, der meist aus kohyponymischem Bedeutungswandel hervorgeht, z.B. am. sp. *tigre* „Tiger", „Jaguar".

Kollokationen: Verbindungen, die ein Wort traditionell mit anderen Wörtern eingeht, ohne dass es sich um eine Komposition oder Redewendung handelt. Im Unterschied zu Phraseologismen und Wortbildungen bedeuten Kollokationen genau das, was man in Kenntnis der einzelnen Wortbedeutungen und syntaktischen Regeln verstehen kann, z.B. dt. *eine Reise machen*, fr. *partir en voyage.*

Konnotationen: Kollektiv übliche Assoziationen, Stimmungen oder Emotionen, die ein Konzept auslöst.

Kontextuelle Varianten: Man spricht von kontextuellen Varianten, wenn einerseits zwischen zwei konkreten Verwendungen eines Wortes keine polyseme Relation hergestellt werden kann, da die semantische Überlappung zu groß ist, und andererseits die in den beiden Äußerungen bezeichneten Referenten ein und derselben Referentenklasse zugewiesen werden können.

Kontiguität: Für die Gestaltbildung dominantes Assoziationsprinzip, das auf der physischen „Berührung" oder Nachbarschaft, zeitlichen Bezügen und allen Arten „logischer" Beziehungen, wie Ursache/Folge oder Teil/Ganzes zwischen zwei Gestalten oder Figuren für die Wahrnehmung basiert. Kontiguität besteht, wenn eine Beziehung zwischen Elementen unserer Wahrnehmung oder unseres Weltwissens mehr als zufällig und einmalig ist und ergibt sich aus unserer Wirklichkeitserfahrung.

Konzept: „Dingvorstellung" von der Klasse der Referenten, auf die mit einem entsprechenden Wort Bezug genommen werden kann. Zum Konzept gehört das „enzyklopädische Wissen", das jeder im Leben anhäuft und mit anderen Menschen derselben Kulturgemeinschaft teilt.

Konzeptebene: Ebene des enzyklopädischen Wissens, d.h. unseres Wissens über die Klasse der Referenten.

Lexem: Lexikalische Grundeinheit, einfaches Wort als Teil des Lexikons, z.B. sp. *carta*, fr. *peur*.

Lexie: Autosemantische Einheit, die morphologisch einfach, ein Wortbildungsprodukt oder eine Mehrwortverbindung sein kann. Die entsprechende Einheit muß mit einer bestimmten Bedeutung lexikalisiert sein, z.B. fr. *pomme de terre*, it. *postino*.

Lexikalische Einheit: Verbindung eines Zeichenausdrucks mit genau einer Bedeutung einer Lexie.

Lexikalisiert: Ein Lexem oder eine Lexie sind lexikalisiert, wenn sie dem Wortschatz einer größeren Sprechergruppe fest angehören.

Lexikalisierte Bedeutung: „Wortschatzbedeutung", d.h. die Bedeutung, die das Wortbildungsprodukt tatsächlich in der jeweiligen Sprache hat.

Lexikalisierte Polysemie: Aus semantischer Innovation entstandene Form der Polysemie, die sich idiosynkratisch auf der Grundlage unseres enzyklopädischen Wissens und entsprechender kognitiver Schemata und Assoziationen bildet und dann direkt als Sprachregel einer Einzelsprache lexikalisiert wird.

Mentales Lexikon: Repräsentation des Wortschatzes im menschlichen Gehirn.

Metaphorische Polysemie: Typ der synchronischen Bedeutungsrelation, der meist aus Metapher bzw. kohyponymischem Bedeutungswandel

hervorgeht, z.B. fr. *dos* „Rücken", „Bergrücken".

Metasprache: Sprache, welche die Sprache selbst zum Gegenstand hat.

Metonymische Polysemie: Typ der synchronischen Bedeutungsrelation, der aus metonymischem Bedeutungswandel und zumeist aus volksetymologischem Bedeutungswandel hervorgeht. Die Auto-Konverse als Sonderfall der Metonymie kann ebenfalls als Unterart der metonymischen Polysemie betrachtet werden, wie auch die Ergebnisse lexikalischer Absorption ins Determinans, z.B. bei fr. *diligence* „Eile", „Kutsche".

Objektsprache: Sprache, die den Wörtern ihre Bedeutung zuweist.

Onomasiologie: Herangehensweise, die vom Konzept oder von den Referenten als konstantem Element ausgeht und von diesem auf die Bezeichnungen des Konzepts in einer bestimmten Sprache schließt.

Paradigmatische Relationen: Beziehungen zwischen Wörtern, die dieselbe Position in einem Syntagma einnehmen und gegeneinander ausgetauscht werden können.

Partielle Synonymie: Beziehung zwischen lexikalischen Einheiten, bei der zwei oder mehrere Wörter durch eine mehr oder weniger starke semantische Similarität (Ähnlichkeit) gekennzeichnet sind. Bei polysemen Lexien besteht die semantische Similarität meist nur zwischen jeweils einer Bedeutung der Lexien.

Polysemie: Zustand der semantischen Mehrdeutigkeit einer Lexie.

Prägnanz: Begriff der Prototypensemantik, der bestimmte visuell oder funktional auffallende Merkmale bezeichnet, die zwar nicht unbedingt über die Zugehörigkeit zu einer Kategorie entscheiden, aber über die Nähe zum Prototypen Auskunft geben. Zur Prägnanz tragen Intensität, Frequenz, Vertrautheit, gute Gestalt und Informationsgehalt bei.

Prinzip der Gleichartigkeit: Prinzip der Wahrnehmung aus dem Bereich der Gestaltpsychologie, das besagt, dass wir z.B. eine Melodie als gleich wahrnehmen, selbst wenn sie in eine andere Tonart oder eine Oktave höher transponiert wurde. Dabei spielt das Similaritätsprinzip eine große Rolle.

Prinzip des Kontrasts: Eines der wichtigsten Prinzipien aus der Gestaltpsychologie, das be-

sagt, dass wir in einem komplexen Bild Gleichartiges und Ähnliches durch den Kontrast voneinander und zu anderen Figuren von diesen
abheben.

Prinzip der Similarität: Eines der wichtigsten
Prinzipien aus der Gestaltpsychologie, das besagt, dass wir in einem komplexen Bild Gleichartiges und Ähnliches zusammen gruppieren.

Profilieren: Ausdruck aus der Frame-Semantik,
der das Hervorheben von einzelnen Konzepten
auf dem Hintergrund des entsprechenden Frames
bezeichnet. Ein Konzept, das sich als Figur in
einem gegebenen Frame profiliert, kann selbst
wiederum als Grund eines anderen Konzeptes
dienen, das sich seinerseits als Figur davon
abhebt.

Reduktiver Bedeutungswandel: Vorgang der
historischen Semantik, bei dem eine der lexikalisierten Bedeutungen eines Wortes ungebräuchlich wird und wegfällt. Auf diese Weise verschwinden manchmal komplette Lexien, die nur
(noch) eine einzige Bedeutung hatten.

Referent: Ein Objekt der außersprachlichen
Welt, auf das mit Hilfe eines Konzepts verwie-
sen werden kann.

Regelbasierte Mehrdeutigkeit: Typ semantischer Mehrdeutigkeit basierend auf vorhandenen
Diskursregeln, die nicht den üblichen Kriterien
der Lexikalisierung entspricht, sondern in jener
Diskurstradition, in deren Rahmen sie entstanden ist, usualisiert wird.

Script: Begriff der kognitiven Semantik von
Minsky und Fillmore, der sich auf die Struktur
des menschlichen mentalen Lexikons bezieht.
Im Gegensatz zu Frames verwendet man Script
oder Scenario für ganze Handlungsabläufe, die
das allgemein Wiederholbare vieler Einzelerlebnisse speichern. Die entsprechenden Informationen können später durch bestimmte Signale
abgerufen werden.

Sekundäre Homonymie: Diachronische Entwicklung zur Homonymie, die sich durch semantische Demotivierung aus einer früheren
Polysemie entwickelt hat.

Sekundäre Polysemie: Diachronische Entwicklung, bei der durch semantische Reinter-
pretation zwei ursprünglich homonyme Lexien
in eine metonymische oder metaphorische Polysemie umgedeutet wurden.

Seme: Distinktive Merkmale einer lexikalischen
Einheit, die diese von anderen lexikalischen
Einheiten abgrenzen.

Semantic markers: Begriff aus der Komponentiellen Semantik von Katz und Fodor, der die
allgemeinen Merkmale einer Wortbedeutung
bezeichnet.

Semantische Innovation: Siehe **Innovativer
Bedeutungswandel**.

Semantische Rollen: Auch „Tiefenkasus",
„participant-roles" oder „Theta-Rollen" genannt.
Zur semantischen Beschreibung eines Verbs
gehört, welche Gruppe von Wörtern welche
Positionen oder Rollen übernehmen können. Bei
it. *vendere* ist z.B. die semantische Aktantenrolle
des „Verkäufers" dadurch gekennzeichnet, daß
sie das Merkmal [+ menschlich] haben muss.
Weitere Beispiele für diese universal konzipierten semantischen Rollen sind Agens (Subjekt
von *vendere*), Patiens (direktes Objekt von
vendere), Benefaktiv (indirektes Objekt von
vendere), Experiencer und Causativ.

Semantisches Merkmal: Siehe **Seme**.

Semasiologisch: Herangehensweise, die vom
sprachlichen Zeichen als konstantem Element
ausgeht und und versucht, seine synchronische
Bedeutungsstruktur zu beschreiben.

Semem: Summe der Seme einer lexikalischen
Einheit.

Stereotypische Bedeutung: Begriff aus der
Prototypensemantik, der den Kern besonders
prägnanter Merkmale bei einer Kategorie bezeichnet, welche die meisten Vertreter dieser
Kategorie aufweisen.

Synekdoche: Rhetorische Figur, die TEIL-
GANZES und GANZES-TEIL-Übertragungen,
sowie Übertragungen vom GENUS zur SPEZI-
ES und vom PLURAL zum SINGULAR und
jeweils umgekehrt bezeichnet. Die ersten beiden
Übertragungen gehören zu den Metonymie-
Beziehungen und gründen sich in besonderem
Maße auf Kontiguität, weil sich das Ganze aus
dem Zusammenhang der Teile definiert; Übertragungen von GENUS zur SPEZIES und umgekehrt fallen unter Spezialisierung und Generalisierung.

Synonyme: Semantische Relation der Bedeutungsgleichheit oder –ähnlichkeit zweier oder
mehrerer Wörter, z.B. dt. *Hund* und *Köter*.

Synsemantika: „Grammatische Wörter", deren
Funktion darin besteht, lexikalische Wörter zu

größeren Bedeutungseinheiten zu verbinden, z.B. fr. *de*, dt. *weil*.

Syntagmatische Relationen: Beziehungen zwischen Wörtern auf horizontaler Ebene. Feste syntagmatische Relationen sind im Wortschatz gespeichert, z.B. fr. *ameuter les chiens*.

Taxonomische Polysemie: Typ des synchronischen Bedeutungswandels, der aus Generalisierung und Spezialisierung hervorgeht, ohne dass die ursprüngliche Richtung des Wandels (vom Speziellen zum Generellen oder umgekehrt) noch erkennbar wäre.

Totale Synonymie: Inhaltsrelation zwischen zwei oder mehreren Wörtern, die genau die gleiche Bedeutung haben: In der Sprachrealität kommt sie nur sehr selten vor, da sie dem Prinzip der Sprachökonomie widerspricht.

Übersummativität: Prinzip der Wahrnehmung aus dem Bereich der Gestaltpsychologie, das besagt, dass eine Gestalt nicht nur die Summe ihrer Teile, sondern etwas eigenes ist und einen kognitiven „Mehrwert" bildet.

Valenz/ Wertigkeit: Gibt an, wieviele Leerstellen ein Wort eröffnet.

Varietäten: Von unterschiedlicher Varietätenzugehörigkeit spricht man, wenn zwei oder mehrere Wörter denselben Zeicheninhalt und dasselbe Semem haben und sich auf denselben Referenten beziehnen, wenn ihr „kommunikativer Wert" aber grundverschieden ist, z.B. bei *Der Hund will spielen* vs. *Der Köter will spielen*.

Weltwissen: enzyklopädisches Wissen.

Wortfamilie: Wesentliches Strukturmerkmal des Sprachbewusstseins, dessen Relevanz sich z.B. in der Wortbildung zeigt.

Zeichenausdrucksebene: Ebene des phonologischen Wissens über die Standardaussprache eines Wortes.

Zeichenebene: Ebene, die sich auf das lexikalische Wissen über Morphologie und Wortart, sowie das Wissen über das typische Vorkommen eines Wortes bezieht.

Zeicheninhaltsebene: Ebene des einzelsprachlich-sememischen Wissens als der Teil des enzyklopädischen Wissens, der für die Abgrenzung im Lexikon einer Sprache relevant ist.

Zirkumstanten: Satzglieder, die nicht valenzabhängig sind und auch als Angaben bezeichnet werden können. Man unterscheidet u.a. zwischen Angaben des Ortes, der Zeit und der Art und Weise.

www.ingramcontent.com/pod-product-compliance
Lightning Source LLC
Chambersburg PA
CBHW080544110426

42813CB00006B/1205